페르디낭 드 소쉬르
제3차 일반언어학강의(1910~1911)
에밀 콩스탕탱의 강의노트 편집판

페르디낭 드 소쉬르

제3차 일반언어학강의 1910~1911

에밀 콩스탕탱의 강의노트 편집판

에이스케 고마츠 편

로이 해리스 영역

김현권 국역

에피스테메
EPISTEME

페르디낭 드 소쉬르

제3차 일반언어학강의(1910~1911)

엮은이 / 에이스케 고마츠
옮긴이 / 김현권
펴낸이 / 류수노

펴낸곳 / 한국방송통신대학교출판문화원
      주소   서울특별시 종로구 이화장길 54 (우03088)
      대표전화 1644-1232 팩스 (02)741-4570
      http://press.knou.ac.kr
      출판등록 1982. 6. 7. 제1-491호

초판 1쇄 펴낸날 / 2018년 11월 1일

책값은 뒤표지에 있습니다.
ISBN 978-89-20-03153-3   93700

출판위원장 / 장종수
편집 / 전준섭 · 김경민
편집 디자인 / 홍익 m&b
표지 디자인 / 최원혁

▪ 잘못 만든 책은 바꾸어 드립니다.

한국어 번역자 서문

소쉬르(F. de Saussure)의 《일반언어학 강의 *Cours de linguistique générale*》(1916)는 잘 알다시피 발리(C. Bally)와 세슈에(A. Sechehaye)가 1차(1907), 2차(1908~1909), 3차(1910~1911)에 걸쳐 이루어진 소쉬르의 강의를 받아쓴 제자들의 강의노트를 기반으로 편집하고 종합한 책이다. 이들이 비록 소쉬르의 강의를 직접 들은 것은 아니지만, 이 책을 편집함으로써 20세기 인문학에 가장 큰 영향을 끼친 사상의 원조(元祖)가 되었다. 그러나 고델(R. Godel)이 1957년에 이 책의 원자료에 대한 문제를 제기하였고, 그 이후로 소쉬르의 수고(手稿, manuscrits)를 바탕으로 소쉬르 언어학의 원래 사상을 이해하려는 노력을 기울여 왔다. 그리하여 엥글러 (R. Engler)의 강의노트 대조판(1968, 1974)과 데 마우로(De Mauro)의 《강의》 주석판(1967, 1972)이 출간되었다. 또한 3차 강의의 강의노트가 고마츠(E. Komatsu)와 해리스(R. Harris)에 의해 편집, 영역되어 1993년에 출간되었고,[1] 1차 강의와 2차 강의의 강의노트 편집판이 고마츠와 울프(G. Wolf)에 의해 편집, 영역되어 1996년과 1997년에 각각 출간되었다.[2] 현

---

[1] F. de Saussure. *Troisième cours de linguistique générale(1910-1911) d'après les cahiers d'Emile Constantin*. Ed. by E. Komatsu, Tr. by R. Harris. Oxford, New York, Seoul, Tokyo: Pergamon Press. 일본판은 *Cours de linguistique générale: premier et troisième cours d'après les notes de Riedlinger et Constantin*. Tokyo: Univ. Gakushuin이다.

[2] F. de Saussure. *Premier cours de linguistique générale(1907) d'après les cahiers d'Albert Riedlinger*. Ed. by E. Komatsu, Tr. by G. Wolf. Oxford, New York,

재 이 세 권의 편집판은 프랑스어 원문과 영어 번역문을 좌우에 따로 실어 대조하여 볼 수 있게 구성했다. 그 후 1996년에 소쉬르의 수고가 발견되어 부케(S. Bouquet)와 엥글러의 편집으로 2002년에 출간되었다.[3] 이 원고에는 소쉬르의 '일반 언어학과 기호학적 언어학'의 본질적인 전모가 담겨 있다.

발리와 세슈에는 《강의》를 편집하고 종합하기 위해 리들랑제(A. Riedlinger)의 1차 강의노트와 2차 강의노트(또한 파투아 C. Patois의 강의노트 참고)에 기초하고, 3차 강의노트는 데갈리에(G. Dégallier)와 훗날 세슈에의 부인이 된 뷔르데(M. Burdet)의 강의노트를 주로 참조했다. 그러나 3차 강의를 가장 완벽한 형태로 받아쓴 콩스탕탱(E. Constantin)의 강의노트(11권, 407쪽)는 참조하지 못했다[한국어 번역본에서는 C(쪽수)로 표시]. 그것은 《강의》가 출간된 후인 1958년에 콩스탕탱이 그 수고를 고델에게 전해 주었기 때문이다. 고델은 이 사실을 1958~1959년에 *CFS* 16(pp. 23-32)에 간략히 보고했다(Nouveaux documents saussuriens. Les cahiers E. Constantin). 고델은 1957년에 리들랑제와 파투아의 2차 강의노트를 *CFS* 15(pp. 3-103)에 이미 전재한 바 있다. 그래서 소쉬르 언어사상의 '진정한' 이해와 해석을 위해서는 이 콩스탕탱의 강의노트를 연구해야 하는데, 이를 위해 콩스탕탱의 강의노트는 별도로 편집되어 출간되었다. 엥글러(1969, 1974)의 《강의》와 제자들의 모든 강의노트의 대조판, 고마츠의 일본판(1993)과 영국판(1993), 메히야(C. Mejia)와 감바라라(D. Gambarara)의 편집판(2005)이다. 이처럼 3차 강의노트의 편집판이 4회나

Seoul, Tokyo: Pergamon Press; F. de Saussure. *Deuxième cours de linguistique générale(1908-1909) d'après d'Albert Riedlinger et Charles Patois*. Ed. by E. Komatsu, Tr. by G. Wolf. Oxford, New York, Seoul, Tokyo: Pergamon Press.

3 F. de Saussure. *Ecrits de linguistique générale*. Eds. par S. Bouquet et R. Engler. Paris: Gallimard.

출간된 것은 이 3차 강의노트가 그만큼 중요하기 때문이다.

그런데 메히야/감바라라의 편집판[CFS 58, pp. 83-289. 이하에서는 M&G(2005)로 표시]을 제외하고는 인도유럽어에 대한 개관(강의노트 III~VI)이 모두 빠져 있다. 그것은 발리/세슈에의 《강의》의 편집 틀에 따라 이 부분을 생략하고 출간했기 때문이다. 그러나 1차 강의에서 3차 강의까지 모두 이 인도유럽언어학 부분을 상당히 중요하게 다루고 있고, 2차 강의에서는 〈일반언어학의 입문으로서 인도유럽어학 개관 Aperçu de la linguistique indo-européenne comme introduction à la lingusitique générale〉을 다루고 있기 때문에 이 부분의 강의 내용은 반드시 알아야 할 필요가 있다. 또한 소쉬르의 강의 준비노트가 있는 경우 이를 좌측에 배치하고, 우측에는 콩스탕탱의 강의노트를 두어 이를 비교 및 대조할 수 있게 했다. 3차 강의에서 소쉬르는 강의를 제1부 개별 언어(langues), 제2부 랑그(langue), 제3부 인간언어(langage)와 언어사용, 즉 발화(parole)의 순으로 다루려고 계획했다. 이러한 강의 순서는 발리와 세슈에의 《강의》의 배열 순서와 비교할 때 순서가 완전히 뒤바뀌어 있는데, 순서가 갖는 함축적 의미는 상당히 크다. 그것은 소쉬르의 진정한 언어사상을 이해하고 해석하는 데 큰 영향을 주기 때문이다. 그런데 안타깝게도 소쉬르는 3차 강의의 제3부 강의를 끝마치지 못하고 1913년 2월 13일에 병으로 죽음을 맞이했다.

그러나 《강의》가 출간되었다는 것만으로도 역사적 의의가 있다. 그것이 20세기의 지적 영역을 확장하고, 그 지평을 넓히는 데 크게 기여했기 때문이다. 이러한 세계적 추세에 맞추어 《강의》는 최근 영역판이 다소 개정되어 재판으로 출간되거나(Baskin 1959/2011. 2011년 영역판에는 편집자 2인이 포함됨)[4] 새로운 번역본(R. Harris 1983)[5]이 나왔고, 독일어판(H.

---

4 Ferdinand de Saussure. *Course in General Linguistics*. Tr. by Wade Baskin. Ed.

Lommel 1931/1967)도 새로이 번역되었다(P. Wunderli 2013).[6] 이 독일어 판은 프랑스어 원문을 같이 수록했다.

고마츠(/해리스) 편집판[이하 K&H(1993)로 표기]에는 소쉬르의 강의 날짜가 표시되어 있고, 프랑스어 원문과 해리스의 영어 번역문이 마주 보게 편집되어 책으로 출간되었다. M&G(2005)는 별도의 책으로 편집, 출간된 것이 아니라 CFS에 전재되었는데, 프랑스어 원문에 강의 날짜가 표시되지 않고, 콩스탕탱의 강의노트의 쪽수를 일련번호로 매겨 표시했다. 이 한국어 번역판은 K&H(1993)을 저본으로 번역했으나(영어 텍스트는 생략), K&H(1993)에 누락된 인도유럽언어학 개관 부분(강의노트 III~VI)을 M&G(2005)에서 발췌하여 삽입하고, 추가로 번역했다. 그리고 후자의 편집판의 강의노트 쪽수 번호를 K&H(1993)에 삽입하여 준거를 명확히 밝히고, 독자의 편의를 도모했다. 두 판본의 비교를 좀 더 자세히 연구해야겠지만, 두 편집판에서 특히 차이가 나는 곳이 있어 이해를 위해 꼭 필요한 경우에는 그 차이를 역주로 달았다. 단락 구성이 다른 부분은 그대로 두되 삽입 또는 추가된 부분의 단락은 번역자가 임의로 구분지었다.

소쉬르 강의 노트의 번역 문제가 심심찮게 제기되는데, 그 문제는 해리스의 〈번역자 서문〉을 보면 잘 알 수 있다. 소쉬르는 용어 선택에 매우 신중했기에 번역에서도 그의 의도를 최대한 살리고자 했다. 경험적 자료로서 구체적인 언어 une(des) langue(s)는 '개별 언어(들)', '개별어', '언어'로 번역했고, idiome는 '특유 언어'(좁은 지역에 국한된 '지역 방언'), patois는 '집단어', dialecte는 '방언'으로 번역했다. la langue의 경우

---

by P. Meisel and H. Saussy. New York : Columbia University Press.

5 Ferdinand de Saussure. *Course in General Linguistics*. Tr. and annotated by Roy Harris. London : Duckworth.

6 P. Wunderli, *Ferdinand de Saussure: Cours de linguistique générale. Zweisprachige Ausggabe französisch-deutsch mit Einleitung, Anmerkungen und Kommentar*. Tübingen : Narr Verlag.

개별어로서의 언어를 가리키는 총칭적 용법이면 '언어'로 번역하고, 발화(parole) 또는 인간언어(langage)와 대립하거나 이론적 구성으로서 la langue를 가리키는 논의에서는 '랑그'로 음역했다. 그런데 문맥이 모호한 경우에는 '언어[랑그]'로 번역하기도 했다. langage는 '인간언어'로 번역했으나 문맥상 이를 가리키는 것이 명백하면 그냥 '언어'로도 번역했다. 이 역시 문맥이 모호한 경우에는 '언어[/랑가주]'로도 번역했다. N de (la) langue, N de langues, N de langage, N linguistique와 같은 경우에는 구별하여 번역한 경우도 있으나, 뒤의 명사가 수식 역할을 하는 경우에는 '언어 N'으로 번역되어 구별이 어려운 경우도 있다. 다음으로 대어족, 어족, 어군, 어파, 분파 등 언어 분류학상 위계의 위치에 대한 지적이 나오는데, 현대의 분류학상 지위와 잘 구별해서 보아야 할 것이다. 아울러《일반언어학강의》한국어 번역본(2012)에서 사용했던 '기표/기의'는 '시니피앙/시니피에'로, '본체(entité)'는 '실재체'로 번역했다.

　이 책은 발화 상황에서 소쉬르의 강의를 받아쓴 노트 내용을 담은 것인 만큼 문장이나 설명이 미완결 상태인 것이 꽤 있다. 그리고 소쉬르는 '구어'를 강조하다 보니 언어 사례에 음성 표기를 많이 사용하는데, 당시는 국제음성문자(IPA)가 제정되기 이전이어서 보기가 다소 힘든 부분이 있다. 텍스트상에 강의 설명을 위해 나오는 다양한 언어 사례는 거의 대부분 번역하여 넣었고, 편집판에서도 확인이 안 되는 것으로 지적한 예는 미번역으로 남겨 두었다. 또한 정교하게 구성된 책이 아니어서 내용상 한계가 있는데, 정황적으로 언어 내외적 배경지식이 전제된 경우에 한해서 이해를 돕기 위해 한국어판 번역에서는 〚 〛 속에 간략한 추가 설명을 넣었다. 수고의 편집판이 아니라면 내용 이해가 쉽도록 좀 더 의역을 했겠지만, 번역자의 추가 해석이 들어가기 마련인 의역이 자칫 내용의 명확성을 떨어뜨릴 수 있어 가급적 직역으로 원문의 의미를 최대한 살리고자 했다. 콩스탕탱의 강의노트를 편집, 출간한 가장 큰 목적이 소쉬르 강의의 실제 내용을 가장 가깝게 추적하려고 한 것인 만큼 가독성을 해치지 않는 정도에서 두 편집자의 원 편집을 가급적 거의 그대로 반영하여 번역했다.

한국어 번역자 주에서는 강의에서 언급한 학자들을 간략히 알리고, 내용 이해에 필요한 긴요한 사항을 위주로 달았다. 주로 인도유럽어족이나 셈어 설명에 필요한 언어나 지명, 명문, 고고학적 사실, 역사적 사건 등을 넣었다. 이 부분은 M&G(2005)에서도 지적하듯이 인도유럽어 전반에 걸친 언어 지식과 인도유럽언어학 지식, 셈어학 지식, 그리고 언어 외적인 선사와 역사, 지리, 고고학, 인류학, 민족지학 등에 대한 지식 부족으로 편집, 출간이 지체되었음을 밝히는 만큼 좀 더 세심한 주의를 기울여 한국어로 번역할 필요가 있었다. 고유명사는 가급적 당시 해당 지역 언어의 명칭으로 바꾸어 번역했다. 민족, 부족, 인종, 종족, 사람, 인(人) 등의 인류학적 인간집단 분류도 불명확한 부분이 있으나, 인종주의적 색채가 없는 인으로 주로 표기하고, 이들 집단명이 명백히 제시되는 곳에서는 이 분류학적 명칭을 사용하여 번역했다. 찾아보기에는 K&H(1993)에 수록된 내용을 제시하고 M&G(2005)에서 발췌한 내용을 추가했다.[7]

에멀링(J. Emerling)의 《20세기 현대예술이론 *Theory for Art History*》 (2005, 번역본 2013)은 예술 비평이론을 소개하는 책인데, 이 책을 보면 놀랍게도 소쉬르를 프로이트, 마르크스, 니체와 함께 비평이론에 대한 철학적, 미학적 사유의 선구자로 제시하고 있으며, "그들의 저술 없이는 비평이론의 틀이 마련되지 않았을 것"(번역서, 12)이라고 평가한다. 이들 4인의 선구자에 이어 20세기 현대예술이론가로 제시한 22인 가운데 소쉬르의 영향을 받은 것으로 알려진 사상가로 알튀세르(L. Althusser), 바르트(R. Barthes), 바타유(G. Bataille), 보드리야르(J. Baudrillard), 부르디외(P. Bourdieu), 데리다(J. Derrida), 푸코(M. Foucault), 이리가레(L. Irigaray),

---

7 김현권, 〈소쉬르의 《일반언어학강의》와 《제3차 강의노트》의 비교〉(1978) 참조.

크리스테바(J. Kristeva), 라캉(J. Lacan), 메를로퐁티(M. Merleau-Ponty)가 있다. 22인의 절반에 해당하는 11인의 사상가와 예술비평이론가가 직간접적으로 소쉬르의 영향권 아래에 있다. 이쯤 되면 소쉬르는 언어학자의 수준을 넘어 사상사의 한 맥을 형성하는 사상가로 볼 수 있기에 그를 직접 대면하여 사상의 원류(原流)를 더 깊이 포괄적으로 연구할 가치가 있다.

김현권

편집자 서문

현대 언어이론과 문학이론의 논의에 있어 《일반언어학강의》보다 더 중요한 텍스트는 아직 없는 것으로 판명되었다. 이는 데리다, 라캉, 레비스트로스라는 사상가 3인의 업적만으로도 충분히 확인할 수 있다. 사후에 출간된 책이 없었더라면, 소쉬르는 오늘날 수많은 언어학자 가운데 한 명에 불과했을 것이고, 그는 단지 《인도유럽의 원시모음체계 논고》의 저자로만 기억되었을 것이다. 그렇지만 소쉬르가 언어에 대해 제시한 가장 중요한 개념은 다른 학자들이 다시 고쳐 쓰고 재구성하는 복잡한 과정을 거쳐 후대에 전달되었다.

다소 거리가 있는 《강의》의 번역판만 읽어도 이 책의 구성에 무엇인가 다소 작위적이고 이질적인 면이 있음을 쉽게 알아차릴 수 있다. 이는 저서의 전체가 처음부터 끝까지 여러모로 한결같지 않기 때문이다. 문체로 볼 때, 책을 흔히 직물에 비유한다. 직물 표면에 짜인 디자인은 멀리서 봤을 때는 모두 같은 색깔로 보인다. 그러나 가까이에서 자세히 들여다보면 다양한 색깔의 갖가지 실로 짜여 있다. 《강의》도 이와 같이 짜여 있다. 지금 이와 같은 책을 출간하는 주요 목적은 직조를 풀어헤치고, 소쉬르 《강의》의 1916년 판본의 편집자들이 짠 텍스트의 직물이 어떤 것인지 그 성분을 조사하려는 것이다.

소쉬르가 조제프 베르타이머의 뒤를 이어 일반언어학 강좌를 맡은 것은 제네바로 귀국한 지 15년 뒤인 1906년 12월의 일이다. 그는 1907년 1월 16일에 가서야 일반언어학 강의를 시작했으며, 이 강좌는 1911년 7월까지 하는 것으로 예정하고 있었다. 소쉬르가 이 새로운 강의를 맡았을 때, 일반언어학은 프랑스뿐 아니라 스위스에서도 생소한 것이었다. 그것은 단지 포르루와얄(Port-Royal)의 《일반이성문법 *Grammaire générale et raisonnée*》의 일반언어학과 다른 것으로만 추정되었다. 이 저서는 언어가 인간 사고를 반영한다는 것(이런 이유로 이 문법은 '이성적'이라고 할 수 있다)과 라틴어와 그리스어가 보편적인 인간 사고를 표현한다(이런 이유로 이 문법은 '일반적'이라고 할 수 있다)는 두 가지 관념에 기초한다. 이 책은 아리스토텔레스와 데카르트 이후 전해 내려온 언어 중심적 상황을 잘 반영한다. 소쉬르는 제네바대학의 일반언어학 강좌를 계승하면서도 이 주제에 대한 확고한 견해가 없었다. 그렇지만 그는 역사언어학에 대한 지식을 충분히 갖추고 있었고, 가능하면 '기호학적' 성질에 대한 일반화된 원리를 제시하고 싶어 했다. 필자의 견해로, 소쉬르의 가르침은 그가 평생을 바쳐 연구한 역사언어학의 성과와 언어에 대한 일반적 성찰을 실제로 유효적절하게 결합하려는 것이었다. 하지만 이런 점에서 볼 때, 결국 《강의》는 랑슬로와 아르노의 《일반이성문법》과 아주 크게 다르지 않았다.

《강의》의 편집자인 발리와 세슈에는 스승의 견해를 잘 이해했고, 그 이전 소쉬르의 강의에도 참석했다. 그러나 불행히도 이들은 제네바대학의 학내 업무로 인해 소쉬르의 일반언어학 강의에는 참석할 수 없었다. 세슈에는 강의에 참석할 수 없음을 안타까워하며 제1차 강의와 제2차 강의의 필기노트 사본을 만들기 위해 젊은 동료인 리들랑제에게 강의노트를 빌려 줄 것을 부탁했다. 이제 제네바대학 공공도서관에서 이 모든 복사노트를 이용할 수 있게 되었다. 제3차 강의의 자료는 조금 다르다. 리들랑제는 이 제3차 강의에 참석하지 않았고, 따라서 세슈에는 데갈리에, 세슈에 부인과 조제프의 노트에 기초해서 강의노트를 편집해야만 했다. 하

지만 이 '대조노트'는 아직 출간되지 않고 있다.[8]

《강의》의 서문에서 두 편집자는 이 책이 주로 제3차 강의에 기초해서 작성한 것으로 밝힌다. 이들은 틀림없이 이 《강의》의 초안으로 세슈에의 '대조노트'를 사용했을 것이다. 콩스탕탱의 제3차 강의노트는 1958년에 처음 발견되었다. 그러나 콩스탕탱이 자신의 강의노트를 보충하기 위하여 분명히 데갈리에의 노트를 이용했고, 데갈리에도 마찬가지로 콩스탕탱의 노트를 빌려 이용했을 가능성이 크다. 그 점을 증명하기가 어렵지만 말이다. 그렇다면 이 경우 편집자들이 자신도 모르는 사이에 콩스탕탱의 강의노트를 간접적인 원자료로 이용한 것이 된다.

제1차 강의와 제2차 강의에 대한 리들랑제의 강의노트는 매우 훌륭하다. 제3차 강의는 콩스탕탱의 강의노트가 훨씬 완성도가 높다. 다른 학생들의 강의노트도 모두 유용한가? 결점이 있기는 하지만, 때로는 유용했다. 다른 네 명의 학생이 기록한 제3차 강의노트도 있다. 세슈에 부인은 소쉬르가 강의실에서 가르친 내용을 그다지 귀하게 여긴 것 같지는 않지만, 적어도 소쉬르가 칠판에 쓴 내용은 그대로 강의노트에 기록했다. 그녀의 강의노트는 강의 제목과 날짜를 알려 준다. 데갈리에와 조제프의 강의노트는 강의 개요를 대강 적은 것이다. 소쉬르가 준비한 강의노트는 거의 남아 있지 않은데, 보통은 강의 후에 이를 폐기했기 때문이다. 그러나 어쨌든 그는 준비한 강의안을 단순히 읽기만 한 것은 아닌 것 같다. (예컨대 1910년 11월 8일 자 소쉬르의 강의 초안을 학생들의 강의노트와 비교하면 알 수 있다.) 학생들이 소쉬르가 강의한 내용을 언제나 잘 이해한 것으로 볼 수 있는가? 그는 학생들이 익히 알고 있던 내용보다 훨씬 광범위한 사례를 분명히 제시했다. 그리스어와 라틴어의 역사적 변화 사례를 인용할

---

8 이 자료는 2016년에 《*La collation Sechehaye du cours de linguistique générale de Ferdinand de Saussure*》라는 제목으로 출간되었다.

때면, 학생들은 대개 이를 정확하게 받아썼다. 그러나 그 예가 산스크리트어인 경우는 당황해서 로마자로 겨우 전사했다.

　　다양한 원자료를 비교하면서 생기는 관심사가 얼마나 큰지 전반적으로 알기 위해 《강의》의 서두 몇 구절과 세 사람의 원자료 강의노트를 인용해 보자.

A. 《일반언어학강의》, 1916년.

(1) 일반언어학 강의

(2) 서론

(3) 제1장 언어학사 일별

(4)

(5) 언어 사실을 중심으로 형성된 언어과학은 그 진정하고 유일한 연구 대상이 무엇인가를 인식하기 전에 세 가지 발달 단계를 차례로 거쳤습니다. 처음에는 소위 〈문법〉(grammaire)으로 부르던 것을 연구했습니다. 그리스인이 시작한 이 문법 연구는 주로 프랑스인이 계승했으며, 논리학에 바탕을 두었고, 과학적 시각이 전혀 없었으며, 언어 자체에 대한 순수한 관심이 결여되어 있었습니다. 이 문법 연구는 오로지 올바른 형태와 틀린 형태를 구별하는 규칙을 만드는 것을 목표로 삼았습니다. 그래서 이 문법은 규범적이며, 순수한 관찰과는 아주 거리가 먼 학문이었으며, 관점이 편협할 수밖에 없었습니다.[9]

B. 세슈에의 대조노트, 1913년.

(1) 일반언어학

(2) 서론

9　김현권 역, 《일반언어학강의》(2012, p. 3)에서 인용.

(3)

(4)

(5) 언어를 연구 대상으로 하는 과학은 이 대상을 명료하게 구별하기 전에 세 단계를 거쳐 내려왔다. 그 시초에는 문법(grammaire)을 연구했다. 그리스인이 이 연구에 착수했고, 프랑스인이 계승하였으나 크게 완성하지 못한 이 문법은 논리학에 기초한 것이었고, 언어 자체에 대한 철학적 관점이 전혀 없었다. 나아가 문법은 정확한 형태 규칙을 세우고, 부정확한 형태를 구별하려고 했다. 이 문법은 규범 학문이었고, 순수한 과학적 관찰과는 거리가 아주 멀었다. 그 관점은 아주 협소했다.

C. 데갈리에 강의노트, 1910년.
(1) 노트-일반언어학
(2)
(3)
(4) 1910년 10월 28일
(5) 언어학. 언어 연구의 대상을 고려한 3단계. 그 대상을 명확하게 구별하지 않음. 첫 단계, 문법. 그리스인이 창안하고, 프랑스인이 계승했으나 크게 완성하지 못함. 논리적 관심사였지만, 언어 자체에 대한 철학적 관점은 결여됨. 모든 문법은 규범적임(올바른 것과 부정확한 것의 구별). 상당히 중요한 관점 없음.

D. 콩스탕탱 강의노트, 1910년.
(1) 일반언어학
(2) 서론 장
(3) 〈언어학사 일별〉
(4) 1910~1911년 겨울학기

(5) 이 강의는 엄밀한 의미의 언어학만을 다룰 것이며, 개별 언어(langue)나 인간언어(langage)는 다루지 않는다. 언어과학은 부족한 점이 있지만, 여러 단계를 거쳐 발달해 왔다. 그 발달을 세 단계로 구별할 수 있는데, 즉 역사적으로 볼 때 언어를 대상으로 연구한 사람들은 세 가지 방향에서 접근했다. 그 이후 엄밀한 의미의 언어학이 그 연구 대상을 인식함으로써 탄생했다.

이 세 발달 단계의 첫 단계는 문법으로서 그리스인에 의해 창안되어, 거의 변화 없이 프랑스인이 계속 연구해 왔다. 문법은 언어 자체에 대해 철학적 견해가 전혀 없다. 그것은 오히려 논리학에 더 큰 관심을 가졌다. 모든 전통 문법은 규범 문법, 다시 말해서 규칙을 세우고, 어떤 언어가 올바르고, 어떤 언어가 틀렸는지를 구별하는 데 몰두했는데, 이는 언어 현상이 과연 무엇인지 그 전체를 바라보는 넓은 시각은 애당초부터 배제한 것이었다.

콩스탕탱이 기록한 강의노트의 진가를 이해하려면, 이들 구절을 단지 비교해 보면 된다. 그것은 다른 강의노트에 비해 훨씬 중요하고, 더욱 명료하고, 보다 조심스러운 미묘한 뉘앙스를 담고 있다.

소쉬르 강의의 편집자들이 편집한 텍스트가 주로 제3차 강의에 기초했다고는 하지만, 실제로 그 강의는 그들이 제시한 순서로 행해지지 않았다. 이들이 제시한 강의 순서는 (1) 서론, (2) 음운론, (3) 기호의 일반원리, (4) 공시언어학, (5) 통시언어학, (6) 지리언어학, (7) 결론이다. (2)에서 다룬 것은 생리음성학이기 때문에 (1), (3), (4), (5)의 내적 언어학은 사실상 (6)의 외적 언어학과 구분된다. 실례로 소쉬르는 제3차 강의를 (6) 외적 언어학으로 시작했고, 제2차 강의에 가서 일반 언어기호론을 강의했는데, 이 내용은 기존 어족(語族)에 대한 역사적 개요를 마친 후 이루어진 것이다. 그가 1910년 11월 4일에 예고한 강의 계획은 (1) 개별 언어(les langues), (2) 랑그(la langue), (3) 개인의 언어능력과 언어수행(la faculté et exercice du langage chez les individus)으로 내용을 구분했으나 강의를 끝마치지 못했다.

《강의》에서 강의 주제를 기본적으로 재배열한 편집자들을 어떻게 이해해야 할까? 소쉬르 사상이 끼친 영향을 다룬 글은 무척이나 많다. 이와 관련해서 자주 논의하는 이름은 뒤르켐, 휘트니, 타르드, 텐느, 가벨랜츠이다. 《강의》를 보면, 언급한 이 학자들 외에도 후설(Husserl)을 추가할 수 있다. 소쉬르가 후설을 반드시 읽었을 것으로 생각해서가 아니라 발리와 세슈에가 이 독일 철학자의 사상을 분명히 잘 알고 있었을 것이며, 또한 안톤 마르티(Anton Marty)가 후설의 저서를 스위스에 이미 소개했기 때문이다. 출간된 《강의》의 본문 구조는 어떤 면에서 '후설적'이라서 의미가 심장하다. 특히 후설이 강조한 점은 경험은 질료(hylic)의 합으로 환원될 수 없다는 것이다. 시각의 인지 과정을 생각해 보자. 질료로서 지각 대상은 홍체에 출현하지만, 이것만으로는 그 의미를 드러내 주지 못한다. 우리는 질료적 소재를 인지적 판단 행위로 해석한다. 후설에게서 질료적 소재, 사고 행위, 대상은 초자아에 의해 표상되는데, 이들은 각기 hyle, noesis, noemis로 불린다. 언어행위도 이와 동일한 패턴을 따른다. '언어적 대상'은 오직 이 세 가지가 함께 작용해야만 인지할 수 있다.

발리와 세슈에가 선택한 《강의》의 구조는 이러한 관점과 잘 들어맞는다. 〈음운론 원리〉라는 제하의 절이 왜 서론 바로 뒤에 배치되었는지가 이로써 설명된다. 이 절은 언어의 질료적 소재를 다루며, 현저히 경험적인 성향을 보여 준다. (예컨대 독자로 하여금 appa란 음성 연쇄를 크게 발음해 보라고 권유하는데, 이는 첫째 p와 둘째 p의 차이를 인지할 것을 요청하는 것이다.) 그러나 그 뒤의 여러 절에 가서는 발화의 질료적 소재를 '시니피앙'과 '시니피에'가 펼치는 맥락에 위치시킨다. 이는 '후설적' 의미에서 질료적 소재의 초월적 가치를 인식하게 만든다. 그리하여 이제 음성의 청각적인 면은 의미의 의식적인 산출에 관여하는 주체의 관점에서 설명된다. 분명히 이 과정은 초자아(超自我)의 의식이 지향하는바, 물리적 지점에서 출발하여 후에 의미분화 대립의 개념에 이른다.

이러한 견해의 타당성 여부를 떠나서 어쨌든 콩스탕탱의 강의노트는 언어에 대한 소쉬르의 성숙한 가르침이 발리와 세슈에의 손을 거치면서 변형되기 전의 명료한 모습을 여실히 보여 준다. 《강의》의 영향력이 너무나도 커서 소쉬르가 사후에 얻은 명성을 이 강의노트의 자료가 얼마나 벗어나게 할지는 모르겠지만, 이 강의노트는 그 자체로 연구 가치가 있다.

* * *

필자는 여러 동료와 친구에게 신세를 졌다. 이들 가운데 특별히 가쿠슈인 대학의 N. 미야케 교수 그리고 T. 시모미야 교수와 더불어 로망스어와 게르만어 지식을 가르쳐 주신 도쿄대학의 H. 아베 교수에게 사의를 표한다.

에이스케 고마츠

콩스탕탱의 강의노트

콩스탕탱의 강의노트가 소쉬르 연구자의 관심을 끄는 것은 두 가지 사실 때문이다. ① 이 강의노트에는 소쉬르가 1910~1911년에 한 마지막 제3차 일반언어학 강의가 가장 온전한 형태로 담겨 있다. ② 이 강의노트에는 발리와 세슈에가 《강의》의 1916년 판을 편집할 때 이용한 자료에는 포함되지 않은 자료가 있다. 사실 이 강의노트는 제네바고등학교의 교사로 재직하던 콩스탕탱이 1958년에 제네바대학 공공도서관에 직접 넘겨주기 전까지는 그 존재가 잊혀 있었던 것 같다. 소쉬르학의 선도적 권위자인 고(故) 로베르 고델은 이 수고(手稿) 자료의 중요성을 발견 즉시 인식했다(R. Godel, Nouveaux documents saussuriens: les Cahiers E. Constantin, *Cahiers Ferninand de Saussure*, t.16. 1958~1959, pp. 23-32). 그리고 루돌프 앵글러도 《강의》 비평본에서 이 강의노트를 이용했다(Ferdinand de Saussure, *Cours de linguistique générale*. Edition critique par R. Rudolf Engler, Wiesbaden: Harrassowitz, 1968). 하지만 이 앵글러의 비판본은 콩스탕탱의 강의노트를 1916년판 텍스트의 관련 구절과 대조, 병치하기 위해 일부분을 단편적으로 잘라냈다. 그런데 발리와 세슈에는 강의를 주제별로 완전히 재배열했기 때문에 독자는 소쉬르가 마지막 제3차 강의에서 실제 제시한 개념과 순서를 그 상태대로 인지하기가 어렵다. 이 이유만으로도 콩스탕탱의 새로운 판본이 왜 필요한지는 자명했다.

강의노트는 청색 표지에 재질이 썩 좋지 않은 괘선지로 만든 학생노트(22cm×18cm)에 기록했다. 1910~1911년에 행한 강의는 모두 11권의

노트에 담겨 있다(현재 BPU Ms fr. 3972). 콩스탕탱은 원래 노트별로 노트 우측 면에만 쪽수를 적었지만, 이 쪽수는 1부터 407까지 연속으로 매겨져 있다.[10]

　강의노트는 잉크로 적었고(군데군데 색이 바랬다), 잉크와 연필로 수정하고, 여백에는 추가 사항이 빼곡히 적혀 있다.

　강의노트 본문의 전반부는 쓴 글과 수정이 많지 않은 것으로 보아 깔끔하게 정리한 정서본인 것 같다. 강의노트 I의 두 번째 정서본도 만들었으나 이 복사본은 현재의 판에는 포함하지 않았다. 강의노트 본문의 후반부(적어도 〈강의노트 VIII〉 이후)는 강의실에서 직접 강의를 받아 쓴 원본으로 보이나 정서본은 아니다.

　과거 편집판의 관례를 따라 소쉬르가 다양한 어족(語族)을 설명한 길지만 간략한 강의 개요는 일반언어학 강의 자체와는 무관한 것으로 생각하여 생략했다. 발리와 세슈에는 다음과 같이 기록했다.

　　강의 계획의 제약 때문에 소쉬르는 모든 강의의 절반 정도를 인도유럽어에 속하는 여러 개별 언어에 할애하지 않을 수 없었다. 또한 이러한 언어의 역사와 표현에 대해서도 말해야 했다. 오히려 강의의 핵심 주제에 할애한 시간은 축소되었다. (초판 서문)

단지 첨언하자면, 이러한 요청이 더욱 아쉬운 점은 실제로 소쉬르가 계획했던 일반언어학 제3차 강의를 부득이 끝내지 못한 이유는 애초의 '언어 능력'에 대한 강의를 할 시간 여유가 없었다는 것이다. 이런 사정 때문에 제3차 강의는 주요한 두 세션으로 나뉜다. 첫째 세션은 1910년 10월, 11

10　고마츠/해리스의 편집판(1993)에는 이 쪽수가 명기되어 있지 않으나 감바라라/메히야 편집판(2005)에는 노트의 쪽수가 명기되어 있다. 더 자세한 내용은 한국어 번역자 서문 참조.

월, 12월에 행한 강의로서, 언어변화에 대한 상세한 논의와 개구도(開口度)에 기초한 발화 음성의 조음음성학적 분류를 다루었다. 이 강의는 콩스탕탱의 강의노트 I, 강의노트 II와 강의노트 III의 1~3쪽에 기록되었다.

2차 세션은 소쉬르가 1911년 부활절과 7월 초순 사이에 행한 강의이다. 이 강의는 '랑그'에 대한 가장 중요한 이론적 논의를 포함하는데, 콩스탕탱의 강의노트 VII-X에 적혀 있다.

그의 강의노트에는 각 개별 강의가 언제 시작하고 끝났는지를 기록한 날짜 표시가 없지만, 날짜와 단락 구분은 다른 원자료를 이용하여 대강 명기했다. 이 날짜 표시는 현재 판의 [ ]에 적혀 있다. (별표는 제시된 날짜가 추정 날짜임을 가리킨다.)

수고(手稿)는 약어를 주로 이용했지만, 여기에 제시한 편집판에는 모두 풀어 적었다. 철자, 발음 등 사소한 오류는 명백한 글의 실수와 함께 특별한 표시 없이 수정했지만, 조금이라도 중요한 오류와 수정은 수정 표시를 별도로 적었다. (예컨대 콩스탕탱은 영어가 능통하지 못해서 소쉬르의 용어 intercourse를 어떻게 적는지 몰랐던 것 같고, 로망어 학자 Diez를 Diehls로 잘못 알고 적었다.) 본문의 주제 제목이나 적요를 보여 주는 여백노트는 생략했다. 하지만 추가 자료나 중요한 표현상의 변동은 [ ] 속에 포함했다. 밑줄은 원자료에서 잉크로 표시한 곳만 그대로 표시했다.

콩스탕탱은 소쉬르의 강의를 열성적으로 받아쓴 학생이었지만, 강의 소재는 다 이해하지 못했거나 사례를 정확히 받아쓰지 못한 것 같다. 분명 그는 이해하기 어려운 점을 확인하려고 데갈리에의 강의노트를 참고했고, 때로는 이 참고자료를 괄호 속에 추가하고 이름의 첫 글자 D나 G.D로 표시했다. 하지만 데갈리에로부터 빌려 넣은 자료 중 많은 부분은 이런 식의 표시조차 없다.

이 판본의 독서는 여러 가지 세부사항에서 앵글러의 비판본과 차이가 있다. 원자료의 불규칙적인 설명을 개선하려고 들지는 않았지만, 이해를 돕기 위해 구두점은 제대로 표시했다.

이 자리를 빌려 루돌프 앵글러 교수의 도움에 사의를 표하고 싶다. 앵글러 교수의 《강의》 비판본은 소쉬르 연구자들에게 필수적인 연구 수단이다. 그리고 제네바대학 공공도서관의 필립 모리예 씨, 난해한 수고와 그림을 인내심을 갖고 끈기 있게 작업하면서 귀중한 조언을 아낌없이 해준 리타 해리 씨에게 감사의 뜻을 전하고자 한다.

에이스케 고마츠
로이 해리스

편집 약어와 기호

[ ] 대괄호 속의 본문은 편집자들이 넣은 것이거나, [교정]이 있는 경우는 원본 수고에서 삭제한 것이다.
〈 〉홑화살괄호 속의 본문은 여백이나 행간의 사항을 추가해서 넣은 것이다.
[교정] 선행하는 단어나 대괄호 속의 단어가 당초 원본 수고에서는 삭제한 것임을 나타낸다.

영어 번역자 서문

소쉬르의 전문용어를 영어로 옮길 때 겪는 어려움은 잘 알려져 있다.《일반언어학 강의 *Cours de linguistique générale*》의 필자 번역본(F. de Saussure, *Course in General Linguistics*, London, Duckworth, 1983)을 읽은 독자는 현재의 이 편집판 번역에서 다소 다른 해결 방안을 채택한 것을 알아챌 것이다.

　　이러한 결정은 세 가지 사항을 고려한 것인데, ①《강의》의 번역과 콩스탕탱의 번역은 독자가 상당히 다르다는 점을 고려했다.《강의》가 언어학사의 핵심 텍스트를 처음 대하는 학생들을 상대로 한 책인 반면, 후자는 소쉬르의 사상을 충분히 인식하고서《강의》가 어떻게 작성되었고, 그 원래 자료가 무엇인지를 자세히 연구하려는 연구자들 이외에는 읽힐 것 같지 않았기 때문이다. ② 이 두 텍스트 자체는 아주 상이하다.《강의》의 두 편집자는 다양한 원래 자료를 전체적으로 종합했지만, 원래 자료에서 사용한 용어는 전혀 일관성이 없다. 이와 달리 콩스탕탱의 노트는 단일한 강의노트이며, 전체적으로 용어를 상당히 일관되게 사용한다. ③ 소쉬르가 제3차 강의를 할 당시에는 그는 용어상의 문제를 이미 해결한 뒤였고, 1916년 판에는 나오지 않는 용어에 대해 설명한다.

　　이러한 세 요소를 고려했다고 해서 번역자의 어려움이 단번에 해소되는 것은 아니지만, 그러한 어려움을 다른 각도에서 보게 한다. 예컨대 분명한 것은 소쉬르의 원래 의도는 제3차 강의 전체를 '개별 언어(les langues)', '랑그(la langue)', '인간언어/언어일반(le langage)'의 세 가지 구분에 따라 진행하려고 했다는 것인데, 이 점이 가장 중요한 핵심 사안이다. 그렇지만 그는 또한 이 세 용어가 실제로는 세 가지로 명백하게 구별할 수 있는 별개의 사실이나 관찰에 상응하는 것이 아니라는 점도 알고 있었다.

그가 제안한 방식은 랑그(la langue)란 명칭을 사용하여 언어학자가 개별 언어(les langues)의 연구로부터 끌어낸 일반화(一般化)를 포괄하려고 한 것이었다. 그러나 그는 결국 이 작업을 일관되게 수행하지 못했다. 이 전략은 소쉬르 자신의 언어 인식론과는 엄밀하게 일치하지 않는다는 것이 거의 틀림없다. 그러나 이 문제는 여기서 더 논의할 바는 아니다. 더욱 적절한 문제는 이 전략으로 단수(langue)와 복수(langues)를 결정하지 못하고 선택을 망설이는데, 그 어느 것을 선택하느냐는 문제의 사실이 언어체계의 내재적 특성으로 제시되든지 아니면 일정한 사례를 통해 발견되는, 경험적으로 관찰 가능한 특성인지에 따라 결정된다. 번역자에게 가장 중요한 사실은 소쉬르가 제3차 강의에서 랑그를 총칭적 단수(la langue)(대응하는 영어 총칭적 단수는 The lion is a carnivore 같은 것이다.)로 일관되지는 않지만 반복해서 사용한다는 점이다. 문제는 이 총칭적 용법이 프랑스어로는 완벽하게 수용할 수 있지만, 영어로는 아주 어색하거나 심지어 모호하다는 것이다. 이에 대응하는 영어 명사 'language'는 이런 방식으로는 보통 널리 사용되지 않기 때문이다. 영어는 그러한 일반화의 의미를 복수로 함축하거나—더욱 일상적으로는 이런 용법으로 사용한다—아니면 부정관사를 이용하여 단수로 표현하기 때문에 이 난점은 더 복잡해진다(The lion is a carnivore, Lions are carnivores, A lion is a carnivore. 참조). 그러나 소쉬르는 랑그와 개별 언어의 인식론적 지위의 차이를 강조하려고 했기 때문에, 그러한 경우 영어 복수를 사용하면 모호하거나 오도할 가능성이 있다.

하지만 제3차 강의의 중요한 이론적인 진술을 랑그에 대한 술어로 종종 제시하는데, 이 자체도 문젯거리이다. 그래서 소쉬르는 일례를 들면 '다양성(diversité)'을 랑그의 특성으로 간주하는데, 콩스탕탱의 노트에는 랑그의 다양성, 개별 언어의 다양성 두 가지가 모두 사용되었다. 영어 diversity of the language는 논의 중인 언어사실이 다른 변이체가 많이 있는 단일어의 현상이라는 인상을 준다(English is *a very diverse language*). 그런데 이 개념을 랑그에 적용하면, 소쉬르 구조주의의 전체적 개념과는 근본적으로 배치된다. 다른 한편 영어 복수(diversity of *the languages*)를 사용하면, 랑그의 다양성에 대한 소쉬르의 요점을 완전히 포착하지 못한다. 소쉬르의 요점은 이 다양성이 의도적이거나 우연한 것이 아니고(예컨대 다양한 자동차 제품 같은 것에서 볼 수 있는 차이), 이와 같은 특정 유형의 기호체계가 지닌 필연적이고 '자연적' 속성이라는 점을 강조하려는 것이기 때문이다. 콩스탕탱의 강의노트를 믿는다면, 소쉬르에게서 **개별 언어의 다양성**은 랑그의 다양성의 한 현상에 불과하다.

이러한 종류의 난관을 타파하는 산뜻한 해결책은 없다. 현재 이 번역서에서 취한 일반적인 번역 정책은 (콩스탕탱이 전달하는) 소쉬르의 진술을 그대로 반영하는 방향으로 번역하는 것이며, 이렇게 번역하면 영어로는 다소 어색한 경우도 더러 있다. 이 어색한 번역에 독자가 오독하거나 당혹감을 느끼지 않는 한 그처럼 번역했다. 하지만 용어의 미묘한 차이가 전혀 문제되지 않으면, 가급적 가장 간단한 영어로 이 요점을 번역했다. 예컨대 강의노트 1에서는 제3차 강의가 **랑그**나 **인간언어**가 아니라 언어학을 다룬다는 것을 말하면서 서론 강의를 시작한다. 강의 교수로서 소쉬르는 이 두 용어의 의미차를 아직 설명하지 않았고, 또 랑그와 개별 언어를 구별하지도 않았기 때문에 그의 설명의 초점은 언어 현상 전체보다도 언어 현상을 어떻게 연구하는가에 집중된 것으로 결론 내리는 것이 더욱 안전하게 보인다. 그래서 non la langue et le langage를 'not languages and language'로 번역하는 것이 보다 확실하다. 조심스럽게 'not the langage and langage'로 번역하면, 원문에 더욱 가까운 직역이지만, 영어 독자에게는 아주 명쾌한 설명이 모호해진다.

이러한 번역 정책을 택한 결과, 독자가 주의해야 할 점은 등가의 직역은 피하고, 어떤 용어가 출현하면 그것을 사용 문맥에 따라 번역했다는 사실이다. 하지만 어떤 경우에는 좀 더 특별한 이유가 있어서 소쉬르가 사용한 용어를 반드시 등가의 영어 용어로 그대로 직역했다. 그 등가의 직역이 현재 언어학에서는 그러한 의미로 분명 사용되지 않더라도 그렇게 번역했다. 이 예외적 번역은 예를 들면 acoustique라는 용어인데, 이를 그대로 'acoustic'으로 직역했다. 오늘날 소쉬르가 강의했더라면 그는 분명 acoustique를 auditive로 교체했을 것이다. (image acoustique '청각영상'이라는 표현과 관련한 이 논의는 필자의 1983년 번역판 서론, xiv-xv를 참조)[11]

영국과 미국의 주석가들이 signifié와 signifiant의 번역어로 널리 사용하는 'signifier'와 'signified'를 필자가 이전의 《강의》 번역에서 사용하는 것을 꺼렸는데 지금 여기서도 마찬가지이다.

이번 번역판에서는 영어 표현 'signifying element'와 'signified element'를 더 선호했고, 이들 용어는 콩스탕탱의 강의노트에서 실제로 사용한 대체 표현에서 차용한 것이다. 이러한 해결책이 부차적으로 갖는 장점은 프랑스어 현재분사와 과거분사 용어에 잠재되어 있는 점이 환기되고, 소쉬르가 명백히 강조한 점이라는 것이다. 즉 signifiant과 signifié는 단지 상호 관련 용어로만 존재하며, 독립적 지위는 없다는 것이다.

소쉬르의 원래 자료에 나오는 **랑그**와 **인간언어**에 대응하는, 어원적으로 관련된 영어 용어가 없어 번역에 애를 먹었지만, 그 덕택에 용어상으로 볼 때 소쉬르가 과감하게 단어가 아니라 사물을 정의했다고 하는 주장

---

11 Ferdinand de Saussure, *Course in General Linguistics*, London: G. Duckworth.

을 다소 회의적인 시선으로 봐야 한다는 점을 깨달았다. (어쨌든 이 주장은 어떤 점에서 아주 비소쉬르적이다. 자신이 사용하는 언어가 부과하는 정신적인 틀은 그렇게 쉽게 지워지는 것이 아니다.)

번역자라면 당연히 누구나 소쉬르가 이론적으로 구별한 기본적인 언어학적 사항을 확신하는 것은 그가 사용하는 프랑스어 어휘의 특성에서 크게 기인하거나 아니면 적어도 이러한 특성으로 더 강화된 것이 아닐까 궁금할 것이다.

인간언어와 랑그를 이론적으로 타당하게 일반화를 시도하려는 것을 크게 방해하는 것 가운데 하나는 소재를 다루는 용어가 문화에 깊이 뿌리박고 있다는 점이다. 소쉬르는 이 점을 깊이 고려하지 않은 듯이 보인다. 그는 이러한 문제를 사소한 메타언어적 문제로 생각하고, 양면적 실체로서의 언어기호의 근본 성질에 집중함으로써 비켜 나갈 수 있으리라고 믿은 것 같다. (그러나 이처럼 믿었기 때문에 그는 더욱 까다로운 똑같은 함정에 다시 빠져들었던 것이 아닌가 한다.) 어쨌든 그가 노력을 아끼지 않고 보여 주려고 한 것은 프랑스어 langue와 langage란 용어를 이용하여 구별한 어휘 차이가 과학으로서 언어학 이론 구축에 필요했던 구별과 정확히 일치한다는 점이었다. 나아가 langue와 langage의 개념적 틈새는 제3의 프랑스어 용어 parole로 다소 깔끔하게 메워진다고 주장하였다. 이상한 말이지만, 그렇게 되면 프랑스어는 20세기 언어학에서 가장 이상적인 언어로 판명되는데, 이는 마치 18세기 유럽정치에서 프랑스어가 이상적인 언어였던 것과 같은 논리이다.

영어 번역자 누구라도 이 모든 것이 우연의 일치를 좀 지나치게 과장한 것이라고 반신반의할 것이다. 특히 번역 과정에서 langue란 용어를 중심으로 소쉬르에게만 특유한 구별이 아마도 자신도 이해하지 못하고 개념적 난점이 생겨나거나 심지어 와해될 수 있다고 강조한다면 그렇다. 주의력이 깊은 독자라면 이 책의 번역에서 이처럼 긴장된 모습을 보이는 징

후를 느낄 것이다. 이 문제들은 여기서 제시한 것보다 더 자세히 다룰 기회가 있겠지만, 지나가면서 잠시 언급할 필요가 있는 것은 이 문제들을 통해 불가피하게 필요하지만 불충분한 번역이 이 강의 텍스트의 지적(知的) 분석에 긍정적으로 기여한다는 점을 시사해 주기 때문이다. 번역이란 단순히 말을 옮기기 이전에 해석이어야 하기 때문이다.

그리하여 앞에서 언급한 세 가지 사항에 추가해서 네 번째로 고려할 사항은 필자의 《강의》 영역본의 전략과는 다른 번역 전략을 따랐다는 점이다. 이 네 번째 고려사항은 필자의 견해에 따를 때 다른 세 고려사항에 우선한다. 이로 인해 많은 번역자가 당연히 자동적으로 자기 영역이 아니라고 생각되는 영역을 침범하기는 하지만, 소쉬르 자료를 번역할 가치가 있는 것은 번역자의 도움 없이는 프랑스어를 극복할 수 없는 사람들의 관심사이겠지만, 더욱 중요한 것은 번역이 소쉬르 사상을 명백히 해명하고, 꼼꼼히 조사하고, 깊이 관여하는 데 소용되는 훌륭한 지적 도구이기 때문이다.

콩스탕탱의 장황한 강의노트에 나오는 소쉬르는 어떤 면에서는 발리와 세슈에의 매우 체계적인 텍스트의 소쉬르보다 훨씬 더 흥미롭다. 이 강의노트에는 몇몇 구별사항을 아주 의식적으로 실험적으로 제시하고, 그 타당성의 극한까지, 때로는 그 너머까지 밀어붙이는 이론언어학자의 모습이 보인다. 이러한 극한 지점에 가서 번역자는 문제를 스스로 판단해야 한다. 암묵적으로나마 소쉬르가 괜히 횡설수설한다거나 말하려는 것이 정확히 무엇인지 잘 모른다는 비난의 짐을 지우지 않으려면 말이다.

이론적인 텍스트는 이론적으로 예민한 번역을 요구한다. 그러나 그러한 번역은 그 자체로 다소 이론 중립적일 수 없다. 현재의 이 번역판에 내재하는 이론적 잔재의 대체적인 모습은 langue라는 용어 번역의 변동에 애로를 느끼는 독자라면 누구나 볼 수 있다. 이러한 번역의 변동에서, 필자는 번역을 하면서 소쉬르가 전문용어를 지나치게 강하게 밀어붙이는 곳으로 생각하는 곳이 어디인지 발견했다.

피치 못할 결론은 소쉬르가 (콩스탕탱에 따르면) 1911년 여름에 랑그 (langue)에 대한 제안으로 강력하게 주장한 내용을 개별 언어(langues)로 표명했어야 했다는 것이다. 물론 프랑스어 텍스트에서도 이 점은 명료하지 않다. 그런데 번역을 하면서 이 점이 분명해졌다. 프랑스어 텍스트에서 소쉬르 자신도 의식하지 못한 채 정관사의 용법이 총칭적 의미에서 개별적 특수 의미로 또는 그 반대 방향으로 너무나 쉽게 바뀌고 있음을 알 수 있다. 어떤 때는 그러한 사항에 대한 문제가 이따금 제기된다. 예컨대 개별 언어는 정의상 역사가 있지만, 랑그는 어떤 의미에 역사를 갖는지가 불분명하다. 따라서 랑그의 언어학에서 어느 정도 실제로 통시적 연구를 할 수 있는지가 불분명하다. (우리가 심도 있게 생각해 보면, 소쉬르의 체스 비유는 이 문제를 해결하기는커녕 더욱 복잡하게 만든다.) 소쉬르는 콩디약이 아니다. 그가 랑그의 진화를 언어학의 주요 분야로 말한 것은 분명 개별 언어의 진화를 말한 것이지, 개별 언어의 종(種)으로서 랑그를 가리킨 것은 아니었다. (영어 the evolution of the horse '말의 진화' 참조).

제3차 강의의 개별 언어만 논의한 부분에서, 다섯 개 장 중 세 개 장의 제목에 명사 langue가 단수라는 사실에 사뭇 당혹하지 않을 수 없다. 이는 단순히 용어의 불일치인가? 아니면 이 장들이 제2부에서 제자리를 찾아야 할 것인가?

전자의 가능성으로 지적할 수 있는 것은 우리가 "la langue et l'écriture sont deux systèmes de signes dont l'un a pour mission 〈uniquement〉 de représenter l'autre.(언어와 문자는 두 기호체계로서, 그중 한 체계는 다른 체계를 표상하는 것을 〈유일한〉 목적으로 한다.)"와 같은 진술을 보면 그렇다. 여기에 사용된 정관사 la가 명사 écriture와 똑같이 명사 langue에도 적용되었다고 하면 그것은 문제이다. 왜냐하면 분명 단수를 의도적으로 사용했음에도 언어학자로서 그에게 문자는 기호학적

종으로서의 **랑그**를 정의하는 추상적 관계의 집합을 표상하는 방법이라고 주장할 의도는 전혀 없기 때문이다. 그 반대로 소쉬르가 예로 든 모든 사례에 사용된 기호는 아주 구체적인 개별어와 관련이 있으며, 심지어는 개별어의 현행의 특정 발음을 가리키기도 한다. 그래서 번역자로서 필자는 이 문제를 대강 얼버무리거나 아니면 명료하게 밝히거나 어느 한 가지를 선택해야만 했다. 하지만 후자의 방안을 선택할 경우 소쉬르라면 분명 거부할 제안을 그에게 뒤집어씌우는 격이고, 텍스트 표현의 표면적인 충실도를 희생하는 것이다. 물론 이 표면적인 충실도가 심각하게 오도된 내포 의미를 초래할 수도 있지만 말이다.

이와 관련해서 생기는 난점은 널리 알려진 대립쌍인 '불변성'과 '가변성'이다. 콩스탕탱의 강의노트에서 이 두 가지 속성은 **랑그**에 귀속되며, 제2부에서 논의한다. 그러나 실제로 소쉬르의 주장을 보면, 이 대립에 필요한 의미로 유일하게 불변하는 것은 **랑그**가 아니라 한 **개별 언어**(une langue)임이 분명하다. 반면 가변적인 것은 **랑그**의 내재적 속성, 즉 기호의 자의성에 의존한다. 여기서 우리는 언어의 미묘한 뉘앙스를 볼 수 있는데, 그것은 프랑스어는 (영어처럼) 잠재적 구체성을 나타내는 가정적 단언에는 정관사를 사용할 수 있으며 (le gouvernement en serait responsable =the government[원문 as such], or the government[원문 of the day]), 그리하여 진정한 의미의 총칭적 진술과 특정 사례(비록 전형적이지만) 진술의 구별이 모호해진다는 점이다. **불변성**과 **가변성**에 대한 전체적 논의는 대부분 바로 이 용법에서 유래한다. (그렇다고 이 말은 언어 이론가 소쉬르가 자기 언어의 희생자가 된 사례라는 의미는 아니다. 오히려 모순에 대한 소쉬르의 취향이 그의 뛰어난 이론적 감각보다 우위에 있는 것이 아닐까 하는 생각이 든다.)

소쉬르는 이처럼 중대한 **랑그**와 **개별 언어**를 구별한 후에 이를 가지고 대장정을 떠나는데, 아이러니한 것은 번역자의 골칫거리는 아랑

곳하지 않고 메타언어적 프레임워크를 구축하는 것이 언어 이론가에게는—아마도 특히—아주 위험한 작업이라는 것을 자신도 모르게 증명한다는 점이다. 또 아이러니한 것은 소쉬르가 청강자들에게 때로 언어학에서 "우리가 사용하는 표현에 몰두하게 된다"는 위험을 경고했다는 점이다.

소쉬르 자신은 이 위험을 피하지 못한 듯하다. 그 결과 불행하게도 콩스탕탱의 강의노트의 몇몇 구절이 불명확하여 모호해졌는데, 번역자라면 이 위험에 최대한 잘 대처해야 한다. 실제로 원문에는 아주 명백한 증거는 없지만, 가급적 소쉬르에게 의심의 여지를 두지 않는 해석을 제안해서 번역해야 한다.

물론 이러한 문제는 비판적 판단의 문제이지만, 번역자는 소쉬르가 청강생들에게 전달한 내용을 이해하려면 그러한 판단을 피할 수 없다. 그럼에도 불구하고 소쉬르의 자료집 전반에 대한 지식은 때로 텍스트가 지지하는 듯한 해석에도 영향을 미친다. 더욱이 그러한 판단에 번역자가 독자를 오도할 위험이 있지만, 이러한 판단을 피하면서 오도할 위험보다는 적다. 특히나 여기에서처럼 독자에게 비교를 위해 반대쪽에 원문을 게재한 경우에는 그러하다. 원문과 번역문을 함께 제시하면, 사실상 테이블 위에 카드를 모두 제시하는 것이므로 번역이 비판적 분석보다 다소 부족하다고 주장하는 것은 실익이 없다.

사소한 문화적 사실로서 지적할 만한 것은 콩스탕탱의 강의노트에 소쉬르가 1인칭 복수 인칭대명사 nous의 용법, 즉 '편집자 we'나 '왕의 we'를 기록한 것인데, 이러한 부분에서 소쉬르는 자기 견해를 피력하고 있음이 분명하다. 소쉬르가 실제 이러한 표현 습관이 있는지는 불분명하지만, 오늘날 영어를 사용하는 강의실의 언어로 바꾸어 보면, 그것은 불가능한 표현이다. 그래서 그러한 경우 필자는 nous를 'I'로 번역했다. 그럼으로써 텍스트는 구어 강의에 어울리는 현장성을 획득한다. 더욱이 제

3차 강의에서 소쉬르가 상당히 의식적으로 새로운 이론적 기반을 제시하는 것이라고 생각하는 필자의 견해가 옳다면, 청강생들이 1인칭 복수의 문맥적 의미를 모두 이해하지 못했을 것이라고 가정하는 것은 솔직하지 못하다. 여기서 콩스탕탱이 소쉬르의 강의에 처음 참석한 것이 아니었다는 점을 염두에 두어야 한다.

　마지막으로 이 콩스탕탱의 강의노트를 가독성 있는 산문체 영어로 옮기려고 하지 않았다. 강의를 쓴 저자들이 개정하더라도 콩스탕탱의 강의노트는 원문의 정황을 그대로 보여 주면서 부적절하고, 반복되고, 느닷없이 사용된, 때로는 서로 불일치하는 모습도 지니고 있을 것이기 때문이다.

로이 해리스

차례*

* (출전) 처음~103쪽, 211쪽~끝: K&H(1993); 104~210쪽: M&G(2005)

[최종지적]**

Ⅲ. 개인의 언어능력과 사용

** [최종지적]과 Ⅲ은 당초 소쉬르가 계획하였으나 실현하지 못한 강의임.

I. [개별 언어]

강의노트 I

일반언어학
(소쉬르 교수의 강의)
1910~1911년 겨울 학기

에밀 콩스탕탱
문학사

[1910년 10월 28일]

서론 장: 〈(언어학사 일별)〉

이 강의는 엄밀한 의미의 언어학만을 다룰 것이며, 랑그나 인간언어는 다루지 않는다. 언어과학은 부족한 점이 있지만, 여러 단계를 거치며 발달해 왔다. 발달 단계는 세 단계로 구별할 수 있는데, 즉 언어를 대상으로 연구한 사람들은 역사적으로 볼 때 세 방향에서 접근했다. 그 이후 엄밀한 의미의 언어학이 자신의 연구 대상을 정확히 인식하고 탄생했다.

이 세 단계의 첫 번째 단계는 문법으로서 그리스인이 창안했고, 큰 변화 없이 프랑스인이 계승 발전시켜 왔다. 문법은 언어 자체에 대한 철학적 관점은 전혀 포함하고 있지 않았다. 그것은 오히려 논리학에 더 관심을 기울였다. 모든 전통문법은 규범문법, 다시 말해서 규칙을 세우고, 어떤 언어가 올바르고, 어떤 언어가 틀렸는지를 구별하는 데 몰두했는데, 그것은 언어 현상이라는 것이 무엇인지 그 전체를 바라보는 넓은 시각은 애초부터 배제한 것이었다.

후대에 이르러, 19세기 초엽에 와서야 주요한 연구 동향으로서 (선구자인 알렉산드리아의 〈문헌학〉파를 제외한다면) 〈(2)〉 고전 문헌학이라는 위대한 문헌학적 조류가 출현했고, 오늘날까지 지속되고 있다. 1777년에 프리드리히 〈아우구스투스〉 볼프[1]는 당시 학생 신분이었지만, 사람들이 문헌학자로 불러주기를 원했다. 문헌학은 새로운 원리를 도입했는데, 즉 문헌을 대하는 비판적 정신의 방법이라는 것이다. [2] 언어는 문헌의 범주에 속하는 여러 대상 가운데 한 대상에 불과했으며, 따라서 이러한 비판적 원리에 따라야 했다. 이때부터 언어 연구는 문법적 오류를 올바로 고치는 단순한 탐구가 아니었다. 이 비판적 원리를 통해 예를 들면 시기별 차이로부터 생겨나는 것이 무엇인지를 조사하고, 어느 정도는 역사언어학적 연구에 착수해야 했다. 플라우투스의 텍스트를 개정한 리츨[2]은 언어학자가 하는 작업을 한 것으로 간주할 수 있다. 일반적으로 문헌학적 동향은 언어와 관련되는 수많은 원전 자료를 찾아내었고, 예컨대 명문(銘文)과 명문의 언어 연구처럼 언어를 전통문법의 정신과는 전혀 다른 정신으로 다루었다. 그렇지만 이러한 문헌학적 연구는 여전히 언어학적 연구 정신에 속하지는 않았다.

세 번째 단계에서도 여전히 언어학의 이러한 정신은 찾아볼 수 없다. 이 단계는 세상을 놀라게 한 발견을 한 단계로서, 언어들은 서로 비교할 수 있다는 것, 흔히 지리적으로 멀리 떨어진 언어들 사이에도 연관성과 관계가 있다는 사실을 발견했고, 또한 개별 언어들 외에도 방대한 어족, 특히 인도유럽어족이라는 명칭의 어족이 있다는 것을 발견한 단계였다.

---

1 F. A. Wolf(1759~1824). 독일의 고전학자로서 근대 문헌학의 창시자로 알려져 있다.
2 F. W. Ritschl(1806~1876). 독일의 고전학자로서 특히 라틴 희곡작가 플라우투스의 연구로 유명하다. 니체의 스승이기도 하다.

놀라운 것은 보프의 이러한 발견(1816)[3]에 뒤이어 근 30년간 언어가 무엇인지에 대해 불합리적이거나 잘못된 생각을 한 적이 없었다는 점이다. 사실상 그 때부터 언어학자들은 [3] 내기하듯이 여러 인도유럽 개별어를 비교하려고 시도했고, 마침내 이들 언어의 관계가 정확히 무엇을 나타내는지, 이 관계들을 구체적 언어 현상으로부터 어떻게 해석해야 하는지를 자문하지 않을 수 없었다. 1870년경까지 언어학자들은 이러한 내기를 계속했고, 언어가 생존하는 조건에는 관심이 없었다.

많은 저술이 출간된 이 풍요로운 단계는 그 이전 단계와 차이가 있었다. 왜냐하면 수많은 언어와 이들의 관계에 관심을 기울였기 때문이다. 하지만 그 이전 단계만큼이나 언어에 대한 관점, 요컨대 정확하고 납득할 수 있는 합리적인 관점이 없었다. 이 단계는 완전히 개별 언어들을 비교만하는 단계였다. 문헌학적 전통이 비교언어학자들에 대해 보인 다소 비우호적인 태도를 모두 비난할 수만은 없다. 왜냐하면 이들은 사실상 원리자체에 기초하여 조금도 혁신한 것이 없었고, 공적이 될 수 있는 새로운지평을 실질적으로 재빠르게 개척하지도 못했다. 요컨대 언어 비교란 언어사실을 인식하는 더 직접적인 방법이 없을 때 사용하는 방법에 불과하다는 것을 사람들이 언제 인식했는가? 또한 비교문법은 비교문법을 포괄하면서도 새로운 다른 방향을 제시한 언어학에 언제 자리를 내주었는가?

[4] 인도유럽어 학자들이 더 균형 잡힌 시각을 갖도록 하고, 일반적으로 언어학 연구가 과연 무엇이 되어야 하는지를 어렴풋이나마 깨닫게 한 것

---

3 독일의 역사비교언어학자 F. Bopp의 연구 《그리스어, 라틴어, 고대 페르시아어, 게르만어와 비교한 산스크리트어 활용체계 연구 *Über das Conjugationssystem der Sanskritsprache in Vergleichung mit jenem der griechischen, lateinischen, persischen und germanischen Sprache*》를 가리킨다.

은 주로 로망어 연구였다. 디츠[Diehls(교정)]4에서 시작된 로망어 연구 동향은 인도유럽어에 대해 보프가 발견한 규칙보다 진일보한 것이었다. 이들은 로망어권에서는 다른 여건에 처해 있음을 즉시 발견했다. 첫째, 각 형태의 원시형(原始形)이 실제로 존재하고, 우리가 현재 알고 있는 라틴어 덕택에 로망어 학자들은 이 원시형을 기원부터 가지고 있었던 반면, 인도유럽어는 각 형태의 원시형을 가설적으로 재구(再構)해야만 했다. 둘째, 로망어는 어떤 시기에는 언어를 문헌상으로 세기별로 추적하여 사태가 어떻게 일어났는지를 자세히 조사할 수 있는 가능성이 매우 컸다. 이두 가지 사정으로 추측의 영역은 축소되었고, 인도유럽어학과 달리 로망어학은 또 다른 면모를 갖추게 되었다. 또한 게르만어 영역도 어느 정도는 이와 유사한 역할을 했다고 말할 수 있다. 이 게르만어 영역에는 원시형은 존재하지 않지만, 추적할 수 있는 기나긴 역사 시기가 있었기 때문이다.

[5] 인도유럽어 학자들은 모든 것을 동일한 평면에서 보았기 때문에 이들에게는 역사적 관점이 결여되었지만, 로망어 학자에게는 필수적이었다. 더욱이 역사적 시각에 의해 언어사실의 연계가 생겨났다. 이것이 결과적으로 로망어 학자들이 기여한 매우 유익한 공헌이었다. 연구라는 관점에서 볼 때, 문헌학과 비교 언어학에 공통된 결점 중 한 가지는 문자에, 문어에만 계속 몰입했고, 실제 구어에 속할 수도 있는 현상과 문자 기호를 분명히 구별하지 못한 것이었다. 그리하여 문헌학적 관점과 언어학적 관점이 다소 혼동되었고, 나아가 더 구체적으로는 문자로 쓰인 단어와 발화된 단어를 혼동했다. 그래서 서로 아무 관계가 없는 두 기호체계가 중첩

---

4 F. C. Diez(1794~1876). 독일 고전 문헌학자이자 언어학자로서 로망어학의 창시자이다. 《로망어 문법 *Grammatik der romanischen Sprachen*》, 3권(1836~1944)이 있다. M&G(2005)에는 〈*Grammiare des langues romanes*, 1836〉로 명기되어 있다.

되고 뒤섞였다. 이처럼 언어학은 점차 과학으로서의 언어학을 예비했고, 이에 대해서는 하츠펠트, 다르메스터테르([원문 Darmstetter]), 토마의 《사전》[5]의 정의, 즉 "개별 언어에 대한 과학적 연구"를 인용할 수 있다. 이 정의는 만족스럽고, 그 이전의 모든 연구와 차별화된 것은 '과학적'이라는 단어이다.

언어과학은 1) 연구 소재로서, 2) 연구 대상 또는 과제로서 무엇을 취하는가[?] 1) 과학적 연구는 [6] 연구 소재로서 인간언어의 모든 종류의 변이를 취한다. 문학적으로 다소 빛나는 어떤 시기를 선택하거나 언어 사용자로 인해 다소 유명하게 된 시기를 선택하지 않는다. 언어과학은 알지 못하거나 널리 알려진 특유 언어[6]에도 관심을 가지며, 마찬가지로 어느 특정 시기에도 관심을 가지는데, 예컨대 소위 〈고전시기〉를 우선시하지도 않고, 쇠퇴기나 상고(上古) 시기나 똑같이 관심을 가진다. 마찬가지로 어떤 한 시기 내에서도 가장 세련된 언어를 선택하는 것을 삼가고, 이른바 세련어나 문학어와 다소 반대되는 대중어의 형태뿐 아니라 세련어, 문학어의 형태에도 똑같이 관심을 가지고 다룬다. 따라서 언어학은 모든 시기의 인간언어, 이 인간언어가 갖는 모든 현상을 다룬다.

지적해야 할 것은 모든 시기의 문헌을 가급적 많이 수집하기 위해 언어학은 반드시 문헌어를 계속 다루고, 특히 문헌학의 통찰력을 빌려서 이 문헌자료들 한가운데서 방향을 잘 잡고 나아가야 할 것이다. 하지만 글로

---

5 A. Hatzfeld, A. Thomas et A. Darmesteter, 《17세기 초부터 현재까지의 프랑스어 일반사전 *Dictionnaire général de la langue française du commencement du xviie siècle à nos jours*》(1895~1900), 2권을 가리킨다. 원문은 Darmstetter이나 올바른 표기는 Darmesteter이다.

6 각주 11 참조.

쓰인 텍스트와 거기에 담긴 것을 언제나 구별해야 한다. 언어학은 이 텍스트에서 그 진정한 대상인 구어의 겉모습만을, [7] 자신을 알리는 외적 방식만을 본다.

2) 개별 언어에 대한 과학적 연구의 소재, 과제, 대상은 가능하면 〈1)〉 알려진 모든 개별 언어의 역사를 연구하는 것이다. 이것은 물론 아주 소규모로 그리고 아주 소수의 언어에 대해서만 가능하다.

한 개별 언어의 역사를 추적하면, 즉각 어족의 역사를 반드시 추적하게 된다. 라틴어를 거슬러 올라가면, 그리스어와 슬라브어의 공통된 시기로 올라간다. 그러므로 개별 언어의 역사를 다루면, 그것은 어족의 역사를 포괄하게 된다.

그러나 둘째 〈2)〉, 이것은 아주 별개의 문제인데, 이러한 모든 개별 언어의 역사로부터 가장 일반적인 법칙을 끌어내야 한다. 언어학은 인간언어에 보편적으로, 아주 이성적으로 작용하는 법칙을 찾아내고, 일반적 현상과 특정 어파에 특수한 현상을 구별해야 한다. 우리가 관련지을 수도 있는 또 다른 특수한 과제도 있다. 이들은 언어학이 다른 과학들과 관련해서 맺는 과제이다. 어떤 과학은 언어학에서 정보, 자료를 차용해 가고, 또 다른 과학은 이와 반대로 언어학에 이들을 제공하고 그 과제를 수행하게 도와준다. 흔히 두 과학의 각 영역이 처음부터 아주 명확하게 [8] 드러나지 않는 수도 있다. 맨 먼저 언어학과 심리학의 관계를 예로 들 수 있는데, 이들의 경계는 대개 명확하게 구별하기 어렵다.

언어학의 과제 가운데 하나는 자신을 정의하고, 자기 영역에 속하는 것을 인식하는 것이다. 언어학이 심리학에 의존하는 경우에 그것은 간접적으로 의존하는 것인데, 그러면 언어학은 여전히 독립적인 학문으로 남을 것이다.

언어학을 이처럼 고찰하면, 다시 말해서 인간언어의 모든 외적 현상을 다룬다면 그 대상은 아주 광범위한 것이 되고, 그러면 모든 시대에 아마도 불분명했던 것을 금방 이해하게 된다. 즉 언어학의 유용성 문제나 또는 소위 〈일반 교양〉으로 부르는 영역을 다루는 연구 범주에 속하는 지위 문제이다.

언어학자의 활동이 개별 언어를 비교하는 것으로 국한되는 한, 이 일반적 유용성은 일반 대중의 관심사를 벗어날 수밖에 없으며, 요컨대 그렇게 되면 언어 연구는 아주 특별한 것이 되어 광범위한 대중의 관심을 끄는 진정한 이유가 되지 못한다. 언어학이 연구 대상을 더욱 명확하게 의식한 이후로, 즉 그 대상을 완전하게 인식한 이후에 언어학은 비로소 [9] 모든 사람과 관련되는 연구에 기여한다는 점이 분명해졌다. 예를 들면 언어학은 문헌을 다루는 그 누구와도 무관하지 않다. 무엇보다도 역사가에게는 음성 현상, 형태 현상과 그 밖의 언어 현상의 가장 일반적인 형식에 대한 견해를 갖게 하거나, 언어[인간언어]가 생존하고, 지속하고, 시간과 더불어 변하는 방식에 대한 견해를 갖도록 하는 데 유용하다. 더 일반적으로는 인간언어는 인간 사회에서 매우 중요한 역할을 하며, 개인이나 인간 사회에 〈똑같이〉 아주 중요한 요인이기 때문에 실질적인 인간 본성 연구는 순수하게 전문가들만의 소관이라고는 생각할 수 없다. 모든 사람은 인간 현상이 갖는 이러한 면이 과연 일반적으로 무엇을 표상하는지 가급적 정확한 견해를 갖도록 요청받는다. 더욱이 실제로 이성적이고 수용가능한 견해라면 더욱 그렇기 때문에 언어학이 결국 갖게 되는 생각은 단번에 제시되는 견해와는 전혀 다르다. 언어[랑그] 영역보다 더욱 몽상적이고 불합리한 생각을 [10] 낳는 영역은 없다. 인간언어는 모든 종류의 환상을 불러일으키는 대상이다. 심리적으로 말해서 훨씬 더 흥미로운 것은 인간언어가 저지르는 오류이다. 각자는 그냥 내버려 두면 인간언어에서 생겨나는 현상에 대해 진실과는 아주 거리가 먼 생각을 스스로 품게 된다.

또한 그러한 점에서 언어학이 오늘날 많은 견해를 수정할 수 있고, 연구자 대부분이 아주 쉽게 실수를 하고, 아주 심각한 오류를 범하는 경향이 있는 곳에 빛을 던져 줄 수 있는 것으로 스스로 믿는 점에서도 타당한 말이다.

언어학의 대상과 그 잠재적 유용성을 다루기 위해 랑그와 인간언어의 문제는 잠시 제쳐 두었다.

[1910년 11월 4일]

전체 강의의 구분

1) 개별 언어 2) 언어[랑그] 3) 개인의 언어능력과 언어사용

언어[랑그]와 인간언어라는 용어를 먼저 구별하지 않으면, 언어[랑그]나 인간언어의 구체적이고 〈완전한〉 총체적 현상을 어디서 발견할 수 있는가? 다시 말해서 우리가 마주할 대상은 어디에 있는가? 이 대상에 일시적으로 포함되고, 분석되지 아니한 이 모든 특징은? 이 어려움은 우리 앞에 놓인 소재를 다루지 않는 [11] 여러 다른 학문에는 존재하지 않는다. 아주 일반적인 현상을 포착하면, 총체적이고 완전한 대상을 갖는 것으로 생각

하는데, 이는 오산이다. 일반화 조작은 바로 추상화를 상정하며, 연구 대상 속으로 침투하여, 이로부터 일반적 특징을 끌어내는 것을 상정한다. 인간언어 내의 일반적인 특징은 우리가 탐구하려는 것이 아니다. 다시 말해 즉각적으로 주어진 대상은 아니다. 또한 부분적인 일부 현상에 집중해서도 안 된다.

그래서 분명한 것은 음성기관이 우리 관심을 온전히 끌 정도로 중요하다는 사실이며, 따라서 언어의 음성적 측면을 연구하면 이 음성적인 면에 청각적인 면이 대응한다는 사실을 곧 깨닫게 된다. 그렇지만 그것은 여전히 순수하게 질료적인 것에 불과하다. 우리는 아직 단어가 무엇인지, 즉 이 음성 산출과 관념의 결합체가 무엇인지 다루지 않았다. 하지만 관념과 음성 기호의 결합을 취하면, 이것을 개인 차원에서 연구하는지, 사회 내에서, 즉 사회집단 내에서 연구하는지를 자문해야 한다. 그렇지만 우리는 무언가가 여전히 불완전하다는 것을 알게 된다. 이런 식으로 진행해 나가면, 오직 언어의 극히 일부만 우연히 취한다는 것을 알게 되며, 언어 현상 전체를 포착하는 것과는 거리가 멀다. [12] 언어를 여러 측면에서 동시에 연구한 후에는, 그것은 동질적인 것이 아니라 복합적인 사실의 집체(음성의 조음, 이것에 결합된 관념)로 나타나고, 그렇게 되면 이 복합적 집체의 각 부분을 통해 연구해야 하고, 총체적 대상을 연구하지 못하는 것 같다 〈못하게 될 수 있다〉.

우리가 택하려는 해결책은 이것이다.[7]

---

7 이하의 논의는 소쉬르가 연구대상으로 확정하려는 이론적인 대상으로서의 언어, 즉 랑그(la langue)이다. 이는 개별 언어로서 언어[une langue, des(les) langues]와는 다르다.

각 개인에게는 <u>분절 언어능력</u>으로 부르는 능력이 있다. 이 능력은 우선 신체기관을 통해 우리에게 주어지고, 이 기관들을 작동해서 그것을 획득한다. 그러나 이것은 한 가지 능력에 불과하므로 외부로부터 개인에게 주어지는 다른 것 없이는 그 능력을 실제로 행사할 수 없다. 주위 사람 전체가 우리가 언어[랑그]로 부르는 것을 통해 개인에게 그 실행 수단을 제공해야 한다. 여기서 우리는 부차적으로 인간언어와 언어[랑그]가 아주 정확하게 구별되는 것을 알 수 있다. 언어[랑그]는 반드시 사회적이며, 인간언어는 반드시[특별히(교정)] 그렇지 않다. 인간언어는 개인 차원에 특히 정의된다. 이것은 추상적인 것이며, 구현되려면 인간 존재를 상정해야 한다. 개인에게 존재하는 이 언어능력은 다른 능력과 [13] 비교할 수 있다. 예컨대 인간에게는 노래를 부르는 능력이 있다. 사회집단에서 배우지 않으면, 노래를 부를 수 없을 것이다. 언어[랑그]는 모든 개인에게 음성기관이 존재한다는 것을 전제로 한다. 언어[랑그]를 언어능력과 구별하면, 그것은 1) 사회적인 것과 개인적인 것, 2) 본질적인 것과 다소 우연적인 것을 구별하는 것이다. 사실상 우리는 뒤에 가서 전체 언어[랑그] 구성의 충분조건이 관념과 음성 기호의 결합이라는 사실을 알게 될 것이다. 음성 산출은 개인의 능력에 속하는 것으로서, 개인 능력에 귀속되어 있다. 그것은 음악 명곡을 악기로 연주하는 것에 비유할 수 있다. 많은 사람이 이 명곡을 연주할 수 있지만, 그 작품 자체는 이 명곡의 다양한 연주와는 전혀 별개로 독립된 것이다.

관념과 결합된 청각영상은 언어[랑그]의 본질이다. 음성 산출에는 우발적 사건이 모두 포함된다. 왜냐하면 주어진 언어능력을 불완전하게 반복해서 사용하다 보면 이 엄청난 종류의 현상, 즉 음성변화(수많은 우연한 현상이다)가 생겨나기 때문이다.

3) 그래서 언어[랑그]와 인간언어를 구별하면, 언어[랑그]에 〈산물〉이란 명칭을 부여할 수 있다. 언어[랑그]는 〈사회적 산물〉이며, [14] 음성기관의 작용—이는 영원한 행위이다—과 분리된 것이다. 말하자면 실제로 언어[랑그]란 대상은 우리가 소지하고 있기에 이 산물의 모습을 아주 정확히 표상할 수 있고, 수면 상태에서도 〈(동일 공동체에 속하는)〉 개인의 전체 뇌리 속에 잠재한다. 이 각자의 두뇌 속에 우리가 언어[랑그]로 부르는 산물 전체가 있다고 말할 수 있다. 연구할 대상은 이 각자의 두뇌 속에 저장된 보물이며, 이 보물을 각 개인에게서 취해 보면 분명 완벽한 것은 아니다. 인간언어는 반드시 한 개별 언어를 통해서 실현되며, 이 개별 언어 없이는 존재하지 못한다. 언어[랑그]는 개인과는 완전히 독립적이어서 개인의 창조물이 될 수 없으며, 본질적으로 사회적이어서 집단을 전제로 한다. 마지막으로 언어[랑그]의 본질은 음성, 청각영상과 관념의 결합이다. (청각영상은 우리에게 남아 있는 〈두뇌에 잠재하는 인상(D.)〉 인상이다). 〈(언어[랑그]의)〉 모습을 반드시 언제나 발화된 것으로 나타낼 필요는 없다.

세부적인 사실로 넘어가 보자. 언어[랑그]를 사회적 산물로 간주해 보자. 사회적 산물 가운데 언어[랑그]와 비견할 수 있는 다른 산물이 있는지를 자문하는 것은 자연스러운 일이다.

[15] 미국의 언어학자 <u>휘트니</u>는 1870년경 《언어의 원리와 생태 *Les principes et la vie du langage*》라는 책으로 엄청난 영향을 끼쳤다. 그는 놀랍게도 언어[랑그]를 사회제도와 비교하면서 그것이 일반적으로 사회제도라는 대부류에 속한다고 언급했다. 이 점에서 그는 올바른 길을 택한 것이다. 그는 우리 생각과 같았다. "결국 인간이 후두, 입술, 혀를 이용해서 말을 한다는 것은 우연한 일이다. 인간은 이런 것이 더 간편하다는 점을 알았지만, 시각 기호나 손을 사용했더라도 언어는 그 본질에서는 여

전히 동일했을 것이다. 변한 것은 아무 것도 없었을 것이다." 이는 올바른 지적이었다. 왜냐하면 그는 개인적 행위를 그다지 중요하게 생각하지 않았기 때문이다. 이는 우리가 말했던 것으로 되돌아가는데, 바뀐 것이라고는 우리가 지적한 청각영상이 시각영상으로 교체된 것뿐이다. 휘트니는 언어에 선천적 능력이 내재한다는 생각을 타파하려고 했는데, 사회제도는 실제로 자연적 제도와는 상반되기 때문이다.

그렇지만 언어[랑그]와 비슷하고 비견될 만한 사회제도는 찾아볼 수 없다. 많은 차이가 있기 때문이다. 언어[랑그]가 사회제도 가운데서 차지하는 아주 특이한 상황은 매우 확실하지만, 그게 무엇인지는 [16] 한마디로 말할 수 없다. 오히려 그 차이점들이 이 비교를 명확히 설명해 줄 것이다. 일반적으로 사법제도처럼 사회제도, 즉 일련의 의식(儀式), 단번에 제정되는 의례 행사는 언어[랑그]와 유사한 특징이 많고, 이들 제도가 시간적으로 겪는 변화는 언어변화와 아주 흡사하다. 그러나 현격한 차이점도 있다.

1) 다른 사회제도가 개인과 늘 연관되는 것은 아니다. 다른 제도는 모든 사람에게 열려 있지 않은데, 그것은 각 개인이 거기에 참여하여 영향을 미치지 못하기 때문이다.

2) 대부분의 사회제도는 반복되고, 어느 시기에 바뀌고, 의지적 행위로 개혁할 수 있는 것이지만, 그 반대로 언어[랑그]에서는 이러한 행동이 불가능하며, 아카데미들도 규정을 가지고 언어[랑그]란 사회제도가 나아가는 흐름을 바꾸지 못한다는 것을 알 수 있다.

더 자세히 논의하기 전에 다른 개념을 소개해야겠다. 그것은 사회 내의 기호학적 현상이라는 관념이다. 사회적 작업의 산물로서 고찰된 언어[랑그]를 다시 예로 들어 보자. 언어[랑그]는 이 사회 구성원의 합의로 정해진 기호의 집합이다. 이 기호는 [17] 관념을 환기한다. 그러나 언어[랑그]는 기호를 통해서 예컨대 의례 같은 것과 공통점을 지닌다.

거의 모든 사회제도는 말하자면 기호에 기초한다. 그렇지만 이 기호는 사물을 직접 환기하지 않는다. 모든 사회는 여러 가지 목적으로 원하는 관념을 직접 환기하는 기호체계를 구축하려는 현상을 볼 수 있다. 언어[랑그]는 이 기호체계 가운데 하나이며, 이들 가운데 가장 중요한 체계임은 분명하지만, 유일한 체계는 아니다. 따라서 다른 기호체계도 도외시할 수 없다. 그리하여 언어[랑그]를 기호학적 제도에 포함해야 한다. 예컨대 해상 신호(시각 신호), 군대 나팔 신호, 시각 장애자의 기호 언어 등과 같은 것이다. 문자 또한 거대한 기호체계이다. 기호체계의 심리학이 존재할 수 있으며, 그것은 사회심리학의 일부가 될 것이다. 다시 말해서 그 심리학은 단지 사회적인 것이 될 것이다. 그것은 언어[랑그]에도 적용할 수 있는 것과 동일한 심리학이다. 이 기호체계의 변화 법칙은 흔히 언어[랑그]의 변화 법칙과 완전히 공통적인 유사점을 지닐 것이다. [18] 이는 문자를 보면 쉽게 관찰할 수 있는데, 문자는 시각 기호이지만 음성 현상과 유사한 변화를 겪기 때문이다.

언어학이 연구할 사회적 산물로서 언어[랑그]는 이러한 특징을 지니므로 인간언어는 무한히 다양한 개별 언어로 실현된다는 점을 첨언해야 한다. 언어[랑그]는 사회적 산물이지만, 여러 다른 사회가 동일한 언어를 갖는 것은 아니다. 이 언어의 다양성은 어디서 생겨나는가? 때로 그것은 상대적 다양성이기도 하고, 때로 절대적 다양성이기도 하다. 하지만 결국 각자의 두뇌에 저장된 것으로 상정하는 이 사회적 산물에서 구체적 대상을 발견할 것이다. 그러나 이 사회적 산물은 지구상의 어느 곳에 위치하느냐에 따라 다르다. 주어진 것〈대상〉은 단지 언어[랑그]만이 아니라 개별 언어도 있다. 그래서 언어학자는 처음에는 다양한 개별 언어 이외의 다른 것을 연구할 수 없다. 그는 우선 이 개별 언어를 연구하고, 가능한 한 많은 개별 언어를 연구하고, 가급적 그 지평을 확대해야 한다. 그리하여 이와 같은 방식으로 연구를 진행해 나갈 수 있다. 이 개별 언어의 연구와 관찰을 통해 일반적 특성을 끌어낼 수 있고, 본질적이고 보편적인 것으로 보이는 특성을 파악하고, 특수하고 우연한 것은 제외해야 한다. [19] 그리하여 언어학자에게는 언어[랑그]라는 추상적 특성의 집합이 남는다. 이는 제2부 언어[랑그]에서 요약하여 논의할 것이다. 여러 개별 언어에서 관찰할 수 있는 바를 〈언어[랑그]〉 내에서 추상적으로 요약할 수 있다.

3) 하지만 개인을 고찰하는 일이 남는데, 개인이 모두 함께 협력해서 일반적 현상을 창조하는 것이 분명하기 때문이다. 따라서 인간언어가 개인에게 미치는 작용이 무엇인지를 눈으로 살펴봐야 한다. 개인이 이 사회적 산물을 실행하는 것은 우리가 정의한 연구 대상에 속하지 않는다. 제3장은 말하자면 언어[랑그]의 근저에 있는 이 개인적 메커니즘을 드러내는데, 그것은 이런저런 방식으로 결국 이 일반적 산물에 반드시 반향을 가져오는 것은 아니지만, 연구할 때는 이 일반적 산물과 섞어서는 안 된다. 그것은 이 일반적 산물과는 전혀 별개의 것이기 때문이다.

[1910년 11월 8일]

제1부: 개별 언어

이 제목은 제2장의 제목인 언어[랑그]와 대립한다. 더 자세히 서술할 것 없이 상반된 이 두 제목의 의미는 아주 자명하다. 그래서 자연과학과의 비교를 [20] 남용해서는 안 되겠지만, 자연사 연구에서 〈식물〉과 〈식물 개체들〉(또한 〈곤충〉과 대립하는 〈곤충 개체들〉 참조)을 대립시키면, 그 의미는 즉각 명확해질 것이다.

이 구분은 우리가 언어학에서 〈언어[랑그]〉와 〈개별 언어〉를 구별하면서 갖는 의미와 거의 동일하게 대응한다. 식물학자나 박물학자는 전 생애 동안 이 두 방향 중 어느 한 방향으로 연구한다. 수액의 순환을 다루지 않고서, 즉 〈식물〉이 무엇인지에 관심을 갖지 않으면서도 식물 개체를 분류하는 식물학자도 있다.

언어[랑그](또한 어느 정도는 개별 언어도)와 관련되는 연구는 개별 언어를 외적 관점에서 고찰하도록 하며, 내적 분석은 하지 않는다. 그러나 이 구별은 절대적이지 않다. 왜냐하면 한 개별 언어나 어족의 역사에 대한 엄밀한 연구는 《개별 언어들》이라는 제하에 〈완벽하게〉 잘 어울리며, 이 개별 언어의 내적 분석을 전제로 하기 때문이다. 제2부인 《랑그》는 《언어[랑그]의 생태》라는 제목으로 강의를 전개해 나갈 예정이다. 제2부에서는 언어[랑그]를 특징짓는 중요한 사상(事象)을 다루는데, 이들은 모두 생태에 속한 것, 즉 일종의 생물학에 속한 것이라고 말할 수 있다. 그러나 또 다른 대상은 여기에 속하지 않는데, 무엇보다도 [21] 언어[랑그]의 논리적 측면은 불변의 요소를 포함하며, 이들은 시간이나 지리적 경계에 영향을 받지 않는다. 개별 언어는 언어학자가 지구상에서 접하는 구체적 대상이다. 언어[랑그]는 시간과 공간을 통해 언어학자가 관찰한 전체 언어 현상으로부터 추출한 〈일반적인〉 사실에 부여한 명칭이다.

제1장 언어[랑그]의 지리적 다양성. 다양성의 여러 종류와 정도[8]

언어[랑그][9]의 지리적 다양성은 그 종류와 정도가 여러 가지이다. 지구상의 수많은 언어 형태, 즉 어느 나라에서 다른 나라로 입국하면 사용하는 말의 다양성, 또는 더 간단하게는 한 지역에서 다른 지역으로 이동할 때 보이는 말의 다양성은 언어사실 가운데서도 가장 기본적으로 확인되는 현상이며, 모든 사람이 즉각 포착할 수 있는 현상이다. 이러한 다양성을 야기한 원인에 대한 가정은 일단 제외하자. 지리적 다양성은 언어학자나 일반적으로 모든 이가 인정하는 일차적인 사실이다. 시간적으로 변화하는 언어는 관찰자가 인지할 수 없는 것이지만, 공간적 다양성은 그렇지 않으며, 그 다양한 모습은 반드시 인지가 가능하다. 관찰자는 언제나 일정한 세대에 속하고, [22] 그 이전 세대의 언어가 어떤 모습이었는지 애초에 알지 못한다. 그는 시간적인 변동을 알아차릴 기회가 없다. 반대로 공간상에 나타나는 지리적 다양성은 단번에 지체 없이 명확하게 드러난다. 원시적인 부족에게조차 이 다양성에 대한 개념이 있는데, 이들은 자신과 동일한 집단어(parler)[10]를 사용하지 않는 다른 부족과 접촉할 수밖에 없

---

8 여기서는 언어[랑그]와 개별 언어를 가리키는 총칭적인 용법(la langue)이 다소 섞여 있다. 제목은 Diversité géographique de la langue이다.

9 이 장에서는 대부분 단수형 la langue가 사용되지만, 이를 '랑그'나 '개별 언어'로 번역하는 것보다 '언어'로 번역하는 것이 더 자연스럽다. 개별 언어에 대한 총칭적 개념으로 사용되었다고 볼 수 있다.

10 '좁은 지역 내의 사회집단이나 일정한 언어 영역 내의 사회집단이 사용하는 표현 수

기 때문이다. 이 사실을 통해 모든 민족은 문명 발달 수준이 아무리 낮아도 예민한 언어 의식은 있다고 할 수 있다. 그리하여 이들은 다른 언어 사용을 접하면서 언어라는 현상 자체에 대한 인식을 갖는다. 바벨탑의 옛 신화는 이 같은 문제가 언제나 있었음을 보여 준다. 즉 인간이 다양하게 말하는 현상은 어디에서 유래하는가? 원시 부족도 이 언어 다양성의 현상을 이해하려고 하는 듯이 보인다는 점에 유의하자. 그런데 이들의 언어 다양성에 대한 개념은 상당히 흥미롭다. 우선 이 다양성은 자신을 다른 원시 부족, 즉 이웃 부족과 가장 명확하게 구별해 주는 특징이다. 그들은 이 언어적 특성에 관심을 기울일 수밖에 없었는데, 그것은 이웃 주민을 다른 부족으로 인식하는 특성 중 하나가 이 언어적 다양성이었기 때문이다. 이들은 이 현상을 어떤 방식으로 생각했는가? 마치 복장, 두발, 무기 같은 것을 [23] 다른 관습으로 생각하듯이 이 언어를 다른 관습으로 생각했다. 이는 아주 올바른 지적이다. 이 현상은 앞에서 말한 바와 일치한다. ⟨(의상, 관습 등과 비교한 점에서)⟩. 이들의 생각은 옳았다. ⟨그것을⟩ 피부색, 신장의 차이와 비교하고, 나아가 ⟨(피부색, 인종의 구성과 비교하지는)⟩ 않았다는 점에서도 그렇다. 이는 인류학에 속하는 문제이기 때문이다.

여기에서 ⟨특유 언어(idiome)⟩[11]라는 용어가 유래한다. 이는 특수한 특성, 한 민족에 고유한 특성이라는 관점에서 본 언어이다. 그리스어 이디오마 $i\delta\iota\omega\mu\alpha$는 두 가지 의미를 지닌다. 민족의 습성으로서 특히 집단이나 관행과 관련이 있다.

단 전체'(TLF의 정의).

11 '구체적이고 특정한 관점에서 고찰된 한 언어공동체의 표현 수단 전체.'(TLF의 정의). 여기서는 전문적인 의미로 정의하나 어떤 문맥에서는 개별어(une langue)와 거의 비슷한 의미로 사용한다.

정상적으로 각 민족은 자신의 고유한 집단어를 우선시하고, 심지어 원시 민족도 자신과 다르게 말하는 민족을 보통 말 더듬는 자로 간주했다. 바르바로스 βάρβαρος는 라틴어 balbus와 동일한 단어라는 것이 거의 확실하다. 힌두인도 마찬가지였는데, 말 더듬는 자, 말을 하지 못하는 사람을 〈mlêchâs〉라고 했다. 여기에서 개화된 문명 민족이 공유한 일반적인 특징을 발견할 수 있다. 즉 어떤 언어에서나 언어 현상에 대해 잘못된 관념을 지니고 있었다는 점이다. 이들은 자기들과 다르게 말하는 현상을 말을 하지 못하는 능력으로 [24] 간주했는데, 이것이 〈그러한 잘못된 견해〉 가운데 하나였다.

언어학에서 가장 중요한 것은 개별 언어[12]의 다양성이다. 이 다양성에 관심을 기울일 때 비로소 언어학이 존재한다. 이 다양성을 서로 비교하고, 그것이 언어학에 대한 일반적 개념으로 발전하는 근거가 되었다. 사실상 그리스인은 언어를 다른 측면에서 접근했다. 이들은 언어의 다양성이라는 현상에 지속적으로 관심을 갖지 않았다. 그 결과 처음에는 실제적인 이유로 언어 연구에 착수했고, 그래서 문법을 연구하게 되었다. 실제로 언어적 다양성에 대한 이들의 관심은 단지 한 가지 현상뿐이었다. 그들은 자신들이 사용하던 여러 방언을 인지는 했지만, 그러한 관심사는 문학과 관련된 것으로 국한되었다.

여기서 부수적인 지적을 두 가지 언급해야겠다.

1) 첫째, 방금 지적한 사실과 관련해서 언어[랑그]가 발현되는 측면이 엄청나게 많다는 점을 지적해야 한다. 사실상 우리가 맨 먼저 언급한 측면,

---

12 여기서는 복수형 les langues를 사용한다.

즉 개별 언어의 다양성과 또 다른 측면인 그리스인의 문법 사이에는 [25] 직접적인 관계가 없다. 첫눈에는 이 두 가지 현상이 동일한 학문에 속한 것이 아닌가 하고 궁금해할 수 있다. 그것은 언어를 서로 다른 양극점에서 접근했기 때문이다. 이들을 결합하려면 많은 순환 논리가 필요하다.

2) 둘째 지적. 언어[랑그]가 먼저 지리적으로 다양한 모습을 보여 주는 것으로 나타난다면, 이는 종족적으로도 다양한 것으로 간주해야 하지 않을까? 이 문제는 상당히 복잡하다. 인종이라는 개념은 집단어에서 확인할 수 있는 차이와 같다. 분명 지리적 다양성을 초월해서 다룰 수 있지만, 언어와 민족집단(ethnisme)[13]의 관계는 훨씬 더 복잡하다. 언어를 인종적 특성의 문제로 간주한다면, 시간적 변화 원리나 시간적 변화를 거부하는 상대적인 저항의 원리도 도입해야 한다. 언어는 지속성을 통해서만 인종적 특성을 다소 띨 수 있다.

이로써 이미 여러 가지 고찰이 뒤섞였기 때문에 이들은 명백하게 직접 드러나지 않는다. 언어의 다양성이라는 아주 기본적인 사실 다음으로 놀라운 둘째 사실은 유사성이란 현상, 즉 두 가지 특유 언어가 다소 아주 비슷하게 닮은 현상이다. [26] 누구든 비교문법을 연구하려면 시간이 많이 드

---

13 민족집단은 민족(nation)과 유사한 개념이지만, 언어를 매개로 맺어진 사회정치적 문명공동체로서 낭만적 민족주의의 이데올로기의 근간이다. 오늘날에 와서는 이 용어를 거의 사용하지 않는다. TLF에도 표제어로 등록되어 있지 않다. 다음 정의 참조. "민족집단(ethnos)은 일정 영토에 역사적으로 자리 잡고, 비교적 안정된 언어와 문화 특성을 공유하면서 또한 자신의 단일성과 다른 유사 집단과의 차이를 인식하고 (자의식), 이것을 자신이 부르는 명칭(민족명칭 ethnonym)으로 표현하는 사람들의 확고한 모임으로 정의될 수 있다."(C. Renfrew, *Archaeology and Language. The Puzzle of Indo-European Origins*, Penguin Books, 1987, p. 216). 그러나 소쉬르가 이 민족집단과 언어 공동체를 동일시했는지는 좀 더 재고해야 한다.

는 것을 알지만, 생각보다는 훨씬 간단히 관찰할 수 있는 현상이다. 신기한 것은 아주 보잘것없는 시골 농부가 지역 방언(patois)[14]이 보존된 지방에서는 이 점을 훨씬 많이 지적한다는 점인데, 자신이 사는 지역과 이웃마을의 지역 방언의 차이를 흔히 틀리게 잘못 지적한다.* 많은 사람이 이 사실에 놀라워한다. 이 지적이 때로는 아주 잘못된 것도 사실이다. 프랑스어와 이탈리아어, 프랑스어와 독일어의 유사성은 꼭 언어학자만 인지하는 것은 아니다.

(* 그리스인은 많은 그리스어 단어가 라틴어와 유사하다는 점을 알았지만, 이러한 관찰을 과학적으로 조사하지는 않았다.)

이 언어 유사성이 실질적인 것으로 판명되면, 이것은 친근 관계(parenté)의 개념에 이르고, 이 관계를 확증한다. 친근 관계는 계통, 친족관계를 전제로 하며, 이를 통해서 과거의 기원으로 거슬러 올라간다. 그리하여 언어의 기원과 공통 기원의 개념은 유사성이 일단 확립되면, 〈이〉 유사성의 개념과 즉각 연관을 맺는다. 바로 이러한 이유로 친근 관계를 모든 세부사항에 걸쳐 분석하기는 불가능하다. 선행 원리를 [27] 사용해야 하는 까닭에 반드시 연구가 필요하며, 단지 이 친근 관계의 원리가 문제로 제기된다는 사실만을 지적하고자 한다.

친근 관계가 있는 여러 언어의 가족을 어족(famille)으로 부를 수 있다. 그다음에 이 어족을 서로 비교할 수 있지만, 이는 더 이상 넘어설 수 없는 한계에 도달한다. 다소간 상당히 규모가 큰 언어 집단을 구축한 후 그 한계에 도달하면, 그것을 넘어서서는 아무런 유사성도 친근 관계도 확립할

---

14 "문화적, 사회적으로 안정된 지위 없이 일정 지점이나 제한된 지리적 공간에서 기능하는 소언어체계로서 음운, 형태통사, 어휘적으로 그것이 속한 방언(dialecte)과 구별된다."(TLF의 정의). 하위 지역 방언으로 이해할 수 있다.

수 없다.

따라서 두 범주가 생기는데, 1) 친근 관계 내의 다양성, 2) 인지 가능한 친근 관계를 넘어서는 다양성이다.

이 두 종류의 다양성에 대해 언어학은 어떤 입장인가? 연구 가능한 친근 관계가 없는 절대적 다양성에 대해 강조해야 할 점은 언어학은 무수한 이런 종류의 어족의 다양성에 직면한다는 것이다. 다시 말해서 기원을 한 언어로 귀속할 수 없는 어족이 있다.

1) 이러한 절대적 한계를 뛰어넘을 희망이 있을까? 이 한계가 더 이상 절대적이 아닐 수 있다고 생각해야 할까? 다시 말해서 공통의 기원에서 유래하지 않은 듯이 보이는 어족이 [28] 하나의 공통 기원을 갖는 것으로 생각할 수 있을까? 이런 방향으로 수없이 많은 시도를 했고, 절대 포기하지 않았던 시도도 있었다. 또한 최근에 셈어족과 인도유럽어족을 연결하려는 시도도 있었다.[15] 이탈리아 언어학자 트롬베티는 최근의 저서[16]에서 지구상의 모든 언어가 궁극적으로 하나의 친근 관계를 갖는다는 점을 증명하려고 시도했다.

하지만 이런 종류의 모든 시도 가운데 진리인 것과 증명 가능한 것 사이

---

15 H. Møller(1850~1923). 덴마크의 언어학자로서 인도유럽어와 셈어 간의 친족관계를 주장했다. 《셈어와 인도유럽 *Semitisch und Indogermanisch*》(1906)와 《인도유럽어와 셈어 비교사전 *Vergleichendes indogermanisch-semitisches Wörterbuch*》(1911)이 있다.
16 A. Trombetti(1866~1929). 이탈리아 언어학자로서 언어 단일 기원설을 주장했다. 《언어 기원의 단일성 *L'unità d'origine del linguaggio*》(1905)이 있다.

에 큰 격차가 있다는 점을 아무 선입견 없이 기억해야 한다. 언어변화가 일어나는 방식에 눈을 돌려 보면, 지구상의 모든 언어의 친근 관계가 참된 사실〈일지라도〉이를 수학적으로 증명하기란 불가능한데, 그것은 언어가 엄청나게 많이 변했기 때문이다. 이 절대적 한계를 극복하리라고 기대할 수는 없다.

2) 이처럼 귀속할 수 없이 분리된 두 어족이 있을 때, 언어학자는 이 둘을 관련짓는 비교 작업을 포기해야 하는가? 아니다. 역사적 관계를 설정하기 위한 [29] 모든 비교는 실제로 배제되지만, 명백한 친근 관계가 전혀 없는 언어들, 공통 기원이 없는 언어들을 비교하는 흥미진진한 영역이 여전히 남아 있다. 이는 문법체계의 비교 작업이다. 〈사고와 언어의 가능한 여러 결속 관계의 비교〉. 친근 관계가 전혀 없는 언어들이라도 아주 유사한 문법 메커니즘을 가질 수 있다.[17]

친근 관계에 의해 연관된 것으로 인지된 언어군 내부의 연구와, 인지된 어족 내의 친근 관계가 없는 언어군 사이의 연구는 전혀 다르다. 그리하여 이러한 대상의 경계를 넘지 않더라도 그 연구 영역은 무한하다. 이 언어군 내에서도 이런저런 언어군에 따라 물론 불가능한 현상도 출현한다. 예컨대 다양성의 정도 같은 것이다. 확인이 손쉬운 언어 유사성을 넘어서면, 언어 다양성에도 여러 등급이 있다. 그리스어와 라틴어를 산스크리트어와 비교해 보면, 전자의 두 언어는 훨씬 더 유사한 것으로 볼 수 있

---

17 기존의 어족들, 예컨대 인도유럽어족, 우랄알타이어족, 셈어족의 비교를 통해 이 어족보다 더 상위의 대어족(macro-famille)의 구성 가능성을 지금도 연구하는데, 노스트라틱(Nostratic) 대어족과 같은 것이 일례이다. 이들은 언어선사 고생물학자들이 연구하듯이 주로 어휘를 대상으로 친근 관계를 연구한다. 친근 관계가 없는 언어들의 문법구조 비교는 유형론의 주요 연구 대상이다.

다. 이런 방식으로 계속 비교해 나가면, '방언(dialecte)'까지 비교할 수 있다. 그러나 이 〈방언〉이란 용어를 말한다고 해서 〈언어〉란 용어와 비교해서 그 용어가 절대적 개념이라고 [30] 간주해서는 안 된다는 점을 첨언해야겠다. 〈언어〉란 명칭 대신에 〈방언〉이란 명칭을 사용할 수 있는 정확한 지점은 없다. 우선 방언으로 생각할 수 있는 대상이 어떻게 해서 〈언어〉로 부를 정도로 차이가 아주 현격하게 벌어지는지를 살펴볼 것이다. 〈특유 언어〉보다 〈방언〉이란 명칭이 필요한 절대적 위계의 층위에서는 결코 그 차이를 구분할 수 없다.

각종 현상으로 인해 흔히 이 지리적 다양성이 나타나는 형태가 복잡해진다. 다음 장은 삽입한 장으로서 앞과 뒤의 장을 연결하는 장이다. 그 제목은 다음과 같다.

제2장 〈지리적 다양성을 복잡하게 만드는 각종 현상〉

[1910년 11월 11일]

이 지리적 다양성을 가장 단순한 형태로 생각해 보았는데, 실제로 복잡한 사실은 일반적 현상에서는 본질적인 것이 아니기 때문이다. 실제로 지방별로 나타나는 언어의 지리적 다양성을 얘기했는데, 이 현상을 마치 단지 영토상의 다양성인 것처럼 가정한 것이다. 그러한 소재에서 긍정적으로 재고해야 할 것은 아무것도 없다는 점은 맞다. 왜냐하면 언어적 차이는 어떤 방식으로든 항상 [31] 장소의 차이에서 유래하기 때문이다. 그러나 언어는 인간과 더불어 이동하고, 인류는 이동을 많이 한다. 그리하여 동일한 지역에 다양한 언어가 공존하는 현상은 전혀 예외적인 것이 아니다. 앞에서 일정한 규모의 광범한 공간에서 관찰되는 언어적 통일성을 상호적인 것으로 가정했지만, 이 통일성은 실제로는 흔히 입증되지 않는 경우가 많다. 그렇지만 적어도 이러한 언어 현실을 지적해야 하고, 앞의 장에서처럼 뒷장에서도 그러한 현실을 제외하는 것이 허용된다.

여기서는 고유어의 혼합을 말하려는 것이 아니다. 왜냐하면 그것은 언어의 내부적인 형태에 영향을 미치는 언어 현상이기 때문이다. 물론 스위스의 경우처럼 두 개의 특유 언어가 한 국가의 정치적 국경 내에서 지역적으로 분리되어 공존하는 경우를 가리키는 것도 아니다. 여기서 말하는 것은 단지 다른 두 개의 특유 언어가 병존하면서 지역적으로 서로 중첩되는 경우만을 가리킨다. 이런 경우는 표면적으로는 비정상적이지만, 역사를 통해 보면 흔히 볼 수 있는 [32] 현상이다. 둘 또는 다수의 경쟁적인 특유 언어가 두세 가지 아주 다른 방식으로 동일한 영토에 이입되는 것을 목격할 수 있지만, 역사는 이 공존관계가 어떻게 생겨났는지를 전혀 알려 주지 않는다. 식민 지배자나 외래 지배자의 언어가 토착 주민의 언어와 중첩되는 경우는 매우 흔한 현상이다.

그리하여 트란스발[18]에서는 흑인 방언, 네덜란드어, 영어를 사용했는데, 이 후자의 두 언어는 식민지배로부터 생겨났다. 멕시코에서 에스파냐어를 사용하는 것도 마찬가지이다.

이 현상은 근대에만 국한된 것이 아니다. 고대에도 이미 이러한 현상이 있었고, 역사의 모든 시기에 걸쳐서 일어났다.

현재의 유럽지도를 보면, 아일랜드는 켈트어와 영어를 사용하고, 많은 주

18 1902년에서 1910년까지 영국이 지배한 남아프리카의 식민 지배지이다.

민이 이 두 언어를 사용하는 국가라는 것을 알 수 있다.

〈(프랑스의)〉 브르타뉴에서는 프랑스어와 브르타뉴어를 사용한다.

바스크 지역에서는 바스크어, 에스파냐어, 프랑스어를 사용한다.

핀란드에서는 스웨덴어, 핀란드어, 러시아어를 사용한다.

쿠를란드와 리보니아에서는 러시아어, 독일어, 라트비아어를 사용한다(독일의 식민지배자들이 중세 시대에 한자 동맹의 기치 아래 흘러들어 왔다).

[33] 리투아니아에서는 리투아니아어, 폴란드어, 러시아어를 사용한다.

프러시아의 포젠주에서는 폴란드어와 독일어를 사용한다.

보헤미아에는 체코어와 독일어가 공존한다.

헝가리에는 각종 언어가 공존해서 그곳에 거주하는 국민만이 (트란실바니아의) 어느 마을에서 어떤 언어를 사용하는지 알 수 있다. 즉 마쟈르어, 루마니아어, 크로아티아어, 독일어가 있다.

마케도니아에도 사용 가능한 여러 언어가 공존하는데, 터키어, 불가리아어, 세르비아어, 루마니아어, 그리스어, 알바니아어이다.

흔히 여러 언어가 공존할 때는 사용 지역이 다소간 정해져 있는데, 예컨대 영토상으로는 도시와 시골에 서로 달리 분포한다. 하지만 이 지역적 경계가 항상 분명한 것은 〈아니다〉.

강한 정복자가 경쟁어를 들여오는 것이 아닌 경우도 있다. 예컨대 유목 민족이 어느 국가에 정착한 것을 볼 수 있다. 집시들은 특히 헝가리에 정착하여 밀집 촌락을 이루었다. 그런데 이들은 〈아마도〉 인디아의 주민일 수도 있으며, 언제 들어왔는지도 알 수 없다. 이 사례는 [34] 정복과 식민 지배의 경우는 아니다.

또한 러시아 남부와 도브로제아의 루마니아 지역 한가운데 흩어져 있는 타타르 마을도 있다.

로마 제국의 지도가 있다면, 그것은 이와 유사한 여러 언어의 공존 사례를 보여 줄 것이고, 거기서 훨씬 더 놀라운 사실을 발견할 것이다.

예를 들어 보자. 아주 간단한 사례로, 로마 공화정 말기에 나폴리에서는 어떤 언어를 사용하고, 그 이웃 지방에서는 어떤 언어를 사용했을까[?] 거기에서는 분명 이러한 언어를 사용했을 것이다. 1) 오스카어(폼페이 명문을 참조. 그 일부는 오스카어로 기록되어 있다), 2) 그리스어(나폴리를 식민 지배한 유보이아인의 언어),[19] 3) 라틴어, 4) 에트루리아어. 로마인이 오기 전에 에트루리아인이 (정복으로) 이 나폴리 지방을 지배했다.

카르타고에서는 과거의 어느 시기부터 라틴어를 사용했고, 카르타고어(페니키아어)도 잔존해 있었다.[20] 700년에는 아랍인이 자신의 언어와 유사한

---

19 유보이아는 아티카 맞은편에 있는 그리스 제2의 큰 섬이다.
20 각주 140, 141 참조.

집단어가 거기에서 사용되는 것을 인지하기도 했다. 누미디아어도 분명 카르타고 지방에 [35] 널리 퍼져 있었다.

고대에 지중해를 중심으로 한 주변 지역 중 단 하나의 언어를 사용한 지방은 거의 없었다.

<u>문어.</u> 많은 나라의 언어는 다른 의미에서 그리고 다른 종류의 현상 때문에 이원적이다. 그것은 문어가 기원이 동일한 자연 언어와 중첩되는 현상으로서, 두 언어는 서로 병존하면서 사용되었기 때문이다. 이 현상은 상당한 수준의 문명과 관련이 있지만, 정치적 정황이 거기에 뒷받침되면 거의 어김없이 반복적으로 출현하는 현상이다.

문어(langue littéraire)는 때로는 이 명칭을 그대로 지니지만, 때로는 다른 명칭을 지닐 수 있다(공식어, 교양어, 공통어, 그리스인의 코이네 κοινή). 이들은 결국은 같은 현상을 가리킨다. 즉 국가 전체가 사용할 수 있는 의사소통 도구의 필요성 때문이다.

자연언어에는 방언만이 존재한다. 언어는 그대로 내버려 두면 무한히 잘게 나누어진다. 하지만 이러한 무수한 방언 가운데 어느 한 방언을 [36] 선택할 필요가 절실하게 생겨난다. 이 선택된 방언은 국가 전체의 모든 사안의 소통수단이 되는데, 이런저런 정황으로 인해 한 방언이 선택된다. 그것은 문명이 가장 진보한 지방의 방언일 수도 있고, 세력이 강한 지방, 권좌나 정부 수반, 왕궁이 위치한 지방의 방언일 수도 있다.

문어가 된 이 방언은 순수하게 그대로 남아 있는 경우는 드물고, 다른 지방의 요소가 섞여 복합적인 것이 된다. 그러나 일반적으로 그것이 유래하는 출처를 알 수 있다. 예컨대 프랑스어는 일드프랑스의 방언에서 유래한다.

다른 방언들은 여전히 그대로 남아 있기 때문에 결과적으로 국가는 자연히 이언어(二言語) 병용을 하고, 개인은 이언어 병용자가 된다. 이들은 자신이 사는 지역의 특유 언어(지역 방언)와 일반어(langue générale)로 선택된 방언을 사용한다. 프랑스의 경우가 그렇다. (사부아 〈등〉). 프랑스어는 마르세유, 제네바, 브장송에 이입되었다.[21]

[37] 독일도 마찬가지인데, 이곳에서는 지역 방언이 프랑스보다는 훨씬 잘 보존되어 있으나, 점차 사라지는 경향을 보인다. 이탈리아도 그렇고, 그래서 나폴리와 같은 곳에서 사람들은 밀라노 방언으로 공연하는 연극은 이해할 수 없다.

이러한 현상은 그리스어에도 출현하는데, 그리스어는 이오니아 방언에서 유래한 방언, 즉 코이네 κοινή가 발달한 것이다. 그리스 명문은 코이네와 다른 수많은 지역적 집단어를 보여 준다. 그리스인은 또한 공식어인 바빌로니아어를 확인할 수 있는 것으로 생각했다.

이러한 현상은 상당한 수준의 문명발달과 관계가 밀접하다.

그러나 일반어는 반드시 문자를 전제로 하는가?

---

21 마르세유는 프로방스 방언권, 제네바는 사부아의 이탈리아어권, 브장송은 부르고뉴 방언권에 속해 있었고, 일드프랑스의 방언이 표준어 구실을 하면서 문어로서 확산되었고 침투했다.

호메로스의 언어(그리스어)는 시어(詩語)이며, 아주 광범위한 사람들이 이해할 수 있도록 규약으로 만들어진 언어이다. 〈그런데〉 이때는 문자가 거의 사용되지 않았다.

이후로 이러한 사례에 더 이상 [38] 신경 쓰지 않을 것이다. 브뤼셀에서는 어떤 언어를 사용하는가? 우리는 브뤼셀이 플랑드르어 지역에 속하는 것으로 생각하는데, 그것은 이 도시가 벨기에의 플랑드르 지방에 있기 때문이다. 프랑스어는 이입된 것이고, 우리로서는 거기에 프랑스어가 부재하는 것으로 본다. 리에주에서도 프랑스어는 제네바처럼 이입된 것이다. 우리는 문어와 상관없이 발달한 현상만을 고찰할 것이다. 마찬가지로 독일 북부 전역(베를린)에서는 고지 독일어를 사용하지만, 우리로서는 저지 독일어 지역으로 간주할 것이다.

우리는 이차적 현상을 제외한 지리적 다양성, 즉 현재의 외적 상태를 제외한 지리적 다양성을 다룰 것이다.

그러면 지리적 다양성의 발생 과정을 살펴보자.

[1910년 11월 15일]

제3장 원인의 관점에서 본 언어의 지리적 다양성

지리적 다양성의 현상은 맨 먼저 눈에 띄는 놀라운 사실이라는 점을 살펴 보았다. 이 다양성은 무엇 때문에 생기는 것인가[?] 우리가 I) 절대적 다양성을 다루면, 한 가지 문제에 직면한다. 즉 세계의 모든 언어가 한 언어로 [39] 귀착하지 않는다는 점이다. 이 문제는 사변적인 문제이고, 접근할 수 없는 시기로 거슬러 올라가며, 또 다른 문제인 언어의 기원과 연관된다. 이 문제는 논의에서 제외할 것이다.

〈II〉 친근 관계가 있는 다양성은 문제가 다르다. 이것에 관해서는 우리는 관찰 가능한 영역에 위치해 있다. 이런 언어 다양성이 생겨나는 것을 목격할 수 있고, 확실한 결과를 제시할 수 있다. 예컨대 우리는 프랑스어와 프로방스어, 프랑스어와 에스파냐어의 다양성이 어떻게 생겨났는지를 알 수 있다.

우리는 1) 멀리 이동한 언어가 새로운 이주지에서 독특하게 발달하는 경우를 생각할 수 있다. (예컨대 대륙 게르만어와 기원이 동일한 앵글로색슨어의 사례나 캐나다의 프랑스어 〈등〉). 한마디로 지리적 불연속의 경우이다. 이 현상은 역외(域外) 이주 이외의 방식으로는 일어날 수 없다. 예컨대 루마니아어는 고립의 결과로 생겨났다. (분파된 루마니아어는 슬라브어 내에 고립된 섬이다.)

[40] 지리적 불연속으로 인해 정말 이론적으로 중요한 사례는 발생하지 않는다는 점을 살펴볼 것이다. 고립의 조건을 판단하고, 고립의 정확한 영향이 무엇인지 판단하는 것이 그리 쉽지만은 않다. 그러나 지도상에 위치가 아주 분명한 두 지점을 취해 보면 이 점이 훨씬 분명해지는데, 이러한 현상을 한 가지 살펴보자.

이처럼 지리적으로 분리되어 시간이 상당히 흐른 후 어느 해안에 위치한 특유 언어와, 여기서 분리되어 이제 상당히 멀리 떨어진 그 분파된 언어 사이에 확연한 차이가 생겨나는 것을 볼 수 있다. 이러한 차이는 종류가 아주 많다. 이 차이는 단어의 차이나 (다른 단어들의) 어휘적 차이, 문법적 차이, 음성적 차이(발음의 차이)로 분류하면 타당하다.

우선 이입된 특유 언어가 변하고, 다른 언어는 변하지 않고 남아 있을 것으로 생각해서는 안 된다는 점을 지적하자. 또한 그 반대의 경우도 더욱 아니다. 흔히 각 세부 사실이 변하는 것은 때로는 이입된 언어이거나 때로는 토착어 〈(또는 이 둘 모두)〉일 수 있으며, 이로 인해서 언어적 차이가 생겨나는 데는 큰 문제가 없다.

A Ⓐ   A Ⓐ   A Ⓐ
A Ⓑ   B Ⓐ   B Ⓒ

[41] 섬의 특유 언어의 분화 과정을 연구해야 할 것으로 생각한다면, 별로 쓸모가 없다. 하지만 두 가지 특유 언어의 〈(분화)〉 차이는 연구해야 한다.

음성 현상에서 섬(영국)의 지리적 집단어가 때로 혁신되는 사례가 있다. 예컨대 a는 ä의 음가를 얻었다(Mann'사람' → Men). 여기서도 변한 것은 식민지〚의 언어〛이다. 또 다른 곳에서는 그 반대의 사례가 나타난다. 영국인은 음성 θ〈(þ)〉를 보존했고, 이를 th로 표기했다. 반면 독일 전역에서는 이것이 t[원문]로 변화했다. 음성 혁신이 일어난 곳은 〚유럽〛 대륙이었다.

영어 w도 마찬가지인데, 그 원시음은 영국 섬에는 남아 있었지만, 독일인은 이를 v로 변화시켰다(Wind'바람').

〈원래의 음성〉
wife = Weib'아내'

무엇이 이러한 차이를 만들어 냈는가? 장소의 차이(공간상의 거리)인가[?] 우리는 그렇게 생각하는 경향이 있다. 그러나 곰곰이 생각해 보면, 이 공간적 차이는 오직 시간에 의해서 생긴다는 점을 어렵지 않게 알 수 있다. 언어변화는 시간이 흘렀음을 의미한다. 색슨인과 앵글인은 영국 섬에 도착한 직후에는 그들이 유럽 대륙에서 이전에 사용했던 언어를 그대로 사용했다. 언어 분리가 지리적 현상에서 기인한다고 하는 것은 [42] 일종의 비유적 표현이다. 시간 요인을 유럽 대륙과 영국 섬 양쪽에서 다 일어났으므로 시간 요인을 상쇄하고, 우리가 사용하는 표현을 그대로 이용하게 내버려 둔 것이다. 나아가 오직 시간의 작용만이 언어 차이를 만들어 낸다고 해야 한다.

예컨대 mejo/medzo'중간'는 지리적 차이이다. mejo에서 medzo로 변화하거나 반대로 medzo에서 mejo로는 결코 변화하지 않는다. 그러면 어디에서 통일된 형태가 다양한 형태로 바뀌었는가? 과거의 원초적 형태를 복원해야 한다. medio에서 mejo로 변화했고, medio에서 medzo로 변화했다. 이를 통해 지리적 분화를 다음과 같이 도식화할 수 있다.

이 도식은 두 방향으로 나뉜다. 그래서 두 축이 생긴다. 수직축은 시간의 축이고, 수평축은 공간의 축이다.

지리적 분화를 다룰 때는 분화 현상의 산물, 즉 그 결과[결과적 차이]를 포착하지만, 분화 현상 자체는 다른 곳에 있다. 이는 마치 표면적으로 용적을 계산하는 것과 같다. 또 다른 차원인 [43] 깊이[시간]도 고려해야 한다.

변화 현상은 공간 차원이 아니라 전적으로 시간 차원에서 일어난다는 점을 알 수 있다. 지리적 분화는 시간 차원에 투사될 때 비로소 그 완전한 모습을 갖는다. 지리적 분화는 시간 차이로 직접 환원될 수 있고, 또 환원되어야 한다. 분화 현상은 시간 축에 위치해야 한다. 마치 물이 지하 바닥에서 표면으로 솟아오르는 것처럼 강물이 흐르는 것을 상류로 솟아오른다고 말하면 틀리는 것과도 같다.

<u>노트-지적</u>. 하지만 언어분화에 영향을 미친 것은 환경적 차이들[기후나 나라 유형(산악, 해안)이 만들어 낸 관습의 차이]과 같은 것이라고 전제하는 것이 자연스러운 것이 아닌가? 그래서 이 지리적 다양성의 영향을 너무 쉽게 배제하는 것은 아닌가? 아마도 거기에 어떤 관계가 있거나 어떤 종류의 영향은 있겠지만, 현재로서는 생각할 수 없는 아주 모호한 것들이며, 정의하는 것이 불가능하다고 봐야 한다. 어떤 변화 방향을 결정하는 변동이 [44] 환경의 탓일 수도 있지만, 어떠한 차이가 어떤 방향으로 일어날지는 결코 예측할 수 없다.

하지만 그래도 지리적 각 지점에서는 시간의 변화 이외의 다른 변화는 여전히 없다. 지리적 분화는 언어 통일의 개념을 요구한다. 이 통일성은 어디서 발견되는가? 그것을 추상적인 것으로 만들지 않는 한, 그 언어 통일

은 과거에 나타난다.

이로써 우리는 지금까지 예측하지 못했던 영역으로 들어선다. 즉 지리적 차이 대신에 언어진화로 생겨난 차이를 대하게 된다.

언어진화는 언어학의 중요한 분야이다. 지리적 분화는 진화 현상의 〈특수한〉 적용에 지나지 않는다. 이 지리적 차이는 진화 현상 내에 완전히 흡수된다.

그러나 지리와 역사의 결합에 대해서 언급해야 할 더욱 중요한 사항은 앞에서 살펴본 사례와 아무 관련이 없다. 정상적인 사례를 조사해야 한다. 즉 지리적 연속 내에서 일어나는 언어진화가 그것이다.

[1910년 11월 18일]

[45] 지리적 연속선상에서 일어난 언어진화. 정상적인 경우와 핵심적인 경우

이제 일정한 시기에 정착 주민이 동일한 특유 언어를 사용하는 연속적인 지역을 생각해 보자. 예컨대 250년경의 골 지방을 예로 들어 보자. 이 시기에 라틴어는 자리를 확고하게 잡았다. 그래서 이 지방에서는 통일된 언어를 사용한 것으로 볼 수 있다.

확실한 첫째 현상으로 오직 시간만을 고려하면, 우리는 확신을 가지고 이 라틴어가 시간이 얼마간 흐른 뒤에 더 이상 같은 라틴어가 아니라는 점을 확인할 수 있다. 어떤 근거로 이를 알 수 있는가? 보편적인 경험이 알려 주기 때문이다. 모든 사례가 이 사실을 증명한다. 절대적으로 정해진 사례는 없다. 절대적인 것은 시간의 변동이다. 어떤 것도 이 시간의 변동을 막을 수 없으며, 불가피한 것이다. 변동은 다소 빠르기도 하고, 더 강하기도 하다. 전시(戰時)나 위기 때 이 변동은 가속화되지만, [46] 그 원리에는 영향을 미치지 못한다. 이러한 요인이 변동을 재촉하는 원인이다.

이 지속적인 변동 현상은 빈번하게 은폐되는데, 그것은 우리가 문어만을 상대하기 때문이며, 또한 가장 먼저 머리에 떠오르는 언어이기 때문이다.

사실상 문어는 한번 성립되면, 어떤 정황으로 인해 (문자로 정해진 기록된 언어[22]에 의존하므로) 생존을 보장받는다. 그렇지만 문어는 생동하는 언어[23]의 변동을 전혀 알려 주지 않는다.

문어는 대중어[24]에 중첩된 산물인 까닭에 그것은 다른 조건에도 종속된다. 우리는 현재 문어 규범 없이 자유로이 발달하는 언어만을 상대로 한다.

추가해야 할 두 번째 사항이자 확실한 사실은 언어의 형태는 전 지역을 통해 똑같은 방식으로 변하지는 않는다는 점이다.

---

22 문헌어(langue littéraire)와 문법 규범에 일치하는 문자로 기록된 문어(langue écrite)의 구별에 유의한다. 문헌어는 시대와 사용조건에 따라 다양한 함축의미가 있다. 27쪽 참조.
23 생동하는 언어(langue vivante)는 사용 화자들이 있고, 생활에서 실제 사용되는 구어 변이체를 말한다.
24 대중어(langue vulgaire)는 한 언어집단의 대다수가 사용하는 구어 변이체를 말한다.

우리는 방금 인정한 이 두 단계의 현상을 대조해야 한다.

[47]

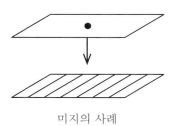 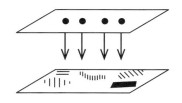

미지의 사례	실제의 사례
(해당 지역의 모든 지점에서 동일한 결과를 초래하는 시간상의 진화)	(해당 지구에서 다양한 결과가 생겨나는 시간상의 진화) (이곳저곳에서 생겨난 다양한 결과)

시간은 어느 한 지점에 국한되더라도 변화를 일으킨다.

그렇다고 해서 언어변화가 우리가 살펴보았듯이 오직 시간에만 관계하는 것은 아니다.

두 번째 관점을 고려해야 한다. 즉 수많은 방언적 형태를 야기하는 이 다양성은 어떻게 시작되고 그 모습은 어떻게 형성되는가? 이 점은 실제보다 더 간단한 문제인 것 같다.

각 지점의 언어변화는 다음과 같이 일어날 것이다.

1) 연속적이고 미세한 혁신을 통해서. 그 결과로 해당 혁신만큼이나 많은 세부 사실이 생겨나는데, 우리는 이를 정의할 수 있다. 크거나 작은 요

소를 구별할 수 있고, 이 요소들은 아주 다양할 수 있다. 형태론적 차원의 gëbames'우리는 준다', gebamês[원문]나 음성적 차원의 s → z.

[48] 2) 둘째로, 이처럼 일어난 혁신들 각각은 물론 우리가 '장(aire)'으로 부를 수 있는 영역을 갖는다. 다시 말해서 이 혁신은 일정한 지역 전체에 걸쳐 일어난다.

이때 두 경우가 있다. a) 이 혁신이 전 지역을 포괄하는 경우. 이 경우는 아주 드문 사례이며, 언어를 변화시키기는 하지만 차이를 만들어 낼 정도 의 변화는 생성하지 않는다. 아니면 b) 그 혁신의 장이 아주 제한된 소지 역인 경우. 이는 가장 빈번히 나타나는 경우이다. 이것은 방언적 차이와 관련되는 모든 현상의 핵심이다. 각 혁신적 사건은 각자의 장을 갖는다.

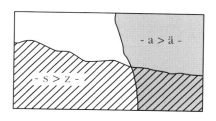

예컨대 골 지방에서 일어난 주요 변화현상은 pórta'문'와 같이 무강세 음 절의 a가 묵음이 된 것이다. (pórta'문' 〉 porte'문'). 이러한 혁신이 론 지 방 전역에 걸쳐 영향을 미친 것은 아니다(fenna'여자' – femme'여자'). 25

이 변화의 장은 사전에 미리 정할 수 있다. 영향을 받은 장이 어느 곳인가

25 프랑스 남부 오크어권의 동남부의 방언인 프랑코프로방스어와 프로방스어 지역. fenna는 이 지역의 방언형이다.

를 확인만 하면 된다. 실제로 이들(〈이 장들〉)은 아직 다양한 모습을 [49] 구성하기 때문에 엄청나게 복잡한 지도상에 중첩된 모습을 만들어 낸다.

단지 한쪽 지역만 영향을 입지 않을 수도 있다. 예컨대 라틴어 ca의 tša, š 로의 변화(프랑스어 chant'노래' 〈 라틴어 cantus'노래', char'수레' 〈 라틴어 carrus'수레')를 예로 들어 보면, 이 변화는 프랑스 북부 지방에서만 일어 났고, 남부에서는 일어나지 않았다. 하지만 북서의 극단 지역(노르망디의 피카르디 방언)은 이 영향을 받지 않았다(vacca'암소' – vaque'암소').[26]

이러한 이유로 프랑스어에 (chage가 아니라) cage'새장', reschappés 대 신에 rescapés('쿠리에르 대참사의 생존자들')가 생겨났다.[27]

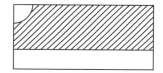

방언이 일정하게 범위가 정해진 폐쇄된 일련의 언어 유형을 의미한다면, 이들이 다른 지역의 해당 방언의 기초가 되는가? 그 결과 이와 같은 방언 의 모습을 갖는가?

---

26 고대 프랑스의 북부는 오일어권인데, 북부 방언권의 주요 특징 중 하나가 k, g의 구 개음화이다. 그러나 피카르디 방언은 오일어권의 북서 지역이라서 구개음화가 일어 나지 않았다. 라틴어 vacca의 k가 방언형 vaque에서 k로 여전히 남아 있다. 피카르 디어 keval, gambe와 고대 프랑스어 cheval(말), jambe(다리) 참조.
27 피카르디 방언의 형태가 일드프랑스어(프랑스어)에 차용되어 k가 남아 있다.

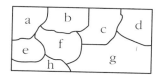

이 모습대로라면 그것은 아주 간단하다. 그러나 이러한 방언의 개념은 신랄하게 공격을 받았다. 각 변화 현상의 장을 연구한 후로 이 개념을 더욱 복잡한 개념으로 교체하지 않을 수 없었다. [50] 따라서 방언의 개념은 매우 불분명해졌다. 그러나 우리가 말할 수 있는 바는 이와 같다. 예컨대 500년이나 1,000년 후에는 어느 지방의 양극단 지역 사람들은 말을 서로 이해하지 못할 수도 있다. 이와 반대로 어느 한 지점을 선택하면, 이곳에서는 모든 인접 지역과 계속해서 서로 말을 이해할 수 있다.

[여백 그림]

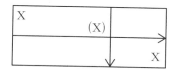

여행객이 어느 지역의 한쪽 끝에서 반대쪽 끝까지 매일 자신의 방언을 조정해 가면서 이동한다면, 그는 그 여정에서 아주 미세한 변화만을 겪겠지만, 마침내 자신도 모르는 사이에 알지 못하는 언어권으로 들어간다.

몇몇 지역에서는 한곳에서 다른 곳으로 이동하면, 새로운 특성을 보여 주는 경계를 지나게 된다. 그러나 〈(이 혁신의)〉 특성 전체의 합은 방언의 중심지에서 아주 멀리 가지 않으면, 결코 크게 변화하지 않는다.

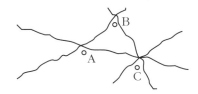

단순한 지리적 관찰(여기서부터 출발해야 했다) 결과를 다시 살펴보자. 일정한 마을에서 어떤 방언적 특성을 발견할 수 있다. 이들 각 특성을 [51] 이웃 지역에서 재발견할 수 있겠지만, 어느 정도 먼 거리까지 계속 발견할 수 있는지는 장담할 수 없다.

예컨대 『프랑스』두벤에서는 ðenva(제네바)와 같은 단어에서 ð를 볼 수 있다. 나는 프랑스와 『스위스』 발레주까지 두 방향으로 갈 수 있다. 그러나 레만호(湖)를 건너면, [ð 대신에] dz를 발견한다.**28**

레만호 이남(以南) 쪽의 방언을 같은 한 방언으로 생각해서는 안 된다. 사람들은 deux'2'를 이처럼 발음하기 때문이다. 즉

> 두벤에서는 dauë[원문]이지만,
> 살레브산 근처에 가면 벌써 dúe가 된다.

어떤 변화 현상은 범위가 아주 넓지만, 또 다른 현상은 그 범위가 아주 좁다.

---

28 제네바는 레만호 남서쪽 끝자락에 위치하며, 프랑스의 오트 사부아 도와 인접하고, 여기를 지나면 다시 스위스의 발레주(캉통)이다. 두벤은 제네바 인근, 레만호 남서쪽에 있는 프랑스 소도시이다. 살레브산은 제네바의 관문으로 불리는 프랑스 지역 산이다.

여기서 다음과 같은 결론이 나온다. 방언적 특성의 명확한 경계는 추적할 수 있지만, 한 방언의 경계를 추적하려면 불가능하다는 것이다. 국립 고문서 학교의 폴 메예르는 "방언적 특성은 있지만 방언은 없다"고 말했다.

[1910년 11월 22일]

추가 지적: 각 방언적 특성, 즉 (원시어의 상태와 관련해서) 각 언어혁신이나 각종 언어혁신은 [52] 변화의 장 지도에 표시할 수 있다.

$$
\begin{array}{c}
k \\
t\check{s} \mid ts \mid \check{s}
\end{array}
$$

프랑스와 독일에서는 이와 같은 종류의 다양한 언어지리학적인 연구를 다수 수행했다.

질리에롱의 위대한 《프랑스 언어지도 *Atlas linguistique de la France*》[29] 와 뱅커의 《독일 언어지도 *Atlas linguistique d'Allemagne*》[30]가 있다. 때에 상관없이 대지도 전집이 항상 필요하다. 1) 나라를 지방별로 조사해야 한다. 2) 각 지방의 방언적 특성이 복잡한 경우, 한두 가지 특성만을 같은 지도에 표시할 수 있다. 따라서 같은 지도를 상당히 여러 차례 반복해서 그려야 한다.

---

29 J. Gilliéron(1854~1926). 프랑스/스위스 언어학자이자 방언학자. 에드몽(Edmond) 과 함께 이 프랑스 방언 지도(1902~1910)를 작성했다.
30 G. Wenker(1852~1911). 독일 언어학자이자 방언학자. 《독일의 언어지도 *Sprachatlas des Deutschen Reichs*》(1880)를 작성했고, 이에 기초하여 그 후 여러 학자가 《독일의 언어지도 *Deutscher Sprachatlas*》(1927~1956)를 완성했다.

더욱이 이러한 특성은 종류가 여러 가지이다. 형태론적인 특성이거나 음성적인 특성 〈등〉일 수 있다.

예컨대 질리에롱의 사례[들] 중 하나는 '벌'인데, 이 단어가 apis, apicula, 〈mouche à miel〉 같은 형태 중 어느 것에서 유래하느냐에 따라 지도상에 표시했다.

이와 같은 지도 작성 작업은 많은 지적 훈련을 받은 협조자들과 더불어 아주 체계적인 설문조사가 필요하다. 또한 각 지역의 전문 조사자도 필요하다. 고샤 교수[31]는 이와 같은 방식으로 방언을 연구했는데, 그는 스위스 로망드의 지역 방언을 대상으로 방언 조사를 지도했다.

[53] 이들은 각 방언 특성의 경계선을 '등어선(lignes isoglosses)' 또는 '등어의 선(lignes d'isoglosses)'[이는 '등온선(isothermes)'(동일한 평균 온도를 지닌 지역들)에 기초해서 만든 모호하고 어색한 용어]으로 불렀다. isoglosses는 '동일한 언어를 가진'을 의미한다. 그러나 이것은 이 경계선의 양쪽에 서로 다른 언어가 사용된다는 것을 의미하는 것은 아니다. 단지 언어의 세부사항이 다르다는 것만을 가리킨다. 다른 용어가 필요한 것 같다. 〈언어소(glossèmes)〉나 〈등어소론(isoglossématiques)〉으로 〈말하는 것〉이 더 나을 것 같다.

더욱이 등어선이 아니라 지리적 구역을 특히 고려해야 하며, 이 등어선은 단지 경계로서만 그 중요성이 있기 때문이다.

---

31 L. Gauchat(1866~1942). 스위스 언어학자이자 로망어학자이다. 저서로《스위스 로망드의 지역 방언 어휘집 *Glossaire des patois de la Suisse romande*》(1899)이 있다.

'등어소론적 띠(bandes isoglossématiques)'로 부를 수 있으나 매우 부담스러운 표현이다.

어떤 방언 현상이 지배하는 영토는 물결파에 비유될 수 있다. 이 언어파 또는 혁신파들은 때로는 물결이 퍼지는 과정에서 일치하기도 한다.

그러한 등어선으로 분리되는 두 지점(A와 B)은 반드시 명확하게 분화가 되게 마련이다.

[54] 이러한 현상이 일상적으로 언어 경계선들 전체에 걸쳐 일어나면, 방언이 생겨나게 된다.

방언적 특성의 장이 이처럼 서로 겹쳐 맞물리면, 방언의 개념은 명확해진다. 주어진 일정한 방언이 모든 지점에서 주변 방언의 모든 특성과 차이를 보이기 때문이다. 그러나 그러한 일은 발생하지 않는다. 등어선은 특정 장소에만 집중하게 된다.

방언이 존재하려면

1) 단 한 가지 특성으로 한 방언을 충분히 특징지을 수 있다는 점에 합의하거나 2) 모든 특성을 가지고 이들을 방언 지도의 단 한 지점에만 국한하고, 그 마을의 방언에 대해 말해야 한다.

우리가 이러한 제한 조건을 설정하지 않으면, 〈어느 지역을 고려하여 다수의 특성에 의지하려고 한다면,〉 난관에 봉착하고, 이로 인해서 방언이란 없다는 생각을 갖게 된다.

dz를 가진 방언이라고 말할 수는 있지만, 그 방언에 고유한 두 번째 특성이 있는지는 확신할 수 없다.

[55]

가능성이 훨씬 큰 경우는 다음과 같은 것이다. 즉 ô/â란 또 〈다른〉 특성을 취하면, 그 지역의 단지 일부 구역만이 이 변화에 영향을 받는다는 것이다.

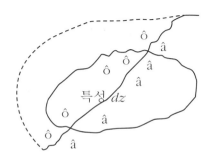

샤블레 방언이 상당히 통일성이 크다고 생각하여 세 지점을 선택하면,[32] 상당히 많은 공통 특성을 발견할 수 있다. 그러나 네 번째 지점을 취하면, 그 지점은 발레주와 연관되는 특성이 있다는 것을 알게 된다. 이러한 방언적 특성의 목록을 계속 작성해 나가다 보면, 통일성을 확인하기가 불가능하다는 점을 알게 된다.

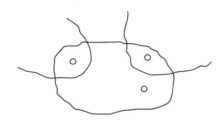

어떤 지방이라도 그것은 주변의 다른 모든 지방과 전이지대가 된다.

방언 문법은 단 한 지점의 문법만 될 수 있다. 대부분의 방언 연구자의 실제적인 결론은 방언의 통일성을 발견하려면, 어느 마을 한곳에만 국한해서 연구해야 한다는 것이다. 마을이 아니라 [56] 아주 작은 촌(村)만을 인정하는 연구자도 있다.

중세 작가로 말하자면, 그 작가는 노르망디 방언형을 사용하지만, 일드프랑스의 방언형과도 관련 있는 형태를 사용한다고 말해야 한다.[33] 그가 이

---

32 샤블레(Chablais) 지방은 사부아 백작의 옛 영지로서 크게 프랑스의 오트 사부아 (신)샤블레, 스위스의 발레 (구)샤블레와 보 샤블레의 세 지역으로 나뉜다. 통일성도 크지만 세부적으로 차이도 있다.

33 고대 프랑스의 북부 방언권인 오일어의 방언들로서, 중북부의 일드프랑스 방언 (francien)은 오늘날 표준 프랑스어의 모체가 되었고, 노르망디 방언은 노르망디 지방의 방언으로 고대 영어, 고대 스칸디나비아어 등의 다소 잡다한 요소가 섞여 있다.

런저런 방언형을 취해 사용했다고 설명할 필요는 없고, 어느 한 지점의 특정 언어를 사용했다고만 말하면 된다. 이런 설명은 아주 자연스러운 것인데, 노르망디 방언은 다수의 방언으로 구성되어 있기 때문이다.

실제적으로 방언이란 용어는 우리가 살펴본 그러한 지적 사항을 준수하는 조건에서만 사용해야 한다.

다른 사실도 방언의 통일에 기여한다(교통 등). 그러나 우리는 전 지역에 거주하는 인구만을 그 요인으로 인정했다.

* [1910년 11월 25일]

방언으로 구분된 한 영토에 적용되는 사실은 언어들로 나뉜 훨씬 광범위한 넓은 지방에도 적용된다. 단지 지방 주민이 수 세기 동안 그곳에 정착해서 거주한 지역만을 고려한다면, 우리가 소규모로 살펴본 현상을 여기서는 대규모로 관찰하게 된다. 동일한 현상이 여기서도 재출현한다.

[57] 그리하여 우리는 다수의 언어가 사용되는 넓은 지역에 물결파를 그릴 수 있다. 인도유럽어처럼 광범위한 지역에 걸친 통일 언어에서도 일련의 언어가 지나가는 등어소적인 선의 물결이 있다.

예컨대 가장 유명한 사례로는 원시 인도유럽어 k의 처리인데, 이것은 인도유럽어의 서부의 모든 언어(그리스어, 라틴어, 켈트어, 게르만어)에는 경구음 k로 그대로 남아 있다. (centum '100', he-katon '100'). 반면 동부 전역(슬라브어, 이란어, 힌두어)에서는 마찰음 š가 되었다.

šinitas	šuto	šatem	šatam '100'
(슬라브어)	(고대 슬라브어)	(젠드 이란어)	(산스크리트어)

이 분화 현상은 엄청나게 오래된 것이며, 인도유럽어 내의 가장 중요한 방언 차이 가운데 하나이다.[34] 이로 인해 원시어로서 인도유럽어는 두 언어군으로 나뉜다. 그 후에 다른 변화 현상도 생겨나 점차 더 많은 언어를 분화했다.

그리하여 이처럼 엄청나게 광범위한 지역에서도 [58] 그 방언의 분화 과정이 동일한 방식으로 전개된 것을 알 수 있다.

둘째로 방언의 경계선을 설정할 수 없다는 점도 살펴보았다.

마찬가지로 사람들의 이동이 없었던 경우, 친근 관계가 있는 두 언어 사이에도 경계는 없다.

프랑코프로방스어[사부아도(道)와 보주의 방언]와 이탈리아어의 경계를 설정하려는 시도도 있었다. 국경에서 멀리 떨어진 두 지점을 취하면, 국경 이쪽에서는 프랑스어가 사용되고, 저쪽에서는 이탈리아어가 사용된다고 말할 수 있다. 이 두 지점 사이에는 전이 방언들이 사용된다. 그리고 모든 지역이 전이지대로 간주될 수 있다는 것을 잊어서는 안 된다.

---

34 원시 인도유럽어의 방언군을 서부의 켄툼군(centum)과 동부의 사템군(satem)으로 나누는데, 그 명칭은 지리적으로 서부의 언어들이 라틴어 centum처럼 k가 유지되고, 동부의 언어들은 이란어 satem처럼 s가 유지되기 때문에 생겨난 것이다. 그러나 토카리어처럼 동부에 위치하나 서부 방언의 특성(예컨대 k의 유지)이 나타나는 경우도 있어 그 구분이 절대적인 것은 아니다.

A
───────────
전이지대
───────────
B

그러나 이 전이지대는 특수한 곳이 아니다. 왜냐하면 A 지방 자체도 전이지대이고, B 지방도 마찬가지로 전이지대이기 때문이다.

오직 전이지대들뿐이다. 어떤 방언이라도 그것은 다른 두 방언의 전이지대이며, [59] 이는 어느 방향을 보더라도 그렇다.

두 언어들 사이에 정확한 경계가 없다는 것과, 언어의 방언 구분을 지배하는 것은 동일한 원리이다.

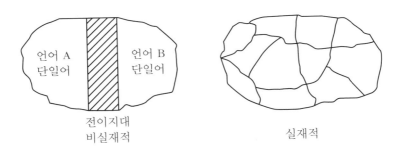

1) 한 언어 A(한 언어)와, 한 언어로 추정되는 언어 B가 있다고 가정하면, 전이지대가 있다는 것은 놀라운 일이다. 언어 A는 내부적으로 서로 연결되는 방언들의 군집이고, 언어 B도 마찬가지로 이러한 방언의 군집이다. 이 지역의 한쪽 끝에서 반대쪽 끝까지 모두가 전이지대이다.

2) 방금 제시한 이 구절에서 우리는 폐쇄된 방언들이라고 말했지만, 실제

로는 모든 방향으로 개방된 방언들뿐이며, 이들 방언은 관여하는 물결파들이 [60] 합쳐져 형성된다. 언어 A와 언어 B 사이에 경계선들을 가정해서는 안 된다.

한 언어에서 다른 언어로 바뀌는 것을 거의 알아차리거나 인식하지 못하는 것은 어찌된 일인가? 그렇게 되려면 역사적 조건이 양호해야 한다. 일어난 언어변화가 금세 바뀌지 않아야 하고, 모든 것이 안정된 상태여야 한다. 그러나 거의 모든 지역에서 수 세기 동안 인구 이동이 계속 축적되어 사람들이 엄청나게 뒤섞였다는 점을 고려해야 한다. 그 일례를 인도유럽어족에서 볼 수 있다. 이 어족에서 어느 특유 언어는 주변의 다른 언어와 그 사이에 전이지대가 있음을 아주 잘 보여 준다. 슬라브어의 특성은 한편으로는 이란어와 공통점이 상당히 크고, 다른 한편으로는 게르만어와도 공통점을 보여 준다. 게르만어는 그 지리적 위치 때문에 슬라브어와 켈트어의 연결고리로 간주될 수 있다. 그리고 이탈릭어[35]와도 [61] 밀접한 관계가 있다.

[여백 그림]

켈트어는 게르만어와 이탈릭어의 중개 역할을 한다.

---

35 이탈릭어(italique)는 선역사 시대에 이탈리아반도에 살던 다양한 족속이 사용하던 원시어로서 다양한 언어가 속한 어군이며, 인도유럽어에 속한다. 근대 이탈리아어(italien)와는 별개의 공통어이다.

이탈릭어는 켈트어와 그리스어 사이의 전이지대이다. 그 결과 지도상에서는 언어 경계를 인지하지 못하고, 단지 그 특성만 대하기 때문에 언어학자는 여기에 기초해서 각 특유 언어에 그것이 차지하는 위치와는 거의 지역적인 차이 없이 그 지위를 부여할 수 있다. 하지만 슬라브어와 게르만어의 경계 지대에는 갑작스러운 현격한 차이가 있다. 거기에는 사부아 지방처럼 전이지대를 이루는 방언이 없다. 그렇다고 해서 이 전이 방언이 존재하지 않았다는 말은 아니다. 이 전이 방언들은 까마득한 과거에 사라졌다. 이들 방언이 소멸된 원인 중 하나는 두 민족에서 일어난 주민 이동 때문이다. 게르만 부족과 슬라브 부족은 한곳에 정착했던 것이 아니라 그 반대로 이동했다. 현재 서로 접촉하는 부족들은 과거에 원래 접촉했던 [62] 부족들이 아니다.

칼라브리아 지방의 이탈리아인이 피에몬테 지방에 정착한 것으로 가정해 보면,[36] 프랑스어와 이탈리아어 사이에는 중간의 전이 방언들이 없었을 것이다.

---

36 칼라브리아 지방은 시칠리아섬과 면한 이탈리아 최남단 지역이고, 피에몬테 지방은 프랑스, 스위스와 접경한 이탈리아 최북단 지역이다. 최남단의 칼라브리아인의 방언과 프랑스 남동부인의 방언 차가 매우 커서 전이지대가 형성되지 않는다.

대립되는 다른 방언 경계들이 원래의 공통 경계를 넘어서 서로 합쳐질 수도 있다.

주민 이동만이 중간의 전이 방언을 소멸하는 것은 아니다. 문어, 공식어의 영향도 이를 소멸할 수 있다.

예컨대 이탈리아어와 게르만어 사이에는 왜 전이 방언이 없는가?

(이탈리아어와 프랑스어뿐만 아니라 독일과도 접촉하는) 오늘날의 이탈리아어는 이탈리아의 한 방언에서만 유래하며,[37] 따라서 공식어에서 유래한다.

서부 알프스 지방에서 전이 방언이 잔존하는 것은 우연히 일어난 일이다.

* [1910년 11월 29일]

[63] 사회적 확산이나 지리적 전파와 관련하여 고찰한 언어파

이 견해는 한 지방을 가로지르는 등어선을 고찰하면서 갖는 생각이다. 모든 종류의 인간의 관습(의상, 〈등등〉)이 생긴 원인과 거의 동일한 원인이

---

37 토스카나 지방의 방언이다.

다. 모든 인간 집단에는 두 가지 끊임없는 요인이 양극의 상반된 방향으로 동시에 작용한다. 1) 지역주의 힘과 2) 사람들 사이의 소통, 교섭, 〈상호 교류(intercors)[원문]〉[38]의 힘이다.

1) 지역주의 힘.[39] 즉 제한된 소공동체(마을, 소칸통) 내에서는 강력한 관습이 발달하는데, 그것은 개인이 유아기부터 몸에 밴 것이기 때문이다. 이러한 영향을 그대로 두면 결과적으로 관습이 무한히 다양하게 많이 생겨난다.

2) 그러나 사람을 정착시키는 힘 외에 사람들을 서로 뒤섞고 접근시켜 유사하게 만드는 힘이 있다. 이 두 번째 힘은 첫 번째 힘의 균형을 바로잡는다. 일정한 마을에는 타지에서 들어온 관객도 있을 것이고, [64] 그 마을 주민이 축제나 장을 보러 인근 지역으로 이동하는 경우도 있을 것이다. 전쟁의 영향으로 여러 곳의 사람들이 모여들기도 한다. 〈등등〉

첫 번째 힘은 언어를 구분하는 원리가 될 것이다.

두 번째 힘은 언어를 통일하는 원리가 될 것이다.

상당히 넓은 지역에서 언어가 결속되는 것은 〈상호 교류〉 때문이다. 이 지역은 아주 광범위한 곳일 수도 있다. 언어 영토에서 아주 멀리 떨어진 두 지점이 서로 관계가 있다는 사실에 놀랄 수도 있다. 그것은 마을들이 사슬을 이루면서 서로 연결되기 때문이다.

---

38 intercourse의 오표기이다.
39 《일반언어학강의》(김현권 역, 2012)에서는 '지방색(의 힘)'으로 번역했다.

〈상호 교류〉의 영향은 두 가지 형태로 나타날 수 있다. 때로는 어느 한 지점에서 생겨난 새로운 특성이 〈상호 교류〉의 영향으로 경쟁하다가 무(無)로 소멸하기도 할 것이다. 그러나 새로운 특성 중 어떤 것이 사라질지는 예측할 수 없다. 이것이 보존과 저항의 과정이다. 또 다른 어떤 경우에는 어느 지점에 생겨난 새로운 특성이 상호 교류의 영향으로 전파되고 전달된다. 여기서 그 결과는 언어의 통일과 평준화를 지향하지만, 활발하고 적극적인 힘이 작용해서 그렇게 된다.

지적: 우리가 조사하려는 것은 상호 교류의 영향력을 지닌 언어의 전파 형태이다. 이 언어 전파는 시간이 필요하다. 때로는 한 현상의 시기별 경계를 자세히 구체적으로 설정할 수 있다.

[65] 대륙 게르만어에서 일어난 변동 가운데 하나는 음성 β[th]를 d로 변화시킨 변화이다. 이러한 변화는 마침내 게르만어가 사용되는 유럽 경계 지대에서 대륙(심지어 네덜란드어에도) 전역에 미쳤다.

영국인은 그렇게 변화시키지 않았다. 한꺼번에 하지는 않았다. 800~850년경에 이 변화는 독일 남부 지방에서 끝났다. 프랑크어에서는[40] β가 여전히 표기되었다. 그 후에 가서야 그것은 사라졌다.

다른 사례. 게르만어 '음성추이(Lautverschiebung)'라는 대변화(무엇보다도 t가 z로 변화)[41]는 결코 일반적인 현상이 되지 못했다. 그러나 추후 그것이 퍼진 장에서는 확산되는 데 상당한 시간이 걸렸다. 이러한 변화 현상의

---

40 프랑크어는 고대와 중기 고지 독일어 시기의 게르만어 서부 방언군을 가리킨다.
41 각주 79 참조.

일부는 선역사적인 것이고, 또 다른 일부 변화는 역사 시기 이후에 일어났다.

[66] 강의노트 Ⅱ

이 '음성추이'는 600년경 알프스 남부 지방에서 일어났고, 북부로 확산되었다. (알프스 남부의 롬바르디아 부족[42]도 영향을 받았다.) 튀링겐에서는 8세기 헌장들에서 t를 관찰할 수 있다. 그 변화는 750년경에는 가장 먼 경계 지역(뒤셀도르프, 튀링겐)까지 ᄌ 도달했다.

장모음 i와 장모음 u의 이중모음화(Rhin'라인강'이 아니라 Rhein, ūf가 아니라 auf'위에'). 이 변화는 1400년경에 시작하여 300년 후에는 변화된 지역이 확실해졌다. 〈따라서 전파에 의한 확산이다〉. 모든 언어 혁신은 어떤 지점에서 일어나 거기에서 사방으로 퍼진다.

원래 제시했던 원리, 즉 지리적 다양성은 오직 시간 축에서만 생겨난다고 한 원리를 수정하는 것이 필요하다. 그런데 이는 어떤 의미에서는 타당한 말이다.

사례: medio'둘로 나누다'

---

42 알프스산 이남의 이탈리아 북부에 있는 지방이다. 롬바르디아 방언을 사용한다.

medzo | medžo | mežo [43]

*	medzo

〈여기서 *는 특정 시기에 지역적으로 생겨난 형태이며, 실제로는 지리적 요인에 의해 확산되었다.〉[44]

이 공간적 다양성은 시간의 흐름 속에서 보아야만 변화 현상을 인지할 수 있다. 이 원리는 언어혁신이 일어난 곳을 살펴보면 사실임을 알 수 있다.

〈그러나 지리적 확산도 있다. 앞에서 말한 두 가지 힘이 서로 경합하는 곳은 지리적으로 확산된 지역이다. 언어혁신이 일어난 곳에서 확산은 사람들이 다소간 인지할 수 있는 음성적 요인에 의해 일어난다.〉[45]

[67] 주변 지역의 변화는 모방에 의해 일어난다. 이 변화는 지리적으로 확산되면서 진행하고, 원시형에 의존하지 않는다.

이러한 언어 전파를 고찰한다면, 시간적 요인뿐 아니라 지리적 요인도 존재함을 알게 된다.

따라서 모든 것을 시간과 관련짓는 법칙은 혁신이 일어난 곳에만 적용된다.

---

43 medio > medžo는 구개음화로 인한 파찰음화이고, medzo > mežo는 자음군 단순화로 인한 마찰음화이다.

44 M&G(2005, p. 134)에는 *에 x가 오고, 전체 표에 *가 있다. 이들 편집자의 각주 5에서 콩스탕탱 사후에 노트에 추가한 부분으로 지적한다.

45 M&G(2005, p. 134)에는 각주 5에 나온다.

[여백 그림]

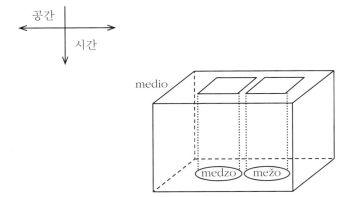

우리의 제1원리는 지리적 분화는 시간으로 순전히 환원할 수 있다는 것이었다.

이는 오직 다음 사실을 고찰해야만 한다는 것을 의미한다.

역사적 발달은 장소에 따라 제약이 없이 자유롭다. 이 도식은 일반적 견해로서는 여전히 타당하다.

그러나 medzo 지방은 지리적 정복으로 mežo에 접근하여 이를 흡수할 수 있다.

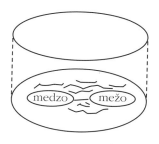

* [1910년 12월 2일]

[68] 〈음성학자의 관점에서〉 오직 시간 축에만 의존하는 언어혁신의 <u>원래 지점</u>과, 시간과 공간상의 확산이라는 두 개념을 요구하는 <u>전파의 장</u>을 구별할 이유가 있다. 〈이 확산은 음성적 사실을 다루는 이론에서는 고려할 수 없는데, 그것은 음성변화가 원시형에 일어나는 것이 아니라 모방에 의해 일어나기 때문이다.〉

언어 혁신의 발생지에서 일어나는 변화는 독특한(sui generis) 형태에 속하지만, 주변 지역에서 점진적으로 확산되는 변화는 모방에 의한 차용으로 일어난다.

testa '흙으로 구운 단지' 같은 단어를 예로 들어 보자. 이 단어는 어떤 방언에는 têβa이고, 또 다른 방언에서는 teta이다. 분명한 것은 st가 β로 바뀐 음성변화는, teta 사용 지역이 모방에 의해 têβa로 말하면서 일어난 것은 아니다.

[여백 그림]

지적: 1) 어느 한 마을을 대상으로 고찰하면, 두 가지 힘(지역주의와 상호 교류)의 구별은 아주 단순하다. 우리가 이 한 지점에만 국한하는 경우에 그렇다. 〈이 둘 중 어느 한 가지 힘이 작용한다.〉 이처럼 말하기는 쉽다.

다른 지역과 공통된 특성의 합 = 상호 교류의 영향

(통일하는 힘)

고유 특성의 합 = 지역주의 영향

(분화하는 힘)

[69] 그러나 규모가 작은 캉통의 경우, 넓은 지역을 한 지점으로 대치하면 그러한 변화 현상이 어떤 요인에 기인하는지는 더 이상 알 수 없다.

이 두 힘은 〈그〉 변화 현상에 관여한다[속한다(교정)]. 〈각 특성과 연루된다.〉

이 소캉통에는 여러 지점에 공통되지 않은 분화 특성은 없다. 차이 가운데 항상 공통점도 있다.

〈지역　특성　특성　　분명한 것은 a는 지역 b와 관련해서는 분화된
　　　　　　　　　　　것이지만, 지역 a와 관련해서는 공통적이라는
　　　　a / b　　　것이다.〉

차이점을 결정하려면 응집된 통일이 필요하다. 광범위한 지역이 문제시되면, 이 지역에서 일어나는 변화는 두 가지 힘에 속한다고 말할 수 있다. 이 두 힘 중 어느 힘이 어떤 변화에 작용하는지는 알 수 없다.

(알프스산맥으로부터 북해⟨에 이르는⟩) 게르만어 영역에서 β가 d로 바뀐 단순한 변화는 전 지역이 완전한 응집력을 보였다. ⟨통일하는 힘이 전 지역에 영향을 미쳤다.⟩

이와 반대로 t가 z로 변한 것⟨(이는 남부에서만 일어났다)⟩에는 이러한 완전한 응집력이 없었다. 이 현상은 남부에만 국한되었지만 상당한 응집력(남부 전체)이 있다는 것을 알 수 있다. ⟨t → z의 변화는 첫 번째 변화〖β → d〗와 분리되지 않는다. 두 힘의 강도가 기본적으로 다르기 때문이다.⟩

어느 한 지역을 고찰하면, 개별적으로 분화하는 힘을 무시하고, 오직 [70] 통일하는 힘만을 고려해야 한다.

이 통일하는 힘이 전 영토에 영향을 미칠 만큼 강하지 못하면, 그 결과로 언어가 분화된다.

모든 것이 단 한 가지 힘으로 귀착된다. 가장 강하거나 가장 약한 응집력이 각 언어혁신에 나타나기 때문이다. ⟨타 지역의 응집력의 저항이 개입하지 않을 때 그렇다.⟩

두 번째 지적. 등어선 지역의 주민 집단에 전반적인 언어 혁신이 일어났지만, 많은 혁신이 여전히 부분적이라는 점을 고려하고, 또한 언어 차이를 유발하는 지리적 연속의 여러 ⟨가능한⟩ 결과를 고려한 후에, ⟨이 경우에만〉 지리적 불연속(그 지역 주민에 의해 분리된 식민지배지)을 조사해야 한다. 이 두 번째 경우를 먼저 고려하는 것이, 〈지리적 불연속(부분적인 경우)으로 인한 언어적 차이를 연구하는 것이〉, 더욱 간단하다고 생각해서는 안 된다. 둘째 경우(지리적 불연속의 영향)를 첫째 경우(지리적 연속의 영향)를 알기 전에 미리 판단해서는 안 된다. 〈발생가능한 지리적 연속 현상을 왜 지리적 불연속 현상으로 귀속해야 하는가[?]〉

〈인도유럽어〉 언어학자들은 특이하게도 지리적 분리의 경우에 대해 계속 관심을 가졌다. 인도유럽어족이 보여 주는 언어의 차이에 대해서, 이 차이가 실제적인 분리의 결과라는 것 이외의 다른 요인은 생각하지 않았다.

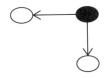

〈언어의 차이와 지리적 차이를 반드시 일치시키지 말 것.〉

[71] 〈켈트인〉, 게르만인, 슬라브인은 상당히 멀리 이주한 것으로 생각했다.

언어의 차이가 이주에 의해 생겨난 것으로 귀착했다(마치 벌통에서 빠져나오는 벌떼처럼).

이는 유치하고도 무익한 생각이다.

인도유럽어가 〈한 지역에만〉 밀집해 있었다고 가정한다면, 이와 유사한 결과가 발생했을 것이다. 1) 이 인도유럽어는 시간이 흘러도 똑같은 언어로 그대로 남았을 것이다. 2) 인도유럽어는 여러 언어 형태로 분화했을 것이다.

이러한 측면〈(연속의 가능성)〉에 관심을 기울일 것을 촉구한 것은 요하네스 슈미트의 저서(1877, 베를린)였다.[46] 〈이 현상에 대해, 이를 논의하려고 하면, 추가할 사항은〉 인도유럽어의 개별 언어들은 전이지대의 사슬을 이룬다는 것이다. 지리적 연속 가운데서도 변화가 일어난다는 것을 생각해야 한다.

이제부터 이 이주(移住) 이론과, 지리적 연속에 의한 변화 이론(Wellen Theorie – 파상이론)이 대립된다. 〈따라서 지리적 분리로 인한 변화는 『지리적 연속에 비해』 이차적인 경우이다.〉

지리적 불연속의 효과는 오직 지리적 연속의 효과에 비추어서만 평가할 수 있다. 지리적 연속 그 자체는 언어 분화의 효과가 있다. 〈이때부터 분리/고립과 관련한 고찰은 연속의 효과와 관련해서 평가된다.〉

〈지리적〉 분리가 주요한 영향력을 지니는지를 평가하려면, 이 지리적 분리의 영향이 [72] 〈이러한 분리 없이〉 지리적 연속으로 생겨난 것인지도 자문해야 한다. 이것이 영어와 유럽 대륙의 독일어에도 『적용되는지 살펴봐야 한다.』

---

46 슈미트(J. Schmidt)는 인도유럽어의 친근 관계에 대한 슐라이허(A. Schleicher)의 수지설을 보완하여 파상설을 주장했다. 수지설은 지리적 이주에 의한 불연속적 언어분화를 전제하고, 분지 이후에 상호 교류에 의한 영향을 설명할 수 없다. 반면 파상설은 연속적 언어 전파를 가정하고, 상호 연계를 주장한다. 그의 파상설의 주장의 요체는 《인도게르만어의 친근 관계 *Die Verwandtschafts verhältnisse der indogermanischen Sprachen*》(1872)에 나온다.

[여백 그림]

앵글로색슨족이 영국이 아니라 유틀란트반도[47]를 점유했다고 가정해 보자. 그러면 지리적 연속이 있었을 것이다.

영어의 특성 가운데 하나는 β가 d로 변화하지 않았다는 점이다. 이 β[th]가 유지된 것은 지리적 분리 때문인가? 그렇다면 지리적 연속으로 인해 〈유럽 대륙에서 일어난 연쇄적 변화에서〉 β → d의 변화는 일반화되었을 것이다. 남는 문제는 이와 같은 현상이 영어 공동체가 지리적 연속 상태에 있었다면 불가능했을까 하는 것이다. 전혀 그렇지 않다. 영어 공동체의 β는 〈지리적 연속에도 불구하고〉 그대로 잔존했을 것이다.

이는 vacca '암소' → vache의 변화와도 유사한 현상인데, 이 변화는 피카르디 지방에서(여기서는 la vaque라고 말했다)는 일어나지 않았다.[48]

놀라운 것은 지리적 연속선상의 변화가 지리적 분리로 인한 변화와 거의 차이가 없다는 점이다.

〈게다가 지리적 연속으로 일어난 변화로 인해 여러 개별 언어로 분화될 수도 있다. 예컨대〉 네덜란드어가 독일어와 분리된 것은 지리적인 연속이

---

[47] 덴마크와 북부 독일 지방을 포괄하는 반도이다.
[48] 피카르디 지방과 인접한 일드프랑스 지방에서는 k는 a 앞에서 구개음화되어 č/tʃ/가 된다. cantare → chanter

온전히 그대로 있던 상태였다. 〈이 사례는 언어 분화에는 고립된 섬이 필요 없다는 사실을 잘 보여 준다.〉 독일어와 네덜란드어 사이 전이지대의 [73] 방언이 림부르흐 지방[49]에 남아 있었다.

〈우리는 필수적으로 제기되는 분명한 첫 번째 현상, 즉 지리적 다양성으로부터 논의를 시작하고자 했다.〉

친근 관계가 있는 여러 어족을 검토하려고 하는데, 이러한 검토에 앞서 이 어족과 인도유럽어족을 연결하는 매개체, 즉 문자를 조사하는 것이 필요하다. 이 문자를 이용하면, 이 여러 언어들을 알 수 있다. 〈멀리 떨어진 곳의 언어라면 문자로 기록한 문헌자료가 필요하다.〉 어느 언어 영역 전체를 개인적으로 탐구하려는 사람은 누구라도 청취한 발화를 글로 기록하고, 기록한 노트를 이용하지 않을 수 없다. 〈시간상으로 오래된 과거의 언어를 발화하는 것을 들을 수 있는 방도는 없다. 글로 적힌 증거를 이용하는 수밖에 없다.〉

〈모어(母語)의 경우에도〉 우리 눈앞에 언제나 나타나는 것은 언어의 문자 영상이다. 〈언어가 기록된 문헌자료를 확보하려면, 사람들이 비엔나에서 착수했던 작업을 언제나 해야 한다.〉 즉 비엔나대학은 〈모든 언어의〉 구어형을 음성 문자로 기록하여 수집했다.

〈우리는 문자를 배제할 수 없다.〉

우리가 이용하는 이 문자 수단은 무엇인가[?] 어떤 점에서 그것은 유익하

---

49 네덜란드 남동부 극단 지방으로 벨기에와 독일 사이에 좁게 끼여 있다.

고, 또 문자 수단이 갖는 함정 때문에, 그것이 야기할 수 있는 오류 때문에 어떤 점에서 위험하기도 한가[?]

그리하여 언어를 문자로 표상하는 방식에 별개의 한 장을 할애해야 한다.

[1910년 12월 6일]

〈제4장 언어의 문자 표상〉

보프의 《비교문법》[50]과 같은 저서에서〈조차〉도 모어와 구어, 문자와 음성의 차이를 구별한 것을 보기가 어렵다.

[74] 이것이 마법의 힘이며, 이 마법으로 인해 두 가지, 즉 글로 쓰인 것과 발화된 것을 혼동한다.

언어[랑그]에 대한 우리의 일차적 개념은 두 가지 사상(事象)으로 구성된 복합적인 전체이다. 이와 관련해 문자와, 문자를 본래의 제 위치에 정립하는 데 관심을 기울이면, 언어[랑그] 자체에 대한 우리의 관념이 바로잡힌다. 〈언어[랑그]가 문자에서 벗어나지 않으면, 그것은 정의되지 않는 대상이다.〉 언어[랑그]와 문자는 두 가지 기호체계이며, 문자는 언어[랑그]

---

50 F. Bopp, 《산스크리트어, 제드어, 그리스어, 라틴어, 리투아니아어, 고대 슬라브어, 고트어, 독일어 비교문법 *Vergleichende Grammatik des Sanskrit, Zend, Griechischen, Lateinischen, Litthauischen, Altslawischen, Gotischen und Deutschen*》(1833). 미셸 브레알(M. Bréal)은 독일 라이프치히에서 보프 문하에서 비교문법을 연구하고, 프랑스로 돌아와 이 저서를 번역했다. 《인도유럽어 비교문법 *Grammaire comparée des langues indo-européennes*》(1868~1974), 5권.

를 표상하는 〈유일한〉 기능을 갖는다. 이들이 각자 갖는 상호적 가치는 오해받을 소지가 없는데, 그것은 문자는 오직 언어[랑그]의 시녀이거나 그 형상에 불과하기 때문인 것으로 보인다.

그러나 실제로 이 형상은 우리 정신 내에서 사물 자체와 밀접하게 연관되고, 거기에서 주요한 자리를 차지한다. 마치 사람의 사진이 이 사람의 용모에 대한 가장 확실한 증거로 간주되는 것과도 같다. 실제의 사물보다 형상에 더 큰 중요성이 부여된다.

이는 몇 가지 이유 때문이다. 1) 첫째로는 문자 표기로 고정된 단어의 형상은 [75] 영속적이고 확고한 대상으로 우리에게 인상이 찍히기 때문이다. 이 단어 형상은 고정되어 있다. 〈2〉〉 둘째로는 대부분의 사람이 청각인상보다는 시각인상을 우선시한다. 이 시각영상은 물질적 사물처럼 보이는데, 그것은 고정되고, 만질 수 있고, 볼 수 있기 때문이다. 반면 발화는 음성이 멈추는 순간 포착이 불가능하고 사라지는 듯이 보인다. 〈3〉〉 셋째로는 문자 표기라는 사실 자체를 고려해야 할 뿐만 아니라 기록된 언어의 모든 구성요소를 고려해야 하기 때문이다. 모든 〈세련된〉 문어는 책을 통해 〈인간의 입이라는 정상적 영역과는 분리된 별개의 존재 영역〉, 분리된 전달 영역을 갖는다. 책을 위해 언어 용법이 정착되고, 책을 위해 정서법 체계가 확립되어 있다. 〈책은 대화만큼이나 위대한 제 역할을 한다.〉

공식 사전(辭典)은 이 〈문어〉를 위해 작성한다. 학교에서는 책에 근거해서, 책을 통해서 언어를 가르친다. 글로 적힌 단어라는 개념에는 정확한 단어라는 개념이 결부되어 있다.

〈4〉〉 넷째로는 언어와 정서법이 불일치하는 경우, 이 불일치 사실은 언어학자 이외의 다른 사람은 해결이 어렵기 때문이다. 상당히 많은 지식이 있어야만 해결이 가능하다. 제시된 해결책을 〈적절하게〉 정하려면, 기록된 형태에서 출발해야 한다.

두 종류의 중요한 문자 표기체계가 알려져 있다.

1) 상형문자 체계. 이는 단어를 구성하는 음성을 고려하지 않고 단어를 표상하지만, 〈(그러나 관념이 아니라 단어로 표상한다는 의미가 있다.)〉 따라서 단어를 단일 기호를 이용하여 표상하고, 거기에 포착된 관념에만 관계한다. 중국 문자가 전형적인 유형이다. 단어를 형상으로 나타낼 수 있더라도 그것은 중요하지 않다.

'집' ⌂ or 人

2) 《음성》 문자 체계. 이 문자 체계의 목적은 단어(더 엄밀한 의미로 〈음성적〉 단어) 내에서 연속되는 음성 연쇄를 표상하는 것이다. (이는 음성을 정확히 재생하는 목적으로 하는 합리적 체계가 될 것이다.)

이 표음 문자는 음절적이거나 음성의 최소 요소에 기초한 것일 수도 있다.

〈지적〉 거의 모든 상형문자 체계는 부분적으로 음절문자가 된다. 상형문자를 음성적인 가치를 갖고 사용하기 때문이다.

발화 단어보다 우위를 점하는 문자로 기록된 단어의 이러한 영향은 여러 문자 체계에 공통적인가? [77] 그렇다. 상형문자 체계에서는 훨씬 더 그 영향이 강하다. 중국의 모든 지방에서 동일한 표기 기호는 발음은 서로 다르지만, 문자는 모든 곳에서 똑같이 사용한다.

표음 문자에 국한해서 〈(여기에 관심을 집중하자)〉, 그리고 〈오늘날 사용되는 문자체계로서 음성의 최소 요소를 구별하는, 우리가 가진〉 그리스어 문자 체계를 모델로 가정하자.

알파벳이 만들어졌을 당시에 거기에는 논리가 도입되었다. 〈그 당시에〉 이 알파벳을 이웃 민족에게서 차용하지 않았다면, 그것은 〈일반적으로〉 언어를 표상하는 좋은 수단이었을 것이다.

원시 그리스 알파벳은 놀랄 만하다. 각 단일음에 대응해서 〈동일한 한 음성에 대해서〉 하나의 불변의 표기 기호를 이용했다. 따라서 연속하는 두 음성을 나타내는 단일한 기호는 없었다. 이 원리는 엄밀한 의미의 모든 표음 문자에 적용된다.

예를 들면, s 같이 단일한 음성을 나타내기 위해 sh(＝두 개의 표기 기호) 같은 기호나 ch(＝두 개의 표기 기호)는 없었다.

동일한 하나의 음성을 어떤 때는 k로, 어떤 때는 q로 나타낼 수 없다. [78] 두 음성에 값하는 단일한 기호(우리 알파벳의 x처럼, 이는 두 음성에 해당한다)도 없다. 〈(x＝ks)〉

그리스어 알파벳이 두 음성을 하나의 동일한 기호로 표시한다고 비난할 수도 있다. X(kh), Θ(th), Φ(ph).

그러나 이들을 처음부터 그렇게 표시하지는 않았다(상고 시대 명문의 케아

리스 KHAPIΣ).⁵¹

이중자음 dz는 ζ〈단일 기호〉로 표시되는데, 이것도 마찬가지이다.

상고 시대의 알파벳에는 k와, o 앞에 쓰는 코파(ϙ)가 있었다. 그러나 이 코파 ϙ는 이른 시기에 소실되었다.⁵²

그러면 어떻게 해서 〈(이 정서법)이〉 곧장 쇠퇴하여 〈(발음되는 음성을 더 이상 정확히 표상하지 못하게 되었는가?)〉 거기에는 여러 가지 이유가 있다.

1) 언어 전체와 문자 표기법 전체를 조사해 보면, 〈전통적 알파벳의〉 문자 가 모자라서 이중 문자를 이용하여 이 난점을 해소하지 않으면 안 되었다.

예를 들면, 게르만 민족은 음성 β가 있었다. 이들이 라틴 알파벳을 채택했 을 당시에는 이 음성이 존재하지 않았다. 〈(이 음성에 상응하는 기호를 도 입하려고 한)〉 킬페릭⁵³의 시도에도 불구하고, 몇몇 민족은 이중문자 th를 채택했다.

마찬가지로 프랑스어에는 š를 표기하는 ch가 있었다. 영어에는 자음 oué 를 나타내는 uu (vv)〈w〉가 있었다. 〈(라틴어에는 oué의 음가를 나타내는 기

---

51 x를 kh로 발음되는 대로 표기한 그리스 단어로 '외모의 우아함'을 뜻한다.
52 현재에도 s에 대해 어말에는 ς, 그 외의 위치에는 σ를 쓴다.
53 6세기 메로빙거 프랑크족의 왕 킬페릭(Chilperic) 1세를 가리킨다. 알파벳을 게르만 어의 발음에 맞추기 위해 여러 문자 대신 단일 문자를 이용하여 라틴어로 발음을 표기하려고 했다.

호가 없었다. 왜냐하면 이 시기에 v가 프랑스어처럼 『w로』 발음되었기 때문이다.〉

[79] 중세 영어에서 sẹd〈씨앗〉에는 폐음 e가, lẹd에는 개음 e가 있었다. 그래서 사람들은 『이를 구별하기 위해』 seed, lead로 쓰려고 생각했다. ea＝개음 ē.〈따라서 이중문자를 사용했고, 불일치가 생겨났다.〉

2)〈어떤 시기에〉(예컨대 르네상스 때처럼) 관용을 결정하는 사람들은 어원만을 고려하려고 했다. 게다가 틀린 어원도 아주 빈번했다.〈그 원리 자체도 잘못된 것이었다.〉 예컨대 틀린 어원을 보면, pensum'양모의 무게'에서 유래하는 poids'무게'에 d를 삽입한 것이 그 예이다.〈(그것이 마치 pondus'무게'에서 유래하는 것으로 잘못 생각했기 때문이다)〉.

3) 또 다른 시기에는 이 어원 원리가 똑같이 적용되지 않은 이상한 철자도 볼 수 있다.〈예컨대 근대 시기 독일어에서〉 tun'하다'이 아니라 thun으로 쓴 것이 그것이다.

〈h는 자음 뒤에 오는 기음에서 유래한다고들 한다. 그러나 당시에는 모든 위치에 h가 필요했다.〉

그러면 왜 Tugend'덕'라고 썼는가[?]

4) 아주 중요하면서도 아주 흔히 볼 수 있는 이유는 문자 표기와 언어의 격차가 여기서는 비의지적인 것이었기 때문이다. 이러한 불일치는 시간에 따른 언어의 발달로만 발생할 수 있다. 이 현상은 언어가 시간적으로 변하기 때문에 생겨난다. 언어 변화가 불변하는 문자의 불변성과 결부될 때

마다 〈문자는 구어와 더 이상 일치하지 않는다.〉 음성은 변했지만, 거기에 맞춰 문자 표기를 바꾸는 것을 등한시했다. 여러 사례 가운데서 프랑스어 역사에서 한 예를 들어 보자. 〈(예컨대 이는 16세기에 일어난 변화이다.)〉

[80]

	언어사실		문자 표기
11세기	1. rei lei	→	rei lei('왕' : '법')
13세기	2. roï loï	→	roi loi
	3. roè loè		roi loi를 유지
	4. roa loa		roi loi를 유지
19세기	5. rwa lwa		roi loi를 유지

이 사례는 왜 문자가 정말로 틀렸는지를 잘 보여 주며, 언어가 문자와는 독립된 것임을 드러낸다.

우리에게는   언어   —   문자뿐만 아니라

언어사   〈대〉   문자 표기도 있다.

위의 여러 변화 단계를 살펴보자.

1) 시기 2까지는 프랑스어사의 각 단계에서 일어난 발음 변화를 고려하여 거기에 상응하여 문자를 변화시켰다.

2) 시기 3부터 언어변화가 지속적으로 일어난 것을 볼 수 있다. 반면에 문자 표기는 그대로 고정되었다.

3) 이 시기부터 문자 표기와 그것이 표상하는 발음이 일치하지 않았다.

[81] 4) 둘의 불일치는 확실하지만, 완전히 분리되었다고 말하면 틀린 것이다. 불일치하는 두 사항을 연관 지어 계속 결부시키려고 했기 때문이다. 그러자 문자 표기가 영향을 받았다. 문자 표현 oï[원문]는 거기에 포함된 발음을 나타내지 않고, 특수한 가치를 갖게 되었다. 이는 문자에 영향을 행사하려는 의도 없이 자발적으로 일어났다. 〈그 후 문법에 반향이 나타났다. 이 현상은 이 두 사항을 바꾸어도 설명이 된다(이것은 불합리하다).〉

5) 다음 사실을 가르치는 것을 볼 수 있다. 즉 wa는 이제 oi로 표기되며, oi는 wa로 발음된다는 것이다. 〈하지만 이처럼 말해야 할 것이다. 즉 기호 oi는 계속 사용되었지만, 이것을 음성 wa와 대응하는 것은 잘못이다.〉

방금 분석한 원인은 〈소실된〉 음성 표상과 현존하는 음성의 관계가 서로 구속되었기 때문이라고 할 수 있다.

문자 표기가 갖는 대부분의 비논리적 측면은 이러한 이유로 발생한다. 즉 어떤 시기의 문자 체계는 변하지 않았고, 언어변화는 계속 진행되었다는 것이다. 〈예컨대 mais를 보자. 음성 é를 기호 ai로 표상하려고 한다는 말을 들은 적이 없다.〉

음운적으로 : maïs, faït[54] | 문자 표기로: mais‘그러나’, fait‘사실’

〈그 후 mès, fèt로 발음했고, 지금에 와서는 mé, fé로 말한다.〉

---

54 여기서는 이중모음 ai로 발음한다. 그 후 이것이 단모음(개음)으로 변화했다.

여기에서 표기 기호 è는 ai[원문]를 나타낸다.[55]

〈단어 sauter도 마찬가지이다. 옛날에는 〖이중모음〗sa̲ uter로 발음되었다.〉

       sauter'뛰어오르다' – au
        o̜   표기 기호 au

[82] 〈c는 왜 s로 발음되는가? 그것은 우리가 라틴어 정서법을 간직해서 그것이 프랑스어 발달 과정을 통해 지속되어 내려왔기 때문이다.〉[56]

	kivitatem'도시'	cité'도시'(certain)
〈최초 발음〉	ki-	
〈다음 단계〉	tsi-	ts
〈최종 발음〉	si-	s

영어 표기에서 문자 i는 왜 흔히 음성 ai를 나타내는가[?]

life, time   lîf, tîm(15세기에는 이처럼 발음했다.)
           장음 i는 오늘날 ai로 표시한다. 〈(이 음성 i가 ai가 되었다.)〉

정서법은 아주 다양한 시기의 고어적 관행으로 점철되어 있다.

---

55 표기 기호 ai로 교정해야 한다.
56 고대 프랑스어에서 구개음화로 인해 k>ts로 파찰음이 되었고, 그 후 ts>s로 단순화되었다.

éveyer, mouyer라고 쓰지 않고, éveiller'깨우다', mouiller'적시다'라고 쓴다.

여러 종류의 비논리적 문자 표기는 더 이상 열거하지 않겠다. 〈온갖〉 종류의 비논리적인 표기법이 있다. 〈그중 한 가지만 지적하자.〉 예컨대 하나의 동일한 음성을 여러 가지 표기 기호로 나타낸다.

프랑스어: 음성 ž – 표기: j, g, ge(geôle'가옥')
            음성 z – 표기: z, s
            음성 s – 표기: s, c, ç, t(nation'국가'), ss(chasse'사냥'),
                    sc, x, ce(arceau'아치형')
            음성 k – 표기: c, qu, k, ch, cc, cqu(acquérir'얻다')
            음성 f – 표기: f, ff (étoffe'옷감'), ph

또한 하나의 동일한 표기 기호는 여러 가지 음성 가치로 발음된다. [83] 〈(g는 g 또는 ž로 발음된다.)〉

또한 글자 t는 t나 s의 발음 값을 갖는다.

〖표기법의〗 수많은 비논리적인 측면 가운데 다음과 같은 것이 있다.

간접적 표기법

예컨대 독일어에서 중복자음〈여기서는 하나의 자음만 발음된다.〉으로 표기하는 것은 〈앞에 있는 (또는 뒤에 오는. G.D.?)〉 모음이 짧다는 것을 의미한다.

Zĕttel '종잇조각'

Tĕller '접시'　　　　　이것은 불합리하다.

영어: mǎd | māde̤

어말에 첨가된 e는 선행 모음이 길다는 것을 나타내는 간접적 표기이다.

1) 문자는 언어에 존재하는 것을 은폐하기도 한다. 문자는 언어 연구에 보조적인 수단이지만, 연구에 방해물이 되기도 한다.

프랑스어: oi |s| eau ⟨(이 가운데 어떤 기호도 구어에 대응하는 것이 없다)⟩

　　　　　 wazo̤ '새'

프랑스어에는 중복자음(자음의 겹침)이 없다.

옛 미래를 제외하고는 말이다. je courrai '나는 달릴 것이다', je mourrai '나는 죽을 것이다'.[57] 그런데 글자에는 중복자음이 아주 많다(bonne '좋은').

프랑스어에는 기음 h가 없다. 그러나 수많은 단어는 문자 h로 시작한다.

2) 문자는 그것이 표기하는 음성에 상응하지 않으면, 그만큼 더 거기에 기초해서 표기하려는 경향이 있다. [84] 문자는 이해가 안 될수록 그것을 더욱더 확실한 기반으로 삼는다.

---

57 이 두 형태에서만 중복자음 courrai[kuʀʀɛ], mourrai[muʀʀɛ]로 발음된다.

모든 규칙과 공식은 문자 체계와 결부되어 있다. 〈예컨대 이 글자는 이렇게 발음해야 한다.〉

'발음'이란 단어는 문자와 언어의 합법적이고 실제적인 관계를 변화시킨다. 이 음성은 '이처럼 발음한다'고 말하는 것은 그 기반이 문자, 시각영상이라는 것이다. oi는 wa로 발음한다고 말해서는 안 된다. 마치 oi가 이미 구어에 있는 사실에 기인하는 것, 그 존재를 나타내는 명칭을 가진 것처럼 말이다. 음성 wa는 oi로 쓴다고 말해야 한다〈(oiseau'새'에서 음성 wa는 두 기호 oi로 표상된다)〉.

발음은 변한다고들 한다. 이 표현에는 〈문자에 대한〉 언어의 열등, 의존이란 개념이 내포되어 있다. 사람들은 문자를 근거로 삼아 참조한다. 〈문자는 당연한 권리가 있는 것 같고, 그래서 사람들은 문자표기 기호를 규범으로 생각한다.〉

또 다른 표현: 영어 th를 나타내는 음성. 실체〖음성〗를 관습〖문자〗에 의존시키는 또 다른 방식이다. 그것은 음성 β를 표상하는 방식이다.

때로는 문자〖음성〗 기호를 모든 것에 선재하는 허구적 존재로 만들기도 한다. 프랑스인은 an〈(비모음) a〉을 ą로 발음한다. 이 기호〖an〗는 신화적 존재인 양 언어의 영역을 거의 초월해 있다.

[1910년 12월 9일]

이러한 여러 가지 허구는 문법 규칙에서도 드러난다.

예컨대 프랑스어 기음 h의 규칙을 보자. 프랑스어에는 h를 갖지 않는 상당수의 단어가 있다.

예컨대 단어 homme '사람'는 고대 프랑스어에서 (h)omme로 표기되었다. 다른 단어에는 h가 있었다. (haubert '쇠사슬갑옷', heaume '투구', héraut '군대의 사자'. 이들은 독일어 aubert, eaume, éraut에서 차용한 단어이다).

그래서 다음과 같이 발음되었다.

le haubert	l'omme
premié haubert	premier omme
'첫째 갑옷'	'첫째 사람'

오늘날 발음 규칙을 세우려면 불가능하다. "기음 h 앞에 관사 le는 모음이 탈락되지 않는다. 〈연음되지 않는다.〉" (이는 이해가 안 되는 말이다.) 기음 h도 없고, 다른 음성도 없다. 유음 h는 h의 일종으로서, 그 앞의 관사의 모음은 탈락되지 않는 것으로 간주된다. 이것은 악순환이다.

이처럼 문자로 기록된 단어 형태가 지고의 지배자라는 사실을 알 수 있다. 〈이 주제와 관련한 모든 논의에서〉 단어의 역사, 언어의 역사, 〈그 조상〉을 망각한다.

〈반드시 정확한 경로를 따라 나아가야 하며, 각 발달 단계는 그 앞의 선행 단계에 의해, 나아가 어원에 의해 결정된다. 하지만 이는 단계별 연속과정을 의미하는 것이지 갑작스럽게 라틴어로 도약한다는 것을 뜻하는 것은 아니다.〉

gageure'내기' 또는 gajure'내기' 중 어느 것으로 발음해야 할까? 단어 heure'시간'나 j'ai eu'나는 가졌다'와 같은 것을 근거로 이용할 수도 있다. 문자 표기 geai(ge−u)'어치'에 의거해서 ge가 že로 발음되므로 ⟦ga−⟧jure라고 발음할 수도 있다.[58]

[86] 단어의 ⟦형태론적⟧ 구성에 의거해서 결정할 수도 있다.[59]

tourner'돌리다' | tournure'표현방식'
gajer'내기하다, 걸다' | gajure'내기'

언어 문제를 문자에 의존한다는 것은 정말 유익하지 못하다. 제르 도(道)의 도시명 오슈 Auch(Auche: ōš로 발음한다)를 보자.

어말의 ch가 š로 발음되는 유일한 사례이다.

⟨유일한 논거는⟩ 라틴어 Auscii'아우스키 사람들'[60]가 프랑스어 ōš로 변할 가능성이 어느 정도 있는가 하는 것이다. 하지만 문자 표기를 준거로 삼아서는 안 된다.

Genevois 또는 Génevois. 이 문제는 폐음 e를 써야 하는지 여부를 아는 것이 아니다. 프랑스어에서 연속하는 두 묵음 e의 첫 e는 é로 변하게 되

---

58 ga-geure에서 geu가 œ/y 중 어느 것으로 발음되느냐? h<u>eu</u>re를 따르면 œ, j'ai <u>eu</u>를 따르면 y이다. 따라서 미결정이다. 그러나 geai에서 ge−는 ž로 발음되므로 ge-ure는 žyr(jure)가 되어 gajure가 된다.

59 유추에 의해 tourner: tournure=gajer: x에서 x=gajure가 된다.

60 Auch의 옛 라틴어 지명이 Ausci이다.

는지의 여부이다([반증] 사례가 많다. devenir'되다').**61** Genabensis'게나 붐인'.**62**

이것은 더 멀리까지 영향을 미쳐 주민 집단에도 영향을 미쳤고, 이 영향이 프랑스어에도 반영되어 형태가 변형되었다.

그리하여 널리 퍼진 문어에도 <u>문자는 여러 가지 언어현상을 일으킨다.</u> 프랑스어에서는 이와 같은 종류의 변화 현상이 많다. (이들은 비정상적 언어현상이다.) 〈문자 형상이 언어에까지 영향을 미쳤다.〉

[87] 예컨대 Lefèvre(장인匠人)를 보자. 어원 때문에 이를 Lefebvre라고 썼다. 〈두 가지 문자 표기 febvre(식자어)([어원은 라틴어] faber'일꾼')와 fèvre가 있었다.〉 우발적인 문자 표기로 v와 u가 혼동되었다. 그리하여 Lefebvre 또는 Lefebure로 쓰였다. 여기서 단어 Lefebure가 생겨났다. 〈잘못된 문자 규약에서 생겨난 이 형태가 이제는 실제로 발음되는 형태가 되었다.〉

예컨대 어말 r은 어느 시기에 가서 더 이상 발음되지 않았다.

그래서 chanter'노래하다'처럼 부정법이 nourri'기르다'로 발음되었다.

그러나 r이 복원되어 nourrir'기르다'로 말했다.**63** 이는 과거에 존재했던

---

61 devenir에서 첫 e는 ə로 발음되고, 둘째 e는 묵음된다.
62 라틴어 Genăbum(Genabensis) 〉 Génabum에서 é가 연속이 아닌데도 폐음 é가 되었다. M&G(2005, p. 149)에서는 Genalensis로 오표기되었다.
63 -er의 r가 묵음되듯이 이 단어의 끝 r는 묵음되었으나 -ir에 대한 유추로 발음된 사례

발음이 복원된 것이다. 과거로 발음이 회귀했다.

미래에 가서는 프랑스어에는 이러한 변형이 훨씬 더 많아질 것이고, 철자에 따라서 발음될 것이다.

〈파리에서 사람들은〉 sept femmes'여자 7명'라고 하고, sè femmes라고 말하지 않는다〈(자음 탈락)〉. 예컨대 (각 철자를 모두 발음하여) vingt'20'라고 말할 것이다. 다르메스터테르[원문] 참조.

따라서 이들은 언어학에 속하는 현상이지만, 비정상적인 현상(기형학)이다. 이런 기형적 사례를 라틴어에서도 발견할 수 있다.

그러므로 문자 표기가 언어에 이르기 위한 수단이라고 한다면, 이를 조심스레 다루어야 한다는 점을 [88] 잊어서는 안 된다. 문자 표기 없이 과거의 언어를 연구할 수는 없지만, 이 기록된 문헌을 통해서 언어를 알려면 해석이 필요하다. 〈각각의 경우〉 특유 언어의 음운 체계를 구축하는데, 이 음운 체계는 실체이며, 표기 기호는 이 실체의 영상이다. 언어학자의 관심을 끄는 유일한 실체는 바로 이 음운 체계이다. 〈이를 연구하는 작업은 특유 언어와 상황에 따라서 다르다.〉

과거의 한 언어 시기를 〈오늘날의〉 구어 시기의 경우와 구별해야 한다. 과거가 지금과 아주 가까운 시기라고 하더라도 과거 시기의 언어는 직접 청취할 수 없다.

이다.

〈음운 체계를 구축하기 위해〉 우리가 가진 재원은 다음과 같다.

1) 문법가들이 언어를 연구했고, 자신이 들은 음성을 우리에게 제시했다. 예컨대 16세기에 프랑스어를 영국인에게 가르치려고 한 문법가들과 같은 경우이다. 그러나 아무도 음운을 연구하려고 생각하지 않았다. 이들은 용어를 되는 대로 사용했다('이 단어는 다른 어떤 단어처럼 발음된다'). 〈따라서 이러한 증거는 비판적 분석이 필요하다.〉

[89] 〈음성에 붙인 명칭에 의거해서 거기서 음운 정보를 얻을 수도 있다.〉 그리스 문법가들은 β, γ, δ를 〈중간〉 자음으로 부르고, π, k, τ를 '프시라이 $\psi\iota\lambda\alpha\acute{\iota}$'라고 불렀는데, 이 명칭은 모호하다.

이들 문법가의 증거는 비판적으로 조사해야 한다.

2) 아주 다양한 종류의 증거들의 결합〈을 통한 비판적 결정.〉〈이 결정에 대한 제안은 이것이다.〉

a) 음성진화에서 상정하는 규칙에서 끌어낸 〈증거〉. 두 경우가 있다. 단지 출발점만 있으면, 그것은 무엇인가가 이미 존재한 것으로 결정한다. 예컨대 힌디어 마찰음 ç가 어떤 종류의 마찰음인지가 정확히 확정되지 않았다.

인도유럽어에서 그 출발점은 k임이 분명하다. k에서 발달할 수 없는 음가는 배제해야 한다.

젠드 아베스타어와 같은 언어에서 많은 철자는 어원에 의해서만 결정된다.

−tr−와 pr−의 비교

−θr−와 fr−의 비교

이들은 몇 가지 암시를 준다.

b) 그러나 흔히는 출발점과 도착점이 동시에 있다. 이 두 지점 사이의 중간 선상에 있는 것을 결정하는 것만으로도 충분하다.

[90] 예컨대 중세 때 사용된 기호의 음가를 모를 때.

사례: au (이중모음이었는가 아닌가[?]). 출발점은 *al(au)이다.

도착점에 *au가 있으면, au는 그 중간의 어느 시기에 이미 존재했다.

〈고대 독일어에서 z가 정확히 어떤 음성이었는지를 모른다면, (음성 z는 t와 ss 사이의 발음 선상에서 발견해야 한다.)〉

$$\left\{ \begin{array}{l} \text{water '물'} \\ z \quad \text{wazer} \\ \text{wasser '물'} \end{array} \right.$$

출발점과 도착점을 알면 많은 가설이 배제된다. 이 두 지점 중 어느 지점과도 양립할 수 없기 때문이다.

[1910년 12월 13일]

〈문자 표기를 검토하려면〉해당 시기 자체로부터 끌어내야 할 또 다른 종류의 원자료도 있다.

1) 동일한 것∥음성∥을 나타내는 다양한 문자 표기의 비교

예컨대 wazer에서 z는 zehan〈(10)〉의 z와 동일한 것인가[?] zehan은 때로 cehan으로 쓰기도 하지만, wacer로는 결코 쓰지 않는다.

ezan '먹다'의 마찰음 z가 s와 분명하게 구별되었는가? (철자 es(s)an '먹다', was(s)er, tz 참조)〈또한 esan이나 essan도 발견한다면, z는 모든 경우에 s와 아주 유사한 음성이었다고 결론지을 수 있다.〉

2) 어느 시기의 기념비적 시가 남아 있다면, 그 작시법에 상관없이 거의 언제나 이로부터 문자의 정확한 음가에 대한 정보를 끌어낼 수 있다.

[91] 음절 수는 묵음 e의 음가에 대한 정보를 준다. tāle, māke 참조. 오늘날 이들에는 e가 없다.〈영국인이 그 이전 시대에는 tale, make를 두 음절로 계산했는지 궁금해할 수 있다. 그런데 초서(Chaucer)는 tale을 두 음절로 계산했다.〉

또 다른 작시법 규칙은 음량을 고려한다.〈이는 문자로 표시되지 않은 음성의 장단에 대한 정보를 준다.〉

각운이나 두운 같은 작시법 수단이 있다면, 그것은 아주 중요한 정보원이

고, 문자 표기를 정확히 조사하는 수단이 된다.

〈예컨대 faz'나는 한다'와 gras'살찐'로 각운을 맞춘다면, 이 마찰음은 동일하거나 아주 유사하기 때문이다.〉

gras	gras
faz	faβ

예컨대 고대 프랑스어에서 라틴어 a에서 유래하는 e(mer'바다', cher'귀한', telle'그러한')[64]는 다른 e와(vert'녹색의'〈viridis'녹색의'〉, elle'그녀' 〈illa'저것'〉)는 각운을 맞추지 않았다. 문자 표기는 이들을 혼동했다. 〈이 구별은 오직 각운으로만 드러난다.〉

말놀이도 역시 발음에 대한 단서를 제공한다.

현대에 와서도 문자 표기 기호들이 언어의 정확한 모습을 거의 보여 주지 않는다는 것을 잊어서는 안 된다.

모든 문법 교재는 문자 표기에서 출발했고, 화자가 발화하는 실제 음가를 제시하지 못할 정도로 아주 부족하다. 〈이들 교재에서는 'i는 이처럼 발음된다'고 말한다.〉

우리는 a) 음성 체계와, b) 음성을 표기하는 불합리한 체계도 [92] 구축해야 한다.

---

64 라틴어 어원은 각각 mare, carus, talis이다.

피에토르(독일)⁶⁵와 폴 파씨(프랑스)⁶⁶는 올바른 문자 표기법에 대한 견해를 혁신했다.

이러한 문자 표기에 대한 고찰은 언어학자들에게 그러했듯이 우리를 표음문자 체계로 안내한다. 〈(이 표음문자 체계는 모든 모호한 것, 부정확한 것을 제거하는 수단이다)〉

중요한 것은 정서법을 개혁하고, 『문자와 음성의』 일반적 문자 표기법을 변경하는 것이 아니라 과학적 목적에 맞는 문자 체계를 만드는 것이다. 수많은 학자가 이 문제에 몰두했다. 그러나 표음문자 체계를 확립하기 전에 먼저 음성학을 연구해야 한다. 수용 가능한 문자 체계를 구축하기 전에 인간 발화의 요소를 구별하고 분류하는 것이 필요하다.

이제 이 문제를 다룰 수 있는 학문이 생겨났다. 많은 학자가 아주 다양한 방법을 이용하여 가장 완벽하고, 가장 보편적인 것으로 생각되는 음성체계를 구축했다. 영국 음성학파, 독일 음성학파, 프랑스 음성학파(사제 루슬로)⁶⁷를 들 수 있다.

[93] 이 연구 분야는 어떤 명칭을 지녀야 할까? 독일 학자들이 사용한 명칭은 '**음성생리학**(Lautphysiologie)'〈(발화 음성의 생리학)〉이었다. 흔히 그것

---

65 W. Viëtor(1850~1918). 독일의 언어학자이자 문헌학자이다.

66 P. Passy(1859~1940). 프랑스의 언어학자이자 음성학자로서 소쉬르의 파리 시절 제자이다.

67 J.-P. Rousselot(1846~1924). 프랑스의 음성학자이자 방언학자이다. 실험음성학의 창시자로 간주되며, 그의 《실험음성학 원리 *Principes de Phonétique Expérimentale*》(1897, 1901)는 과학적인 음성학의 출발이 되었다.

을 '음성학(phonétique)'이라는 명칭으로도 부르는데, 〈이와 완전히 분리된 별도의 연구와 혼동을 피하기 위해〉 명확한 이해를 위해 유보 조건이 필요하다. 음성학은 원래 여러 개별 언어의 음성진화(dolore '고통'가 douleur로 변하는 역사적 변화)를 다루었다. 이것〈시간의 흐름에 따른 음성변화에 대한 연구〉은 인간 발화의 음성적 분석과 아무 관계가 없다. 음성학〈(진화음성학의 의미로)〉은 전적으로 언어학에 속하는 연구이다.

이 발화 음성의 생리학은 언어학에 속하지 않는다.

이것은 '음운론(phonologie)'이란 명칭으로 부르거나, 발화 음성의 분석이라고 할 수도 있다. 이 연구는 언어과학에 속하는 명칭을 지닐 수 있는가? 이 명칭 중 하나('음성생리학')가 나타내듯이 이는 해부학, 생리학과 직접 결부된다. 그것은 각종 음성이 산출되는 메커니즘을 관찰한다. 발성적 측면 외에 청각적인 측면도 있는데, [94] 이 연구도 생리학에 속한다. 이것은 음운 연구에 속하지 않는 현상(청각영상)이다. 이 청각영상은 분석할 수 없다. 이는 음성기관의 운동을 분석하는 것으로 귀결되며, 생리학[원문][68]이 필요한 분야이다. 음성은 언어학의 제1부라고도 생각할 수 있다. 언어[랑그]는 분석할 수 없는 청각영상(f와 b의 차이)에 기초한 체계이다. 그런데 그것에 대한 〈(발성의)〉 분석은 언어학자의 관심거리가 아니다.

언어를 융단과 비교해 볼까? 음색의 결합은 융단의 직조의 짜임새를 구성한다. 그런데 염색업자는 염료를 어떻게 배합했는지 알 필요는 없다. 〈중요한 것은 일련의 시각인상이지, 직물의 실을 어떻게 염색했는지를 아는 것이 아니다 등등〉. 〈따라서 중요한 것은 청각인상이지 이 청각인상을

---

68 원문은 physiologie가 아니라 physiologique이다.

나타내는 수단은 아니다.〉

언어를 구성하는 여러 형태는 청각영상이라는 수단을 이용하여 만든 다양한 결합체이다. 언어를 제대로 작동하는 것은 이들 청각영상의 대립이다. 〈(각 음성인상을 얻기 위해 필요한 음성기관이 실행하는 모든 조음운동은 언어를 전혀 해명해 주지 않는다.)〉 언어는 체스 놀이에 비유할 수 있다. 대립된 가치가 작용한다면, 체스 말을 만든 재료(상아, 나무)를 [95] 아는 것은 중요하지 않다.

따라서 '**음성생리학**'은 언어학에 속하지 않는다.

음운론은 음성을 기계적인 관점에서 분류하기 위해 필요하다. 〈그것은 청각인상을 분석할 수 없고, 그 기계적 측면은 분석할 수 있기 때문이다.〉

그러면 발화의 가능한 요소의 체계를 세울 수 있고, 이는 모든 합리적인 문자 표기의 기초가 될 것이다.

모든 음운론자는 연구 과제에서 두 가지 원리를 조사해야 한다.

1) 언제나 청각인상에서 출발해야 한다. 청각인상에서 출발하지 않고서는 〈달리〉 단위를 구별할 수 없다. 〈단위의 수를 헤아릴 수 있는 것은 청각영상 때문이다.〉 fal에는 3단위가 있고, 4단위나 2단위가 아니라는 점을 무엇으로 확정하는가?

음성이 무엇을 표상하는지를 모르고서는 음성생리학자는 몇 개의 단위가 있는지를 알 수 없다. 생리학자는 청각영상이 인도하는 대로 분할을 시작해야 할 것이다.

$$|\,f\,|\,a\,|\,l\,|$$
$$1 \quad 1 \quad 1$$

귀를 통한 음성 청취를 통해 음성이 시간상으로 동질적으로 전개되는지 않는지를 알 수 있다.

[96] 이 단위들이 주어지면, (전체 발화연쇄는 청각인상에 의해 구분되기 때문에) 〈이제부터 음운 연구가 시작된다.〉

음성생리학자는 음성 f가 발생되는 동안 발성운동이 어떻게 일어나는지를 조사해야 한다.

[1910년 12월 16일]

최초의 알파벳 창시자들은 발화연쇄를 동질적 시간으로 분해하는 것 외에 다른 방도로 처리하지 못했다.

청각 발화 연쇄

조음 발화 연쇄

〈첫 번째 연쇄에서 우리는 분할체가 처음부터 끝까지 동일한 것인지 아닌지를 즉시 구별할 수 있다.〉

하나의 동일한 분할체가 인접 분할체와 다른 것이 확실하면, 청각연쇄의 최소 분할체가 생겨나고, 〈어떤 분할체는 짧고, 어떤 분할체는 길다.〉 이러한 분할체는 지속되는 시간과는 아무 상관이 없다. 단지 그 최소 분할체〈이 분할체 각각〉가 〈처음부터 끝까지〉 그 자체로 동일한 것인지, 동질적인지가 중요하다. 〈중요한 것은 분할체이지 시간이 아니다.〉 오직 차이로만 설정되는 이 분할된 단위에 그리스인은 기호를 부여했다.

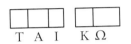

〈그리스인은 〈아마도〉 음운론자들이 조작하듯이 이처럼 어쩔 수 없이 분할 조작을 했을 것이다.〉

알파벳을 창안했던 모든 민족이 이 원리〈단 하나의 진정한 음운론적 원리〉를 알았던 것은 아니다. 상당수의 민족은 [97] '음절(syllabes)'로 부르는 pa, ti, ko와 같은 단위로만 분할하는 것으로 그쳤다. 〈그러나 음절은 pak처럼 더 많은 단위를 포함할 수 있다.〉

그리스인은 정체가 불분명한 셈어 문자로 연구하면서도 이 점을 분명히 이해했다. (〈셈족〉은 〈오직〉 자음만을 표시했다).

〈문자는 상응하는 조음운동을 표시할 필요는 없고, 청각적 표기법만으로도 충분하다.〉

음운론자는 이 같은 문제를 스스로 제기해야 할 것이다. 예컨대 T로 표시한, 청각적으로 동질적인 분할체에서 일어나는 조음운동은 정확히 무엇인가[?]

그에게는 조음연쇄에 청각운동을 투사하고, 〈거기서 무슨 일이 일어나는 지를 파악하는 과제가 부과된다〉. 그렇지만 그는 청각연쇄에서 출발해야 하고, 이것만이 이 단위를 분할할 수 있게 해 준다. 〈청각연쇄 없이는 오 직 균일하게 연속되는 조음운동만 있고, 단위를 구성할 수 있는 근거가 없다.〉 반면 이 청각연쇄가 구성되는 청각인상은 분석이 불가능하다. 조 음연쇄에서 조음운동을 분할할 수 있는 것은 단위들이 주어지기 때문이 다. 한편 청각인상 자체 내에서는 어떤 것도 분석할 수 없다.

'음소(phonème)'는 상당히 많은 조음운동의 집합과 더불어 일정한 청각 효과로 구성된다. 우리에게 있어 음소는 발화연쇄의 분할체의 수에 상응 하는 것이다. 이들은 [98] 연쇄고리이다. 더 작게 분할되지 않는 최소 단 위에서는 시간상의 운동을 배제할 수 없다. 〈ta와 같은 복합적 단위는 언 제나 이처럼 분할된다.〉

> 연쇄고리 + 연쇄고리
> 분할체 + 분할체

이와 반대로 더 분할할 수 없는 연쇄고리 t는 연쇄고리나 분할체로 더 이 상 간주할 수 없고, 시간을 벗어난 추상적인 것으로 간주해야 한다. f는 종(種)으로서의 f, i는 종으로서의 i를 의미하고, 오직 변별적 특성과 결부 하므로 시간적 연속에 의존하는 것이라고는 생각하지 않는다. 이것은 일 련의 음표와도 같다. do-ré-mi는 '추상적으로' 생각할 수 없고, 발화 연쇄 에서 동질적인 최소 분할체 do를 취해서 시간을 완전히 배제하면, 그렇게 말할 수 있다(진동을 분석할 수 있다).

그러면 이제 우리는 음소를 분류할 수 있다. 이 분류는 음운론자의 과제 가운데 하나이지만, 그들은 여기에만 [99] 관심을 집중하지 않는다. 〈이들은 무수히 많은 다양한 음소를 보여 주었지만, 상당히 많은 음소의 수효를 주요한 음소로 줄이지 않았다.〉

음운론의 영역에 대한 개념을 가지면 유익하다. 음소의 수를 줄일 수 있는 도식은 아주 단순하다. 네 가지 요소를 고려하면 된다.

1) 호기(呼氣): <u>균일한 항정적</u> 요소〈(필수적)〉
2) 성: <u>균일한 임의적</u> 요소〈〈성문에서 나오는 후두음〉〉
3) 비강의 개방: <u>균일한 임의적</u> 요소 〈청각적 관점에서〉 비음성)
4) 구강 조음: <u>다면적인 항정적</u> 요소(필수적)

1) <u>호기</u>는 어떤 음소라도 발성하기 위해 필요하다. 따라서 항정적이다.

2) <u>성</u>은 음소에 따라 임의적 요소이다. (〈시간의〉 연쇄에서 간헐적이다.)

예컨대 p나 f에는 후두음이 수반될 수 없다. [100] 성은 균일한 요소이며, 고저의 변동은 있으나 그 자질은 일정하다. 성을 변경하는 것은 구강이 만드는 공명강이다.

3) 비음성: 우리는 의지로 비강을 개방하거나 폐쇄 상태로 만들 수 있다. 따라서 비강은 음성과 산출에 기여하거나 기여하지 않을 수 있다. 비음성은 균일하다. 이를 바꿀 수는 없다. 코에는 다른 발음기관이 없기 때문이다. 〈비음성의 정도만이 있다.〉

4) 구강 조음. 발음기관에 상관없이 구강이 취하는 조음위치이다. 그러나 이 조음위치는 무한히 가변적이다. 여기에서 다양한 구강 형태가 생겨난다. 항정적인 이유는 구강기관이 임의의 어떤 위치를 취할 수 없기 때문이다.

구강 조음을 제외한 모든 요소는 균일하며, 조음 분류의 근간으로 사용할 수 있는 다양한 특성을 보여 주지 않는다.

[101] 구강 조음은 음소 분류의 핵심 기반이다.

그러나 한 걸음 더 나아가자. 아무런 변화를 초래하지 않는 날숨은 무시할 수 있다. 〈(균일하고 일정하므로)〉.

우리는 성과 비음성이 갖는 <u>다소간의</u> 증감만을 고려한다.

구강 조음은 구강 간극이 동일한 음소를 자연적으로 구분한다.

구강 폐쇄를 6단계로 구별해야 한다. 이를 <u>개구도로</u> 부르는 것이 더 편리하다. 개방 또는 폐쇄가 자리하는 위치는 아주 가변적이다(입술, 구개). 그러나 개구도는 정할 수 있다.

⟨그리하여 발생 가능한 모든 음소의 목록을 즉각 작성하기보다는 먼저 음소를 분류해야 한다.⟩

⟨이 일의 처리 방식을 바꾸어 개구도로 표현할 수 있다.⟩

조음: 개구도 0(＝완전 폐쇄)

⟨폐쇄음⟩

		＋비음성	
	p, t, k 등	– – –	알려진 언어에는 없다.
＋성	b, d, g 등	m ṅ n 등	
	유성 폐쇄	비강 유성 폐쇄	

⟨이 빈칸에 들어갈 음소가 실현되는 것은 아니지만, 빈칸으로 그대로 두는 것이 유익하다.⟩

[102] p에 후두음[성]을 더하면, 이 p는 b가 된다.

b와 m의 유일한 차이는 m의 경우 비강 통로가 열려 있다는 점이다.

조음: 개구도 1

〈마찰음 또는 치찰음〉

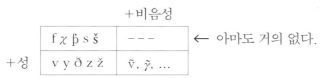

첫째 표에는 <u>폐쇄음</u>(유성 폐쇄음과 비강 유성 폐쇄음)이 들어 있다. 둘째 표에는 <u>마찰음</u>과 <u>치찰음</u>이 들어 있다. 이들은 개구도가 아주 작다. 공기는 마찰을 일으키며 빠져나간다. 발음기관들이 서로 접촉하기 때문이다.

조음: 개구도 2

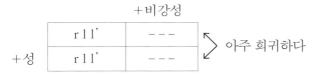

세 번째 표: 이는 '유음(liquides)'으로 부르는 음성들이다. 구강 개방은 이미 상당히 크다. 이 조음 유형은 보통 유성음으로 나타난다.

[103] 그러나 〈성이 없는〉 무성 유형도 잘 알려져 있다. (p 뒤에 오는 l과 같은 것인데, 예컨대 pleuvoir'비오다'이다).

많은 사람이 성이 없이 l을 발음하는데, 이것이 강한 l이다(프랑스 연극에서 발화하는 l은 성이 있다.)

* [1910년 12월 20일]

구강 조음: 개구도 3

＋비강성

	(i u ü)	- - -
＋성	i u ü	i̯ u̯ ü̯

이로써 자음[모음(교정)]이 끝났다. 〈이제 모음이 나온다.〉 그러나 이 체계에서는 자음과 모음의 구별이 필수적인 것은 아니다.

정상적인 유일한 유형은 ＋성과 (＋성＋비음성) 유형이다. 때로는 무성도 발견된다. 그러나 후두음[[성]]이 없는 언어에서는 i, u, ü로 전사해서는 안 되는 것 같다. 성이 없는 i도 있다.

h̯i, h̯u로 쓰는 것은 이와 전혀 다른 표기 방식이다. hi, hu는 무성 i ＋ 유성 i를 쓰는 방편에 불과하다.

칸 1의 괄호 속 i, u(ou로 발음), ü는 h⁽ⁱ⁾, h⁽ᵘ⁾ 등으로 표시된다. 〈마찬가지로 hu에서도 h는 무성 u를 가리킨다.〉

[104] 구강 조음: 개구도 4

＋비강성

	(e o ö)	- - -
＋성	e o ö	e̢ o̢ ö̢

.이런 종류의 e o ö는 i, u, ü보다 더 개방되어 있다. i(강한 긴장)나 u(더

약한 긴장)를 발음하면서 입안에 손가락을 넣어 보면, 이를 확인할 수 있다. ę ǫ œ̨는 in, on, un으로 표기되는 프랑스어 비모음이다.

성이 없는 유형: h͟e, h͟o 〈역시 생각해 볼 수 있다.〉

조음: 개구도 5

	+비음성	
	(a)	−
+성	a	ą

오직 a로만 표상할 수 있다. 비음화된 a가 있을 수 있는데, 프랑스어 an: ą[ã]이다.

이 도표의 장점은 모든 것을 구강 조음이라는 단 하나의 원리와 관련짓는다는 것이다. [105] 다른 요소는 단지 그것을 변경하는 것에 불과하다.

〈구강 조음 내에서〉 모든 것이 구강 폐쇄 정도를 나타내는 단계와 관련된다.

〈청각인상에 구강 조음이 미치는 영향 가운데 두 가지 사항을 유의해야 한다.〉

(무성:) 〈1〉) 구강 폐쇄가 심할수록 구강 통로에서 발생하는 소리는 더 크다. 성이 첨가되는 경우에 조음은 더 폐쇄되고, 성은 더 희미해지고, 귀에 도달하는 데 방해를 받는다. 이는 부정적 효과이다. 다른 한편 개구도가 아래로 내려갈수록 더욱 소리가 자유로이 잘 들린다. 〈2〉) 자음과 모음을 분리하는 외부적 〈신비스러운 (G.D)〉 경계는 없고, 이 요소들은 모두 동

일하다. 개구도가 증가할수록 성의 요소가 더 자유로운 역할을 한다. 따라서 개구도의 각 단계에서 정상적 유형은 개구도가 증가함에 따라 +성의 방향으로 나아간다. 사실상 모음은 본질상 우발적 사실로만 간주된다. 그러나 모음을 우발적 사실로 간주하는 조건에서만 음운을 단일 체계로 분류하는 데 아무런 장애가 없다. 음운론 교재는 이러한 구별(자음과 모음의 구별)을 지나치게 자세하게 나누어서 아주 난감한 경우가 있다.

[106] 강의노트 Ⅲ

이는 이론적인 사례에 충분한 관심을 기울이지 않아서 생긴 일이며, 〈현재 실현 가능한 사례만 관찰했기 때문에 생겨난 것이다.〉

실제로 확실한 것은 폐쇄 조음은 성을 포함하며, 개방 조음 역시 성이 없다면 어렵다. 더 개방된 조음은 성의 도움이 필요하다. 그렇다고 해서 결과적으로 음소의 성질이 모음이나 자음이어야 한다는 것은 아니다. 모음과 자음 사이에 장벽을 두어서는 안 된다.

이론적으로는 어떠한 개구도를 가지고서도 이 네 가지 가능성을 지닌 분류표를 만들 수 있다.

각 개구도에서, 〈구강 기관의〉 발생 가능한 모든 변화를 포함하면, 분류는 무한히 확장된다. 〈그것은 음운론자의 일이 될 것이다〉

그러나 이 도표 속에서 발생 가능한 모든 종류의 음성을 분류할 수 있다.

이 [분류(교정)] 결정은 각 언어의 발음을 아는 데 유용하지만, 이론적으로는 중요하지 않다.

[107] 이는 <u>음운 종류에 대한 형태론적 분류</u>를 나타내기 때문이다. 그러나 음운론[형태론(교정)]은 발화연쇄의 종합, 즉 우리가 분석한 발화연쇄를 재구성하는 것을 목표로 해야 한다. 그 목표는 최소 요소가 발화에서 어떻게 서로 연쇄를 이루는가를 보여 주는 것이다.

이 목표는 흔히 아주 쉽게 달성된다.

이 점에 유의하자. 즉 발화연쇄를 재구성하기 전에 최소 단위까지 분석했다는 것을 확신해야만 한다. 요소가 복합적이면, 이 요소는 쓸모가 없다.

사실상 단위는 최소까지 쪼갠 단위는 아니다. 〈앞의 표에서 우리는 최소 단위까지 분석하지는 못했다.〉

예를 들면 다음과 같은 것이다.

$$\boxed{a\ |\ p\ |\ a}$$

여기서 최소 단위 가운데 하나가 p이다〈우리는 이렇게 말한다〉. 그러나 이 p가 항상 동일한 p가 아니라는 것이 밝혀지거나, 그것이 음성이 동일하지 않은 연속음이라는 사실이 드러나면, 〈그것은 분석 불가능한 최소 단위가 아니다.〉 더 이상 분석되지 않는 최소 요소를 얻으려면, 〈다른 고려사항을

추가해야 한다.〉

appa로 쓰면, 문자 표기상으로는 p가 2회 나오는데, 이는 맞는 말이다. 단지 둘째 p는 첫째 p와 동일한 p가 아니라는 점이다. 사실상 첫째 p에서 조음기관은 폐쇄된다〈폐쇄 운동〉: →» . [108] 첫 p는 폐쇄 p를 나타내고, 둘째 p는 개방 p이다. «→ . 〈(조음기관은 다시 열린다. 개방 운동이다.)〉

마찰음에서 치찰음으로 옮겨 가도 마찬가지 현상을 관찰할 수 있다. r과 l도 마찬가지이다. al〉 l‘a (폐쇄 l과 개방 l)

한 단계 한 단계씩 계속 분석해 나가면, 언제나 개방음과 폐쇄음을 발견한다. ai의 i는 폐쇄이고, ia의 i는 개방이다. 〈간극 4에 대해서도 역시 이러한 것이 가능하다.〉

a는 하나뿐이다. 따라서 간극 5를 제외하고 다른 모든 요소는 개방음과 폐쇄음으로 발음될 수 있다.

이는 다음 기호로 나타낼 수 있다. i〈i

자음의 폐쇄형은 '내파'로 부르고, 개방형은 '외파'로 불렀다. 각 음소(a를 제외하고)는 내파형과 외파형을 가질 수 있다. appa와 같은 요소에서 이를 합리적으로 표기한다면, 두 가지 기호가 필요할 것이다. ap〉 p〈a

내파형을 대문자로 쓰는 것에 찬성하면, aPpa, aLla와 같이 쓴다.

[109] 이러한 의미로 〈글에서〉 중복 표기되는 문자는 두 개뿐이라고 말해

왔다.

$$i - j(y)$$
$$u - w$$

앞의 것은 내파음이고, 뒤의 것은 외파음이다.

$$i - j(y) \ = \ i^\rangle - i^\langle$$
$$u - w \ = \ u^\rangle - u^\langle$$

appa에서 두 p가 연속해 있으나 내파와 외파가 반드시 연속적으로 나오는 것은 아니다. 〈내파만 있거나 외파만 있을 수도 있다.〉

음성 연쇄의 가능성과 관련한 모든 문제는 여기에 달려 있다.

그러나 우리는 최소 단위에 이르지 못했다.

$$p = p^\rangle$$
$$p = p^\langle$$

〈〈단지 그냥〉〉 p라고 말하면, 그것은 추상적인 것이 되어 버린다.

〈만일 $p^\rangle$와 $p^\langle$를 취하면, 그것은 실재하는 개체가 된다.〉

a를 제외하고 발화 요소들의 계열을 두 배로 늘릴 필요가 있다. 〈이들 요소는 연쇄고리로 사용될 수 있고, 발화연쇄에서 연속하는 분할체로 표시

할 수 있다. 음절 단위는 기본적으로 외파와 내파에 의존하기 때문이다.〉

사용된 기호의 성질이 어떤 것이든 상관없이 정상적인 합리적인 표음 문자는 언제나 발화연쇄를 고려해야 한다.

각 분할체는 그것을 표상하는 하나의 기호가 필요하고, 각 분할체는 하나의 기호로 표기해야 한다.

[110] 〈음성의 분석보다는 음성의 분류에 몰두한〉 영국 음운론자들은 이 규칙을 어기고, 하나의 음성을 나타내기 위해 둘 또는 세 개의 표기 기호를 사용하기도 했다.

어떤 표음 문자도 지금까지 이 원리를 고려하지 않았다고 말할 수 있다. 〈나아가 각 음성에는 폐쇄 기호와 개방 기호가 필요하다.〉 변이가 없는 a를 제외하면, 모든 종류의 음성 요소들에 대해 이와 동일한 원리를 적용해야 한다.

정서법을 개혁하여 언어를 표음문자로 표상할 근거가 있는가? 이 질문을 둘러싼 수많은 우발적인 사례가 있으며, 이들을 단 하나의 원리로 해결할 수는 없다. 이런 방향으로 지향하는 것이 언어학자의 목표는 아니다. 음성을 완벽하게 표상하는 것도 그렇게 바람직하지 않을 듯하다. 〈실제로 영어, 독일어, 프랑스어에 하나의 동일한 음운체계를 설정한다는 것은 지나친 일이 될 것이다.〉

〈실제로 우리가 바라는 것은 단지 가장 심각한 비정상적인 일이 없어야 한다는 것이다.〉

잊어서는 안 될 것은 글로 쓴 단어는 관습적으로 결국은 상형기호가 되게 마련이라는 점이다. 단어는 전체적인 가치를 갖는다. 〈단어를 구성하는 글자와는 무관하며, 그래서 우리는 단어를 두 가지 방식으로 읽는다. 모르는 단어는 글자를 하나씩 읽고, 아는 단어는 이 글자들을 한꺼번에 읽는다.

표음문자로 인해 상당한 장점이 없어진다. 음성이 혼동되는 단어들은 [111] 철자로 구별될 수 있기 때문이다. 〈예컨대 tant‘그처럼 많이’와 temps‘시간’의 구별〉. (예컨대 전보(電報)와 같은 것에는 아주 유용하게 쓰인다.)

〈모든 언어를 포괄하는 음성체계에 의거해서 만든〉 합리적인 표음 문자표기는 인쇄된 지면(紙面)에는 상당히 곤란하다. 글자 기호의 수가 너무 많기 때문이다.

ont‘그들은 가진다’란 문자 표기를 구별 기호를 이용하면, ʒ나 ǫ로 써야 할 것이다. 〈(이는 눈에도 성가시고), 글자에도 과중한 부담을 준다.〉

예컨대 파씨의 《음성학 교사 *Maître phonétique*》〈(출간 책)〉는 한 언어의 음성과 다른 언어의 음성의 완벽한 관계를 보여 준다. 이는 교육에는 이로울지 모르지만, 일상의 문자 표기에 도입하는 것은 바람직하지 않다.

〈제5장〉 지구상 〈개별 언어의〉 가장 중요한 어족의 지리역사적 현황[69]

1) 어족이 있는 경우, 그것은 과거에 언어가 통일된 현황을 분명히 나타낸다. 어족이 보여 주는 이 다양성은 과거의 언어 통일 상태의 반영이라고 생각한다. 과거는 10세기, 20세기 이전이라고 말할 수는 없지만, 과거의 언어 통일의 개념은 [112] 어족의 개념과 분리할 수 없다.—몇 세기만 거슬러 올라가더라도 언어의 다양성은 이미 확 줄어든다.
그래서 지리적 다양성만이 흔히 어족을 환기하는 유일한 개념은 아니다. 역사라는 개념도 거기에 함께 섞여 있다.—
한 어족의 지리적 다양성의 요소에는 역사적 요소가 포함되어 있다.

2) 둘째, 형용사 '**역사적(historique)**'은 훨씬 더 외적으로 개입하는 것을 의미하는데, 때로는 여러 세기의 문헌을 통해 한 어족의 여러 시기를 다행히 알 수 있다는 의미에서 그렇다.

3) 이 역사적 자료는 인도유럽어족에서조차 분명 아주 단편적이며, 까마득히 먼 과거로까지 거슬러 올라가지는 않는다. '역사적'이란 흔히 '**선사적(antéhistorique)**'이란 의미도 있다는 것을 잊으면 안 된다.—'역사적'으로 부르는 것에 역사 이전의 것도 포함하는데, 이를 진화적으로 부를 수도 있다.

---

69 여기서부터 강의노트 Ⅵ까지는 고마츠(/해리스) 편집판에서는 "일반언어학과 무관한 것으로 생각하여" 생략한 부분이다. 앞의 '콩스탕탱의 강의노트' 참조. 그러나 제1차, 제2차 강의에서도 밝히고 있듯이 '인도유럽언어학이 일반언어학의 서론' 격임에 비추어 이를 Meiji & Gambarara (Eds.), 'CFS' 58(2005), pp. 163–214에서 발췌, 삽입하여 번역했다. 가독성을 위해 행을 띄운 곳들이 있다.

이는 내적 재구(再構)의 방법을 필요로 한다.

[113] 현재의 언어 다양성이 생겨난 원시형을 가급적 가깝게 확정해야 하는데, 〈이는 언어학자의 과제이다.〉

지구상의 어떤 어족이라도 역사적 재구(再構) 작업을 필요로 한다. 왜냐하면 그 원시형이 되는 라틴어를 가진 로망어도 예외가 아니기 때문이다. 달리 말해서 귀납적 방법을 통해서만 재구를 할 수 있기 때문이다.

4) 흔히 각 어족에 고유한 언어 특성의 기술은 이 어족에 대한 개괄적 조사 작업과 연관된다고들 생각한다. 그러나 이 점에는 주요한 유보 조건이 있다. 어족을 말하면서 거기에 속한 언어들의 특성을 기술해야 한다는 전제는 문제 제기가 잘못된 것이다.

한 어족의 진화 과정 [114] 전체를 통해서 언어 특성이 변하지 않고 그대로 남는다는 것을 인정하면, 출발이 잘못된 것이다. 그래서 시간에는 경계가 실제로 존재하지 않는데도 경계를 두기를 원한다면, 시간의 작용을 인정하지 않는 것이다. 이 시간의 작용은 대단히 중요하기 때문에 그 기원으로부터 일정 시기에 이르기까지 언어 특성이 완전히 바뀔 수도 있는 어족도 상정할 수 있다. 〈흔히 몇 가지 특성은 어족이 존재하는 한 그대로 유지되지만, 이 특성은 강요되거나 미리 정해진 것은 아니다.〉 이들을 명백하게 잘 구별해야 할 것이다.

어족의 특성이 무엇인지 물을 수 있을까? 어족의 원시형에 대해, 그 원초적 시기에 속하는 특성에 대해 말할 수 있을까? 그렇다고 할 수 있다. 우리는 한 특유 언어와 한 시기를 대상으로 다루기 때문이다. 계기적인 여러 시대 전체에 걸쳐 변하지 않는 영원한 특성이 있을 수 있다고 인정하면, 그것은 시간에 따른 언어진화의 기본 원리와 배치된다. 어떤 특성이 없어지지 않고 끝까지 남는다면, 그것은 우연이다. 변치 않는 영원한 언어 특성이란 없기 때문이다.

예컨대 인도유럽어에만 당연히 속하는 것으로 보이는 특성 중 한 가지는 [115] 인도유럽어가 굴절어(표현 방식으로 굴절을 이용하는 언어)라는 것이다. 그런데 오늘날 영어는 굴절이 거의 상실되었지만, 격(格)은 훨씬 더 많은 특유 언어에 있을 수 있다.

원시 인도유럽어는 굴절어였는가?라고 묻는다면, 이 질문은 적절한 것이다. 우리가 어떤 어족에서 끌어낸 모든 사례에서 나타나는 공통된 특징이 그 원시형에는 없었던 것으로도 생각할 수 있기 때문이다.

예컨대 몇 가지 특징을 보면, 모음조화는 우랄알타이어족의 모든 특유 언어에서 발견된다. 그것이 후대의 [현상]에서 생겨난 특징이라고 증명하는 것은 없다.

모음조화는 이 우랄알타이어족의 특징이지만, 그 원시형의 특징은 아니라고 말하는 것이 정확할 것이다. 또한 [중국어]의 특징을 보면, 중국어의 단음절성은 단어의 마모로 생겨난 것이다. 〈아마도 원시형의 특징은 아닐 것이다.〉 그것은 중국어의 진화 과정에서 나타난 어느 한때의 특징이다.

[116] 언어의 주요 구조를 굴절어, 교착어 등으로 분류하면서, 여기에 여러 언어를 분류하는 것으로 충분하다고 생각했다. 그러나 하찮은 사건으로 모든 것이 뒤집어질 가능성은 있다. 근본적인 특성이 변할 수도 있는 것이다.

〈언어에 나타나는 인종의 문제는 해결하기 매우 힘든 문제이다. 이 문제에는 언어학자만큼이나 인류학자와 역사학자도 깊이 관련된다.〉 인류학적으로 게르만 인종 [특징](장두형, 금발, 장사)이 〈있는데〉, 스칸디나비아인의 인종 유형에서 전형적으로 잘 드러난다.

이런 종족 유형은 알프스 산악지대에서는 전혀 발견되지 않는다. 〈(하지만 게르만어를 사용하는 독일인에게는 『발견된다.』) 아무도 알프스 산지의 주민에게 게르만어가 강제된 것으로는 생각하지 않는다.〉 하지만 이러한 이질성이 생기려면 아주 장기간의 지배가 필요하다. —

실제로 인종이라는 인류학적인 사실에 대한 문제를 제기해서는 안 된다. 〈인종이라는 인류학적 사실 외의〉 민족집단(ethnisme)[70]이라는 〈사회정치적〉 현상, 〈다시 말해서 정치적으로 국가는 없지만 위기, 방어, 문명의 공동체가 역사적으로 채택한 집단 유형〉도 잊어서는 안 된다.

어떤 주민을 특정 민족집단과 결부 짓는 힘 같은 것도 있다. 〈반드시 혈통 문제를 제기하는 것은 아니지만,〉 야만인에 맞서 〈중세에〉 〈로망인은 정치적 통일 없이 다양한 인종으로 구성되기는 했어도〉 로망 민족집단[71]을 형성했다. — [117] 언어적 연계는 민족집단을 확인해 주는 한 지표이다. —〈언어는 이를 위한 가장 중요한 지표이다. 따라서 이런 관점에서 언어의 일차적 가치가 있다.〉

[1911년 1월 13일]

인도유럽어족

이 어족은 여러 종류의 다양한 관심사를 끄는데, 〈주요 언어와 관련해서〉 〈1)〉 그 규모로 볼 때 지구상의 가장 중요한 어족 중 하나이고, 〈2)〉 그 특

---

70 각주 13 참조
71 로망(romand)이란 프랑스어를 사용하는 스위스의 언어공동체를 가리킨다.

유 언어는 무엇보다도 문명 민족이 사용했고, 문학적으로 일련의 걸작에서 여전히 사용되고 있다. 〈3)〉 다른 한편, 인도유럽어는 아주 다양한 시기에 걸쳐 파악할 수 있다. 〈(아주 오래된 유적에서)〉. 4) 그 기원으로부터 출현하는 그 모습대로 유지된 언어 유형은 인도유럽어에서 가장 괄목할 만하며, 지구상에서 우리가 아는 가장 훌륭한 언어 유형이다. 5) 지난 한 세기 이전부터 언어학자가 연구한 비교문법이 이룩한 성과는 연구 토양을 잘 닦아 놓았다. 따라서 이 인도유럽어란 건물로 들어가기는 훨씬 더 쉽다. ―

지구상의 다른 언어는 오래된 고문헌이 없고, 언어군은 그렇게 깊이 연구되지 않았다. ―〈하지만 휘트니처럼 인도유럽어 외의 다른 어족을 아주 부차적인 것으로 생각하면 안 된다. 원리상 어떤 어족도 다른 어족보다 우선시하면 안 된다.〉

[118] 모든 개별 언어는 인간언어 일반에 대한 개념을 가질 수 있도록 일조해야 한다.

현재 지리적으로 인도유럽어족은 아이슬란드로부터 벵골만까지 중단 없는 사슬을 형성한다. 만일 2,000년 전이나 그보다 더 과거로 거슬러 올라가도 사정은 마찬가지이다. 〈단지〉 그 언어 사슬은 시기에 따라 아주 다르게 형성되었을 뿐이다. 〈큰 나라들이 작은 나라들을 포섭했다.〉 사슬고리의 수가 사슬고리의 크기에 비해 감소한 것이다.

〈아드리아해 북부 지방〉	예컨대 라틴어, 움브리아어, 베네치아어, 일리리아어, 마케도니아어, 그리스어. 〈(고리의 수가 훨씬 많다)〉 오늘날 이탈리아어는 슬라브어, 〈그 이후 그리스어〉와 접촉하고 있다.

그리하여 중간고리들이 사라진 것을 알 수 있다. 언어학적 관점에서 과거에는 이 언어의 사슬이 다른 면에서 흥미를 끌었다.

이 어족에 붙인 명칭은 지리적 여건에서 따온 것이다. 맨 먼저 인도게르만어란 명칭이 생겨났고, 그 후 인도유럽어란 명칭이 생겨났다. 〈이 명칭에서 이 어족의 양극 지방에 대한 표시를 볼 수 있다.〉

[119] 최초의 언어학 저술에서 사용된 '아리야인(Aryen)'(âryas: 인도유럽 인종에 속하는 힌두인)이란 용어가 상실된 것이 아쉽다. ―오늘날 '아리야어(aryen)'는 '인도이란어'와 동의어이다. ―그래서 때로 아리야-유럽어(aryo-européen)로 말하기도 한다. ―

인도유럽인의 원고향, 즉 이 인종의 요람이 어디인지를 사람들은 궁금해했다. 이 궁금증은 〈언어 파상설 이후로〉, 즉 민족 이동이 언어변화의 원인이 아니라고 생각하게 된 이후로 그렇게 중요한 것으로 부각되지 않았다.

민족 이동에 의한 인도유럽어의 발달

현장에서 발달하거나 단순한 팽창으로 인한 발달

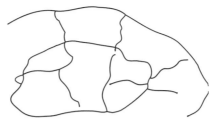

그러나 장소가 더 좁게 한정된 원거주지 문제는 배제되지 않는다.

이 문제를 해결하려고 노력한 학자들[히르트, 《인도게르만인 *Die Indo-germanen*》 참조][72]은 무엇보다도 이와 동일한 종류의 연구와 결론에 입각했고, [120] 인도유럽인의 문명 발전의 정도를 결정하는 데 적용한 것과 같은 방법, 즉 단어에 의거해 사물을 재구하는 방법(아돌프 픽테, 《언어선사 고생물학 시론: 원시 아리야인 *Essai de la paléontologie linguistique: Les Aryas primitifs*》 참조)을 이용했다.[73]

하지만 이런 종류의 연구는 크게 신뢰를 얻지 못했다. 하지만 히르트는 이 방법을 때때로 사용했다.—

최초의 언어학은 인도유럽인의 요람을 파미르 고원(아세아)으로 그 위치를 설정했다.—오늘날 이 요람은 유럽에 위치한다. 〈그 까닭은〉 모음체계의 특징이 아시아보다는 유럽인에게서 훨씬 더 충실하게 여전히 관찰되는 것으로 밝혀졌기 때문이다. 히르트는 독일 북부(브란덴부르크)〈(베를린)〉를 인도게르만인의 요람으로 설정했다!!!

---

72 H. Hirt(1865~1936)는 독일의 문헌학자이자 인도유럽어학자이다. 라이프치히대학 교수로서 브루크만의 인도유럽어 연구에 크게 기여했다.

73 A. Pictet(1799~1875). 스위스의 인도유럽어 역사비교언어학자이다. 언어선사 고생물학 연구 창시자로 유명하다. 소쉬르의 학문적 성장과 발달에 큰 영향을 끼쳤다.

〈우선 인도유럽어의 가장 서쪽에 있는 첫 번째 사슬고리를 살펴보자.〉

A. 켈트어파

이 켈트어파는 그 주민과 언어가 겪은 재난으로 인해 주의를 끈다. 〈이들이 간신히 잔존해 있던 곳도 다른 민족의 지배하에 들어갔다.〉 브리태인 섬, 프랑스 일부, 벨기에, 스위스를 포함하는 원시 켈트어가 점유하던 곳의 크기와 상관없이 단지 그 일부만 지금 남아 있다. (〈갈리아의〉 남부는 특히 리구리아인의 고장이었다.) [121] 라인강과 〈알프스산맥〉을 넘어서는 갈리아 키살피나와, 다뉴브강 상류로부터 하구까지 켈트 부족이 쭉 분산하여 거주했다. 이곳으로부터 켈트인은 3세기에 그리스에 침입했고, 갈라티아 왕국(소아시아 중심부)에도 침입하여 켈트어는 여기에서 오랫동안 사용되었다.74

이 모든 지역으로부터 현재 우리에게 남아 있는 켈트어는 단지 도서(島嶼) 켈트어뿐이다. 사실상 프랑스의 브르타뉴어는 이 도서 켈트어에서 수입된 브르타뉴어에 다름 아니다. 아르모리카75는 이미 로마화되었고, 따라서 브르타뉴어는 〈이곳에 앵글로색슨인이 이주하자〉 피난했던 주민이 가지고 들어온 것이다. 30여 개의 골어 명문과 골어 고유명사가 남아 있다.

도서 켈트어는 두 어파로 나뉜다. [1] 브리태인어파 또는 브르타뉴어파 또는 브리튼어파. 이는 영국의 섬에서 사용되던 언어이다. [2] 아일랜드에서

---

74 켈트인 전사들이 남진하여 기원전 279년경에 그리스에 침입했고, 그 후 마케도니아, 아나톨리아, 나중에는 갈라티아까지 침입했다. 켈토이(Keltoi. 여기서 켈트가 유래), 갈라티아/갈리아, 골은 같은 어원이나 그것이 지칭하는 실체는 반드시 같지는 않다.
75 고대 고전기에 브르타뉴반도의 서부와 북부의 해안지방을 가리키는 지명이다.

사용되던 게일어이다.

브리튼어파는 오늘날까지 게일 지방의 언어로 남아 있다. 콘월 방언은 18세기에 소멸되었다. ―[122] 또한 프랑스의 브르타뉴에서도 사용되었다.

다른 어파로는 오늘날 〈1)〉〈(많은 사람)〉이 사용하고, 〈(대다수)〉의 많은 사람이 이해하는 아일랜드어이다. 〈2)〉 스코틀랜드의 켈트어〈고대의 켈트인이나 스코틀랜드인의 켈트어는 아니다〉는 언어 분지로 생겨났거나 아일랜드의 게일어로부터 근대에 수입된 것이다. 〈3)〉 만섬의 방언(소수의 어부들만이 알고 있다.)

'Galates(갈라티아인)'(소아시아)이란 명칭은 'gaélique(goïdhélique)(게일어)'란 명칭과는 아무런 관계가 없다. 〈(이들 단어는 단지 우연히 생겨난 것뿐인데, 모음압운으로 볼 때 하나의 동일 단어에서 유래하는 것 같다. (그러나 이는 틀린 생각이다)〉 아마 'Galates'는 'Gallus(갈리아인)'과 아무런 관계가 없는 듯하지만, 그리 확실한 것은 아니다.
'Galles(웨일스)'란 지방 명칭은 'Galates'나 'Gallus'와 아무런 관계가 없다.

그것은 Wal(h)as라는 단어이다.　　　(Welches '켈트인')
〈(이는 순수하게 게르만어 명칭이다.)〉　〈Welhisk, Walhâ는 변형된 고대 명
Walh/isk, Volcae(볼카이인)[76]　　　칭으로, 게르만인은 이 이름으로
〈(마인츠 근처의 켈트인)〉　　　　　이방 로마인이나, 켈트인 Welhisk,
　　　　　　　　　　　　　　　　　Walha를 가리켰다.〉

---

76 각주 74에 언급한 켈트인의 전사 밴드이다. 명칭과 기원에 대해서는 각주 13의 Renfrew의 책, 제9장 '인종기원: 켈트인' 참조.

'Celtes(켈트인)'이란 명칭⟨(켈타이 Celtae, −arum, 켈토이 Κελτοί)⟩을 보면, 이 명칭을 지닌 특정 부족이 어떤 사람들인지는 알려진 바가 없다. ⟨이 명칭의 출처가 어디인지 모른다.⟩ 아일랜드어로 적힌 고대 기념물에서 유래하는 듯이 보이는 정황이 있는데, 아일랜드 섬이 [ ]세기에 특별한 지위에 있었기 때문이다. ⟨로마 정복에 영향을 받지 않았기 때문이다.⟩ 앵글로색슨인의 침입으로 공략되지도 않았다. 아일랜드는 450년부터 그리스로마 문화를 가지고 들어온 기독교 선교사의 영향을 받았다.

[123] 아일랜드에서 그리스로마 문화의 꽃이 피었다. 아일랜드 이외의 지역에서는 ⟨그 후 그리스어가 사용되지 않았다.⟩ 스위스에는 아일랜드인 성 갈렌이 수도원을 세웠고(610년), 알라만인에게 영향을 미쳤다. 오랜 고대에 아일랜드어가 이미 기록되었는데, 최초에는 단지 라틴어 텍스트를 주해하기 위해 기록한 것이었고, 그 후에는 아일랜드어 자체를 위해 기록했다. 최초의 역사적 문헌은 650년 전으로 소급된다. 브리튼어파는 민족문학도 갖고 있다. 웨일스 지방의 민족문학⟨(프랑스에 가장 큰 영향을 미친 문학)⟩도 있지만, 그 역사적 자료는 훨씬 더 최근의 것이고, 12세기 이전에 기록된 자료는 아니다. (웨일스 지방의 [영웅] 트리스탄의 전설).

대륙 켈트어법은 고유명사에만 남아 있고, 그리스어로 기록된 몇몇 명문이 있으나 해독하기 어렵다. 켈트어파의 하위 어군은 아주 다양한데, 원시 켈트어(proto-celtique)는 아직 알려져 있지 않다.—⟨원시 켈트어로부터 골어, 브리튼어, 아일랜드어가 생겨났다.⟩ 원시 켈트어를 재구해야 하는데, 이는 켈트어 연구자들이 하는 작업이다. ⟨재구를 하면, 골어와는 크게 다르지 않은 언어가 될 것이다.⟩—

골어 고유명사에 보존된 형태는 크게 변하지 않았다.

〈예컨대 켈트어에는 그리스어 p가 소실되고 없다.〉

Aremorici의 are-는 그리스어 pare〈(παρα)〉에 대응='바다 앞에 사는 사람들'
〈아르모리카인 Armoricans = ante marini'바다 앞'〉

[124] Mediolanum-	'평야〖lanum〗 한가운데〖medio〗'
켈트어에서 p의 탈락-	(밀라노 Milano)
아일랜드어	
Bituriges(rex'왕'-regis'왕의')	'세상의 왕들'
〈(Bourges'부르주')〉	beoth'세상'
	bitha'세상'
Noviodunum	'새로운 성채'

〈이 점에서 골어와 아일랜드어는 매우 다르고, 전혀 비교가 안 된다.〉

B. 게르만어파

게르만어는 킴브리인과 튜튼인이 침입하기 전에는 전혀 알 수 없는 주민이 사용했다. 〈기원전 111년〉. 킴브리인과 튜튼인 유목민 가운데 게르만인이 있었는지는 엄밀히 말해서 확실하지 않다. 게르만인이 라인강까지 왔다는 사실을 확정하려면, 카이사르 시기까지 소급해야 한다. 이들 집단은 그 이전에는 어디에 거주했을까? 아마도 기원전 500~400년에 게르만인은 카르파티아산맥이나 스칸디나비아에 있었던 것으로 추정하지만, 알려진 바가 전혀 없다. 확실한 것은 기원후 3세기에 게르만인이 스칸디나비아, 현재 독일의 중요 지역과 라인강까지(헬베티아는 제외) 점령했다는 점이다. 이들은 [125] 폴란드의 대부분 지역과 흑해 연안도 점유했다. 300년에 게르마니아의 양축이 크게 형성되었다. (발트해-흑해와 라인강-니멘의 축). 이때가 영토가 가장 넓게 확장된 시기였다. 그 후 얼마 지나지 않아 대륙 게르마니아는 동쪽 영토에서 소개(疏開)되었고, 슬라브인이 침입하면서 엘베강을 넘지 못했다. (이는 중세 동안 그랬다). 중세 말엽에 게르만인이 다시 이곳을 점령했다.

'게르만인(Germani)'이란 명칭은 '켈트인(Celtes)'이란 명칭보다 더욱 모호하다. 이것은 부족 명칭이 아니었던 듯이 생각된다. 오류는 어원 gêr-man(*gaizo-manni로 추정된다.)〈(창이나 단검을 지닌 자)는 근거가 없다)〉에서 비롯되었다.

'튜튼인(Teutons)'이란 용어는 게르만인을 가리키기 위해 〈중세 라틴어에서〉 사용되었지만, 아마 게르만인이 아니라 다른 부족의 명칭이었을 것이다. 'deutsch(독일의)'란 명칭(이는 '민중의', '민족의'를 의미한다)(고대 고지 독일어 diutisch)은 총칭적인 의미가 아니다.

[126] 게르만어족은 세 소어파(小語派)로 나뉜다.
1) 스칸디나비아 소어파 또는 북부 소어파(오늘날은 스웨덴어, 덴마크어, 노르웨이어가 대표적 언어이다). 그러나 덴마크가 노르웨이보다 세력이 강력하여 덴마크어는 노르웨이의 문명어로 사용되었다. 따라서 문학적 목적으로 이용된 언어는 덴마크-노르웨이어였다.

노르웨이어는 아주 오랜 고대로부터 특히 아이슬란드의 역사적 문헌에서 알려졌다.
여기서는 12세기부터 문학이 발달했다. 아이슬란드인 덕택에 스칸디나비아 전설(sagas)과 스칸디나비아 신화의 보고(寶庫)가 간직되고 보존되었다. 이 언어는 고대 노르웨이어(norrois)로 불린다. 〈덴마크어와 스웨덴어는 그 후에 발달한 언어이며, 관심도가 훨씬 떨어진다.〉

룬 문자로 기록된 역사적 문헌도 더 과거로 소급할 수 있는 방도가 생겨났다. 룬 문자는 라틴 알파벳을 변형한 문자이다. 룬 문자의 명문은 아주 오래된 고어(古語)를 보여 주는 [127] 4세기까지 소급된다.

2) 동부 소어파에는 동향(東向)의 일정한 경계 너머 있는 모든 민족의 언어가 포함된다(3세기에 거주하던 원래의 발상지).

고트 방언 이외에 남아 있는 게르만어족의 이 동부 소어파의 언어는 전혀 없다. 동부의 다른 모든 민족이 로마제국에 흡수되었기 때문이다. (반달인, 게피디인, 해룰리인).**77** 이들 민족 중 오직 한 민족만이 그들 언어로 기록된 문헌자료를 남겨 놓았는데, 바로 고트인이다. 성서의 복음서가 포함된 '코덱스 아르겐테우스(Codex argenteus)'(웁살라)**78**에 보존되어 있다. 이 사본이 어디서 유래하는지는 아직 모른다. 17세기에 베르덴 수도원(루르)에 보관되어 전해 왔다. 아마도 동고트인에 의해 이탈리아에서 기록된 것 같다(6세기). 그 외의 동부 게르만어는 고유명사를 제외하면, 언어적으로 모두 소멸했다. 소규모 집단의 고트인이 크림 반도의 산악지대에 잔존했고, [128] 18세기까지 생존해 있었다. (여행가 부스베크의 증언).

---

77 Heruli(독일어 Heruler)인은 기원후 3세기경 흑해 북부에 거주하다가 로마의 국경지대인 중부 유럽의 다뉴브 지대로 이주했다.
78 고트어로 기록된 6세기의 복음서 사본으로서, 17세기 이래 웁살라대학교 도서관에 보관되어 있다.

3) 앵글로게르만 소어파. 이는 서부 게르만어의 언어군이다. 이 언어군은 지리적으로나 연대상으로 보나 동부 어군과 충돌하면서 분리되었다. 〈이 언어군의 꽤 많은 대표적인 언어가 지금까지 남아 있다.〉 〈서부 게르만어가 출현했을 때, 동부 게르만어는 이미 소멸된 뒤였다.〉 이 언어집단은 바이온달인 또는 바바리아인과 알라만인으로 구성된다. 이 언어층의 북부에 튀링겐인과 프랑크인이 있었다(라인강 좌안의 모든 지방). 동쪽에는 엘베강과 베저강 사이에 색슨인이 있었다. 북해 연안과 도서를 따라서 프리슬란트인이 있었다.

앵글인은 거의 모든 주민 집단이 새 거주지로 떠나기 전에 엘베강 하류에 있었던 것으로 추정된다. 동부 게르만어군이 발달하면서 언어가 어느 정도 통일되었다. 하지만 프리슬란투어는 꽤 별도로 분리되었고, 프랑크어의 소어파인 네덜란드어는 [129] 분리되면서 독자적 방향으로 발달했다.

독일어는 아주 후대에 와서 저지 독일어와 고지 독일어로 분화되었다. 영어의 운명은 꽤 특이한데, 독일어보다 더 중요한 세계어가 되었다는 의미에서 그렇다. 영어는 게르만어처럼 지금은 순수한 언어가 아니다. 1200년 〈정복자 윌리엄의 침략〉 이후로 특히 영어 어휘에 외국어(프랑스어)의 요소가 많이 침투했다. 그렇지만 외국어 요소의 영향이 주요한 것은 아니었다. 프랑스어가 영향을 미치기 이전에 이미 굴절이 상실되기 시작했다.

서부 게르만어의 가장 오래된 문헌자료는 고대 고지 독일어 자료인데, 이들은 750년을 더 거슬러 올라가지 않는다. 앵글로색슨어파는 700년이나 그 전후로 [130] 거슬러 올라가지만, 고트어가 기록된 '코덱스 아르겐테우스'의 연대와는 연대기적으로 수 세기 떨어져 있다. 그 이전의 동부 게르만어에는 단지 고유명사(서사시인과 역사가)만이 남아 있다.

게르만어 학자의 임무는 이 세 게르만 소어파가 남겨 놓은 역사적 문헌자료를 이용해서 원시 게르만어의 특성을 복원하는 것이다. 그러면 역사적 게르만어와는 꽤 다른 게르만어를 얻게 된다. 원시 게르만어는 발달 과정에 상당히 큰 변화를 겪었다. 분명 고트어와 같은 방언은 이미 상당히 놀라운 언어 상태를 보여 준다. 이 게르만어는 라틴 작가에게서 차용한 단어의 전반적인 모습이 고지 독일어 텍스트와는 크게 달라진 것을 보여 준다. 역사적 게르만어의 주요 특징은 어말 형태가 [131] 크게 마모된 것이다.

〈어말이 마모되기 이전으로 소급하여〉 얻은 게르만어는 단어의 보존이란 측면에서 볼 때 다른 인도유럽어와 비교할 수 있다.

사례   demi-mort'반쯤 죽은'   sêmi-kwiwas〈반쯤 살아 있는〉
        (＝semi-vivus'반쯤 살아 있는')   -wai(복수)'반쯤 살아 있는'
                                         -waizên(복수 속격)'반쯤 살아
                                         있는'

만약 이러한 게르만어 방언의 통일 시기 언어형을 재구할 수만 있다면, 그 통일 시기의 원시형을 아주 희미하게나마 알 수 있을 것이다.

게르만어군은 아주 중요한 특성을 보여 주는데, 즉 폐쇄 자음의 변화('음성추이')이다. 이 어군에서는 b, d, g가 p, t, k〈등〉가 되었다.[79] 이 현상을 제외하면, 그것은 인접 언어의 유형에 영향을 전혀 미치지 않았다. 〈(이 특성을 제외한다면, 게르만어를 이탈릭어, 켈트어의 유형과 비교할 수 있다.)〉

---

79 고지 독일어에서 일어난 주요 변화로 남부 방언의 자음을 전체적으로 변화시켰다. 무성 폐쇄음은 마찰음(p)f, ship/Schiff)과 파찰음이 되었고, 유성 폐쇄음은 무성 폐쇄음으로 바뀌었다(d)t, door/Tür).

C. 이탈릭어군

'이탈릭어군(groupe italique)'은 이탈리아에서 사용되던 모든 언어에 적용할 수도 있겠지만, 그러면 [132] 비인도유럽어(예컨대 에트루리아어)도 포함된다.

여기서 이탈릭어가 의미하는 것은 인도유럽어족에 속한 이탈릭어(italique indo-européen)를 가리킨다. 인도유럽어족의 이탈릭어군은 라틴어로 가장 널리 알려진 대표적인 특별한 어군이다. 〈이탈리아에 인도유럽어의 방언이 하나 있었겠지만, 라틴어와는 관계가 멀다.〉

이 어군에는 1) 라티움의 언어(라틴어), 2) 움브리아어(라틴어와 비교해 볼때 북동부 지방), 3) 오스카어(라틴어의 남부)(캄파니아 지방), 4) 다수의 방언(삼디움 방언)이 포함된다. 이 어족 내에서 오스카어와 움브리아어는 라틴어와 관련해서 하위 어족을 형성한다. 라틴어와 대조적으로 이 두 언어의 언어상황을 보면, 이들은 친근 관계에 있었다.

움브리아어는 굽비오에서 발견된 유구비네스 동판(銅版)[80]을 통해 알려졌다. 움브리아어 알파벳은 에트루리아어 알파벳에서 〈파생되었다.〉

오스카어도 알파벳이 있었다. (〈일부분은〉 라틴 문자로 기록했다). 〈명문을 참조〉. [133] 오스카어 명문은 움브리아어보다는 그리 중요하지 않다. 오스카어와 움브리아어의 문헌자료는 기독교 원년보다 시기가 그리 앞서지 않는다.

---

80 기원전 3세기 이구비움에서 제작한 청동판으로서, 움브리아어 알파벳으로 기록된 종교 명문이다.

라티움의 언어인 라틴어는 문학 라틴어를 통해서만 알려진 것이 아니다. 예컨대 우리는 명문을 통해서 팔레스트리나 방언이 로마 방언과도 다르고, 팔레리의 방언과도 다르다는 것을 알고 있다. 따라서 라틴어는 수도 (Urbs)[로마]의 방언이었다. 〈그 후 곧 우세한 언어가 되었다.〉 라틴어는 더 후대의 원자료(기원전 250년)를 통해서만 우리에게 전해졌다. 두세 가지 명문은 이보다 연도가 더 오래되었지만, 수도 많지 않고, 중요성도 별로 없다.

〈안타까운 일이다. 왜냐하면 아마도[거의 그럴 것이기 때문이다]〉 라틴어가 가장 많이 변한 것은 기원 직전의 시기였다. 〈2세기가 좀 더 지나면, 우리는 아주 다른 라틴어 발달 단계를 보게 될 것이다.〉

분명한 것은 이탈릭어학은 켈트어학과 [134] 게르만어학이 처한 상황과 동일하다는 점이다. 인도유럽어의 이 세 방언을 비교해서 우리는 통일 시기에 사용되었던 언어를 재구한다. 라틴어에서 대어군이 탄생했는데, 로망어군이다. 라틴어의 다양한 변화를 보여 주는 이들 언어는 포르투갈어, 에스파냐어(카탈루냐어, 카스티유어), 프랑스어, 프로방스어, 이탈리아어, 〈라이티아의〉 북동부의 언어(로만슈어, 라딘어)와 루마니아어이다.

라틴어의 영토는 역사적 정황과 상관없이 훨씬 더 광대했다. 〈침략으로 티롤에도 오랫동안 라틴어가 사용되었다.〉 이 모든 언어는 라틴어에서 〈나온〉 것이 아니라 수 세기 동안 변화한 "바로 라틴어 자체이다."〈(가스통 파리)〉.[81]

라틴어는 한 어족 내에 최초의 언어통일 단계〈원시형〉와 최후의 다양한 발달 단계를 지닌 언어학의 거의 유일한 사례이다.

---

81 G. Paris(1839~1903). 프랑스의 로망어 어문학자이자 문헌학자이다.

〈원시형과, 언어 분열. (근대 그리스어란 사례도 당연히 있다.)〉

[135]

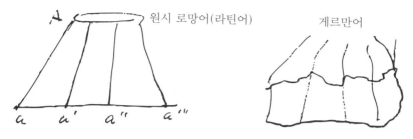

원시 로망어(라틴어)   게르만어

〈게르만어파 내에서도 하위 어군의 원시형이 언제나 있는 것은 아니다.〉
이는 예외적인 상황이다. 〈이것이 로망어 학자들이 처한 상황〉

라틴어는 원시 로망어인가? 로망어 학자들은 아니라고 한다. 로망어는
대중 라틴어에서 생겨났고, 이 대중 라틴어는 문헌의 언어가 아니다. 로
망어를 재구한 모습은 『라틴어와』 다른 결과에 이른다. 〈(문헌의 라틴어에
속하지 않는 단어가 있다.)〉 '전체'를 의미하는 단어를 재구하면 *tŭttus로
소급된다.[82] 〈종, 족속〉[고대 프랑스어 aveng(i)er][83]을 의미하는 단어들
을 재구하면, 그 단어는 라틴어에는 없다.

대중 라틴어는 문헌 라틴어와 같은 것은 아니지만, 〈아주 광범위한 지역
에 급격히 확산된 시기의〉 라틴어를 가리킨다. 이는 매우 흥미로운 점이
다. 그 까닭은 여기서는 재구 방법을 [136] 통제할 수 있는 수단이 있기

---

82 고전 라틴어는 tōtus이며, 재구형과 다르다.
83 engeance(종, 족속)의 고대 프랑스어 어형은 aengier(채우다, 성장하다)이다(TLF).
    v가 없다.

때문이다. 이 방법이 인정할 만하다는 점은 확인된다.

문헌자료로서 로망어는 인도유럽언어학의 관심사가 아니다. 그 까닭은 이들 언어에 담긴 사실이 이미 라틴어에 포함되어 있기 때문이다. —(예컨 대 *tŭttus 같은 몇 가지 사항을 제외하면 말이다). 하지만 라틴어의 역사로 서 로망어 연구는 인도유럽어학자의 연구에 속한다. —〈인도유럽어학자 로서 언어학자가 어떤 언어가 오늘날 그리스어가 되었는지, 원시 게르만 어가 어떤 언어였는지에 관심이 있듯이 말이다.〉

다른 한편 원시 인도유럽어를 재구하는 작업의 일부는 이로부터 아무런 해명을 받지 못한다.
만일 라틴어가 소실되고 없었더라면, 로망어는 양방향으로, 즉 라틴어를 재 구하는 한편 또한 이 로망어의 역사를 기술하는 데에도 관여했을 것이다.

〈기타 인도유럽어군〉

이탈리아반도에는 움브리아라틴어군에 속하는 인도유럽어만 있었던 것 이 아니다. 〈다른 인도유럽어군도 있었다.〉 우리가 가진 명문에 따르면, 확실한 것은 (칼라브리아 지방의) 메사피어는 인도유럽어와 관련이 있는 데, [137] 특히 일리리아어군과 관계가 있다. 시쿨리인은 분명 인도유럽 민족이다.

그 북부에는 최근의 몇몇 연구가 보여 주는 바처럼, 리구리아인(북부 이탈 리아—중부 프랑스, 아마도 스위스 일부)도 인도유럽인일 것이라는 점이다. 하지만 리구리아어 명문은 남아 있는 것이 없으며, 단지 고유명사에 의지 해 판단할 수밖에 없다.

베네티아어 명문도 남아 있는데, 그 명문은—이 베네티아어가 인도유럽어에 속한다는 것을 보여 준다. (일리리아 방언과도 관계가 있지만, — 한편 이들은 아드리아해 건너편에 있다.)

일리리아어로부터 파생되어 현재 남아 있는 언어는 이탈리아 몇몇 지방에서 사용하는 근대 알바니아어이다. 하지만 알바니아어에는 다른 이국 요소(터키어)가 많이 섞여 있어서 순수한 일리리아어 단어(그리고 인도유럽어 단어)는 겨우 100여 개이다.

발칸반도 북부에 [138] 트라케어가 있었는데, 이 언어의 모습은 단지 고유명사를 통해 알 수 있을 뿐이다. (〈토마세크가 수집한 〈지명 고유명사학〉).

비잔틴 작가들을 통해 트라케어에 대한 사실이 많이 알려졌다. 트라케어도 인도유럽어였고, 이들 자료에 따르면, 이는 분명한 사실이다. 트라케어의 중요한 방언들의 사슬이 상실되었다. 더 북부에 있는 다키아어도 트라케어와 구별되는 인도유럽어였음이 분명하다. 남부의 마케도니아어도 역시 문제를 제기한다. 이는 고유명사와 (헤시키우스의) 주해에서 나올 뿐이다. 마케도니아어는 고대 그리스어족에 속하는가(아닌가)? 〈어쨌든〉 아주 밀접한 관계가 있었다. 〈우리가 재구할 수 있는〉 원시 그리스어의 특성에는 마케도니아어의 특성이 있는가? 문헌자료가 없기 때문에 이 문제는 해결하기 아주 어렵다. 만일 이 언어가 그리스어의 한 방언이라면, 그 지위는 독특하고, 따라서 다른 그리스어 방언과 대조해서 [139] 별개의 단일어를 구성했을 가능성도 있다. 마케도니아어는 그리스어의 유기음에 대응하는 연음(douces)이 있었다.

$$ph \quad kh \quad th$$
$$b \quad g \quad d$$

예컨대 Bérénice(마케도니아 이름)라는 이름은 그리스어로는 Pherenike 이다. 마케도니아어는 아마도 그리스어와 트라케어의 중간 전이지대였을 것이다.

D. 〈그리스어군〉

그리스어 〈또는 헬라어〉는 인도유럽어의 가장 중요한 소어파 중 하나이다. 하지만 '헬라인 Hellènes'〈부족 명칭〉이란 명칭이 〈총칭적인〉 민족 명칭이 된 것은 훨씬 뒤의 일이다. 가장 오래된 그리스어 명문은 600년에서 유래한다. 이는 또한 레스보스어로 된 시(알카이오스와 삽포)[84]가 지어진 연도이다. 이 연대를 넘어서면 호메로스의 시문학 자료가 있지만, 그 연대는 논란이 있다. 그러나 호메로스의 그리스어는 다소 인위적이고, 〈다수의 방언으로 구성된〉 복합적인 언어이며, 문학어이다.

명문들은 각 지역의 집단어를 보여 준다. [140] 이 명문들은 7세기의 마지막 4분기에 속한다. 이들 지역 집단어의 아주 명확한 지리적 분포는 발견할 수 없다. 주민의 지역 이동 때문이었다.—고대의 전통적 구분을 배제하고, 명문에 기초하여 전체적으로 대강 구분하면, 1) 북동 지역 집단어가 있다. 이는 레스보스섬의 아이올리스어(알카이오스와 삽포의 언어)로 대표되는, 더 구체적으로는 아이올리스로 부르는 지역의 집단어로서 테살리아어와 보이오티아어가 있다.

다음으로 2) 북서 지역의 집단어로 불리는 방언이다(로크리스, 포키스, 아

---

[84] Alkaios는 기원전 630년경에 태어난 그리스의 서정시인이다. Sappho(기원전 630~580년)는 고대 그리스에서 활동한 여류시인이다. 둘 다 레스보스섬의 무틸레네 출신이다.

카르나니, 에페이로스, 아이톨리아, 특히 델포이 신전의 일련의 명문). 이들 지역 방언은 분명한 특징이 없고, 몇몇 사람〈언어학자들〉은 이들을 도리스어로 분류한다. 그러나 이 북서 지역 방언과 도리스어 사이에는 별로 명확한 관계가 없다.

3) 분명한 특징이 있는 도리스어는 넓은 지역에 분포하며, 선사 시기에 도리스인의 침입으로 형성된 것이다. 특히 펠로폰네소스의 [141] 아르골리스와 아이기나섬의 방언, 라코니아어, 메세니아어로 대표된다. 에게해에 있는 상당수의 섬(타소스, 테라, 로데스)과 크레타에서 도리스어가 발견된다. 선사시대의 식민지였던 이탈리아와 시칠리아의 도리스 식민지(메타폰테, 헤라클레스, 타라스, 시라쿠사이)에도 사용되었다.

4) 도리스어와 엘리스의 방언, 특히 올림푸스의 발굴을 통해 알려진 엘리스어를 포함할 수 있다.

5) 아르카디아어와 키프로스어(아르카디아-키프로스어)는 아주 직접적인 관계가 있다. 〈키프로스의 아르카디아의 식민지〉. 이들은 도리스어에 귀속할 수 없다. 오히려 아이올리스어와 더 유사하다. 키프로스어는 음절문자(순수한 그리스어 문자 방식)로 개정한 명문을 통해서만 알려졌다.

6) 대(大) 이오니아어파는 다음과 같이 하위 방언으로 구분된다. 이 어파는 (a) 키클라데스 일부 지역(예컨대 낙소스)과 소아시아의 도시들과, 또한 키오스섬 등지에서 사용하던 순수한 이오니아어로 부르던 언어로 대표된다. 이 대어파는 또한 (b) 아티케에도 [142] 한 어파가 있지만, 이오니아어의 모든 특성이 철저히 나타나지는 않는다. (아티케어에는 ρ와 ι 뒤의 장음 $\bar{a}$는 η로 변하지 않았다.) 이오니아인의 중심지가 어디였는지는 정

확히 말할 수 없다. 아마도 코린토스만의 연안(펠로폰네소스의 북부)으로 추정되지만, 입증된 것은 아니다. ―

7) 소아시아 팜필리아의 그리스어는 그 특성 때문에 아주 별개로 분류된다.

기원전 4세기경 알렉산드로스의 정복으로 코이네 *κοινή*(즉 공통〈일반〉 방언)이 발달하기 시작했고, 문학어가 되었다. 이 코이네는 상업의 언어, 교류의 언어였다. 아티케어가 중요 기반이지만, 다른 방언도 이 방언 형성에 기여했다. (예컨대 아시아의 이오니아어). 코이네는 점차 지역의 방언을 소멸시켰다. 보이오티아어는 기원전 100년에도 여전히 사용되었다. 오늘날 그리스어에서 현재까지 존재하는 방언에서는 고대 방언의 흔적을 거의 찾아볼 수 없다. [143] 크레타섬의 고고학 연구(에번스 경)[85]는 미노스 시대의 문자로 기록한 서고를 발굴했는데, 지금까지 풀이가 난해한 상형문자로 된 문헌자료이다. 현재로서는 미노스 문헌 자료에 담긴 이 언어가 인도유럽어인지 아닌지 말하기가 불가능하다. 이것이 원시 그리스어의 형태인지는 알 수 없다. 〈이 명문들은 적어도 기원전 1000년으로 소급된다.〉

E. 발트 제어와 슬라브 제어

〈슬라브어와 발트어 두 어족〉

라트비아어군(letton)으로도 불리는 이 발트어군은 슬라브어와 관련이 있으나 특정한 어군으로 묶기에는 슬라브어와 너무나 다르다. 발트어군은 지리적으로 발트해로부터 북쪽으로 널리 퍼져 있다. (그 중심지는 프러시

---

85 Sir A. J. Evans(1851~1941). 영국의 고고학자이다. 그리스 크레타섬의 크노소스 궁전을 발굴한 것으로 유명하다. 미노스 문명의 발견자이자 선형문자를 정의한 고전 문헌학자이기도 하다.

아와 러시아의 경계인 클라이페다 주변 지역이다.) 발트 주민은 [144] 해안가를 따라 널리 분산되었다.

발트어군의 〈최〉남단의 대표적 언어는 다음과 같다.

〈1〉〉 비스툴라강의 동부(마리앤부르크에서 쾨니스베르크까지)에서 사용하던 프러시아어는 더 이상 존재하지 않는다. 그 주민(복수는 *Prûsai*)은 이미 중세기에 조금씩 게르만화하였고, 이로 인해 '프러시아인(Prusses)'이란 명칭도 그곳에 살던 주민이 독일의 지배를 받아 민족 명칭이 된 것이다. 〈(마치 영국인의 명칭 'Brittisch'처럼)〉. 16세기에는 프러시아어로 교리문답서를 작성할 필요가 있었다(1550년경). 이 교리문답서의 몇몇 어휘를 통해 프러시아어의 모습을 알 수 있다. 사부아 추기경이 13세기에 프러시아어 문법서를 작성했지만, 사라지고 없다.

〈2〉〉 리투아니아인은 오늘날보다 훨씬 더 넓은 영토를 차지하고 있었다. [오늘날 리투아니아어는 프러시아의 북동 극단 지역(틸시트〈라겐트〉로부터 클라이페다까지)과 [145] 러시아에서 여전히 사용한다. (그 주요 도시는 코브노이다)]**86** 〈한때 빌나(Wilna)는 리투아니아의 수도였으나 오늘날 국경이 빌나 서쪽으로 지나간다.〉 북쪽의 경계는 쿠를란드인데, 여기서는 [라트비아어]를 사용한다. 어쨌든 100만 명 이상의 리투아니아인(주민[읽을 수 없음])이 리투아니아어를 사용한다. 이 언어는 고형(古形)의 면모를 보여 주는 것으로 유명하다. 중세 말까지 리투아니아인은 여전히 이교를 숭배했다. 어떤 형태는 산스크리트어와 일치한다. 리투아니아인과 브라만인은 서로 동시에 말을 이해할 수 있는 짧은 문장을 만들 수도 있었다.

---

86 리투아니아의 제2의 도시 카우나스(Kaunas)로서 경제, 학문, 문화의 도시이다.

〈프러시아어도 또한 아주 고형을 간직하고 있다.〉

민족 문학은 없다. 단지 찬가(dainos)가 있을 뿐이다. 도네라이티스의 시[87]
는 18세기에 기록한 6각시이다. 1545년 이전의 리투아니아어에 대해서는
알려진 바가 없다. (교리문답서)

〈3)〉 레트어 또는 라트비아어도 쿠를란드 전역과 리보니아 일부 지역에서
사용된다. 이 언어는 귀에는 리투아니아어와 매우 다르게 들리지만, 문법
분석은 상당 부분 일치한다. 레트어는 상당히 문명화한 사회에서 사용했
다. 〈그래서 문헌을 레트어로도 인쇄했다.〉 오늘날에도 레트어는 많이 생
존해 있으나 리투아니아어는 점차 사라지고 있다.

[146] 강의노트 Ⅳ

〈슬라브어군〉

서력 기원 초기에 슬라브 민족이 어디에서 살았는지는 알기 어렵다. 이들
은 알라니인(Allani)으로서 게르만족 대이동 때 러시아 남부의 초원지대에
서 이주한 슬라브인이다. 최초로 알려진 슬라브인은 남부 슬라브인〈발칸
반도의 북부〉이다.

---

87 K. Donelaitis(1714~1780). 프러시아령 리투아니아의 루터교 목사로 고전 리투아
  니아어로 쓴 시집 《사계 Metai》가 있다. A. 슐라이허가 1865년에 전편을 편집, 출판
  했다.

〈I〉 아드리아해에 슬로베니아어로 대표되는 남부 슬라브어 또는 유고슬라브어가 있고, 좀 더 동부와 북부에 세르보크로아티아어가 있다. 크로아티아인은 세르비아어와 유사한 방언을 사용했다. 좀 더 동쪽에 마케도니아어(불가리아어의 인접 방언)로 부르는 언어와 함께 불가리아어가 있다. 바로 이 지역에서 살로니카 출신 두 명의 슬라브인 사도(司徒) 키릴로스와 메토디오스가 선교를 했다. 이들이 9세기에 발칸반도의 슬라브인을 복음화하고, 키릴 알파벳으로 복음서를 번역했다.

우리가 가진 수고(手稿) 사본은 10세기와 11세기의 것이다. 이 키릴로스와 메토디오스의 언어를 교회 슬라브어로 부르며, 슬라보니아어, 고대 슬라브어, 고슬라브어로도 부른다.

[147] 슬라브어 학자들은 이 교회 슬라브어가 어떤 언어였는지를 연구했다. 어떤 학자는 고대 불가리아어로 간주했고, 어떤 학자는 고대 슬라보니아어로 생각했다. 레스키엔[88]은 《교회 슬라브어 문법 *Grammaire de la Slave ecclésiastique*》에서 이 문제에 대해 다른 견해를 표명했다. 오늘날에는 그것을 오히려 고대 불가리아어로 생각하는 경향이 있다. 이 슬라브어는 동방 정교회의 언어가 되었다. 다른 한편 모든 슬라브 개별어는 교회 슬라브어에서 차용한 것이 많고, 다른 한편 교회 슬라브어로 기록한 수고 문헌은 모두 각 슬라브인 집단이 작성한 언어에 물들어 있다. 그래서 러시아 교회 슬라브어, 세르비아 교회 슬라브어 등이 있다. 그러나 이는 원시 슬라브어가 아니다.

남부 슬라브어는 다른 언어보다 오래전부터 알려졌는데, 교회 슬라브어

---

[88] A. Leskien(1840~1916). 독일의 역사비교언어학자로서 소장문법학자이다. 특히 발토슬라브어학을 전공했다.

에 간직되어 우리에게 전해진 방언 중 하나이기 때문이다. 〈(불가리아어군의 마케도니아 방언이다)〉. 현재의 불가리아어는 여러 슬라브 개별어 가운데 가장 흥미가 떨어진다. 갖가지 변화를 많이 겪었기 때문이다. 불가리아어는 주격과 호격만이 남아 있다. ―

불가리아인은 순수한 슬라브인은 아니고, 이들 가운데 불가리아인, 타타르인, 루마니아인이 섞여 있다.

세르비아어는 그 지리적 경계를[148] 지적해야 한다. 오스트리아가 보스니아-헤르체고비나를 합병하기 전에 그 경계는 이처럼 말할 수 있었다.

a. 세르비아어 = 오스트리아 국경 내에 불포함된 서부 유고슬라비아어
(세르비아, 보스니아-헤르체고비나, 달마티아, 몬테네그로, [읽을 수 없음])
+ 오스트리아 제국 내(코르바티)의 크로아티아어(세르비아어와 아주 유사)

b. 슬로베니아어 = 오스트리아 제국 내에 포함된 서부 유고슬라브어
(이스타라 트리스타)
헝가리 서부 사회의 슬라보니아어
(다뉴브강의 프레스부르크 맞은편까지)

슬로베니아어는 몇몇 주해서를 제외하고 15세기 이후부터 알려졌다.

세르보크로아티아어는 더 중요하다. (특히 그 악센트 때문에). ―〈이 언어는 슬라브어학 전체에서 가장 흥미로운 언어 중 하나이다.〉 세르보크로아티아어는 과거에는 한때 아주 중요했다. 〈이때는 세르비아의 영웅적 시기였다.〉 (중세는 〈(높은 문화를 지닌)〉 두브로니크 공화국이었다). 이 문학은 14세기로 소급된다. 12세기 증서가 있으나 교회 슬라브어의 색채가 짙다. 〈슬로베니아인은 로마 가톨릭 신자였지만, 다른 슬라브인은 동방 정교를

믿었다. 전자는 라틴 알파벳을 사용했고, 후자는 키릴 알파벳을 사용했다.〉

II. 서부 어군

과거에는 오늘날보다 훨씬 그 영역이 넓었다. 그것은 슬라브인이 엘베강까지 진출하여 독일 전역을 점령했기 때문이다. 동부의 〈지명은 대부분 슬라브어이다.〉

[149] '포모르자네(Po-morjane)'(포메라니아)[89]는 발트해를 따라 거주하는 사람들이란 뜻이다. 안타이인과 오보트리트인[90]은 중세에 살았던 부족이다.

폴라비아어만이 (엘베강을 따라서) 살아남았고, 〈엘베강 하류에서는〉 18세기까지 사용되었다.

$$Lab\bar{\imath} = Albis\ '엘베강'$$

더욱 동쪽에는 고립된 다른 슬라브어가 지금까지 전해 내려오며, 라우시츠에도 벤덴인의 고립 지역이 있다. 라우시츠 방언의 원래 이름인 '소르벳어(sorabe)'는 기록 문학이 없다. 체코 대민족은 그 후에 이곳에 도래했다. 체코인은 마르코만인이 살던 게르만 지방을 점령했고, 이들의 집단어는

---

89 Pommern은 발트해 남부 해안가 지방으로 독일과 폴란드 사이에 있다. 이 명칭은 슬라브어 po mo more(해안가의 땅)에서 유래한다. 포메라니아어는 서부 슬라브어에 속하는 레치트 언어군의 한 방언이다.

90 중세 독일 북부에 거주하던 서부 슬라브 부족의 연맹 집단이다. 원문에는 Omotrites로 나오나 Obotrites의 오자인 듯하다. M&G(2005, p. 77)에는 확인 불능의 단어로 지적한다.

슬로바키아인의 집단어와 유사하다.

슬로바키아인은 모라비아와 헝가리 북서 지방에 거주했다. 그 후 더 나중에 헝가리가 지배한 식민지의 여러 지역으로 흩어졌다. 방언상으로 볼 때, 『슬로바키아어는』 체코어와 다르다.

〈꽤 중요한〉 체코어로 된 문학의 최초 문헌자료는 적어도 1200년부터 유래한다.

폴란드어는 서부 슬라브어 중 방언 수가 [150] 가장 많은 어파이다. 과거의 경계는 오늘날보다도 훨씬 넓었다. 폴란드어는 〈서쪽으로〉 소(小) 포메라니아에서 사용되는 카슙어(kašub)처럼 방언이 다양하다. 〈이 지방은 폴란드 봉토였다.〉〈(발트해 연안)〉 오늘날은 〈프러시아〉, 갈리치아, 러시아령 폴란드에도 『폴란드어가』 사용된다.

문학적으로 폴란드어는 매우 중요하다. 러시아어와 비교해 볼 때, 그것은 문명어였다. 문학은 체코어와 동일한 시기로 거슬러 올라가지만, 다른 언어보다 나중이다.

서부 어군의 최초의 언어 경계는 매우 축소되었다.

III. 동부 어군〈=러시아〉

동부 어군에서는 러시아어가 대표적 언어이다. 분명한 특징이 있다. 러시아어는 그 사용 지역이 우크라이나(수도 키예프 포함)인 (남서부〈의〉) 소러시아어 또는 남부 러시아어와, 〈그 나머지 지역을 모두 포괄하는〉 대러시아어로 크게 구분되고, 후자는 (서부의) 백러시아〈볼린, 민스크, 그로드노〉에서 다시 구분된다.

[151] 러시아어의 놀라운 특성은 방언 차가 거의 없다는 점이다. (이 현상

은 에스파냐어에서도 발견된다). 〈동부 경계는 정하기 매우 어렵다.〉 동부에서 러시아어는 다른 언어들 위에 중첩되면서 캄차카반도까지 펼쳐져 있다. 그 핵심 지역은 비교적 좁게 국한된다. 두 군데 〈(옛)〉 중심지(키예프와 대 노브고로드)가 있다. 모스크바 자체는 최근의 중심지로 간주된다. 〈1200년경부터 확장된 곳이다.〉 서부 슬라브어군 전체를 대략 말하자면, 이 전체 어군은 종교적으로 서방과 로마의 영향을 받았다는 점에 주목해야 한다. 그 결과 교회 슬라브어는 이들 언어에 아무런 역할을 하지 못했다. 〈문학이 시작된 초엽에(큰 이점)〉 〈문학을 다룬 진지한 문헌자료가 있었다.〉 동부 어군에서는 그렇지 못했다. 최초의 문헌자료는 교회 슬라브어로 작성되었고, 또한 오늘날 신학적인 저술도 그렇다. 이 교회 슬라브어는 많은 단어의 형태가 변했다. 〈갖가지 단어가 뒤섞여 있다.〉 1200년까지 소급되는 고문서가 있는데, 폴란드어, 백러시아어, 교회 슬라브어가 섞인 언어로 기록되었다. [152] 러시아어는 점차 분리되었다. 최초의 기록 문헌자료는 11세기 말엽으로 소급된다. 18세기 이후 작가 로모노소프의 노력 덕택에 비로소 진정한 문학어가 되었다.

(소러시아어 또는 남부 러시아어는 루테니아 민족의 언어도 포함하는데, 그 민족 일부가 오스트리아에 있다는 점을 덧붙인다.)

러시아어가 채택한 문자는 키릴 문자이다. 이 알파벳을 채택한 것이 러시아어와 불가리아어에는 오히려 방해가 되었다. 슬라브어학은, 극히 다양하나 친근 관계가 있는 언어들〈러시아어, 폴란드어, 체코어, 세르비아어, 슬로베니아어, 크로아티아어 등〉을 다룬다. 슬라브어학은 세 어군을 하나로 결합해야 하는데, 동부 어군, 서부 어군, 남부 어군의 각 어군에서 다른 것을 모아야 한다. 그러면 원시 슬라브어를 재구하기에 이른다. 〈이는 알려진 아주 고대의 방언과도 상당히 다르다.〉 〈하지만 남부의 고대 슬라브어와 원시 슬라브어의 차이는 예컨대 게르만어와 슬라브어의 차이보다 크지 않다.〉 이 원시 슬라브어 형태는 다양한 슬라브 개별어에 있어 비교적 양호하게 보존되어 있다. 게르만어처럼 어말이 마모된 것이 별로 없다. 슬라브어는 비인도유럽어 사용 민족과 접촉했고, 이들의 언어와도 서로 접촉했다.

[153] 슬라브인 집단에 둘러싸인 민족은 비인도유럽인인 마자르 민족이다. 시베리아 전역에서 러시아는 수많은 비인도유럽 민족과 인접해 있다. 이들은 예로부터 핀란드인, 타타르인과 늘 접촉해 왔다.

F. 소아시아를 점유한 인도유럽어군

아르메니아어는 그 지방이 비잔틴 문명에 종속된 덕택에 기원후 5세기부터 보존되었고, 또한 기독교 문학과, 이와 함께 발달할 수 있었던 세속 문학 덕택에 보존되어 내려왔다. 아르메니아어는 수고 텍스트를 통해 알려진 소아시아의 유일한 특유 개별어이며, 오늘날까지 생존하는 유일한 언어이기도 하다. 아르메니아어는 아르메니아 자국(自國)과 콘스탄티노플의 여러 공동체, 베네치아의 아르메니아 수도원에서 사용된다. 아르메니아어는 특수한 알파벳으로 기록되었으며, 오늘날의 알파벳은 5세기의 것과 동일하다.

오랫동안 아르메니어는 이란어로 분류되었다. 오늘날 그 분류가 완전히 오류라는 점이 인정되었다. 이러한 오류를 일으키게 된 이유는 아르메니아어에 있는 많은 이란어 단어(특히 페르시아어) 때문이었다. 〈하지만 외래 요소를 일단 제거하면, 우리가 알 수 있는 것은〉 아르메니아어는 이란어와는 유형이 아주 다른 언어이며, [154] 기본적으로 유럽의 언어들과 일치한다는 점이다. 특히 모음체계가 아르메니아어의 지위를 잘 보여 준다. 모음(a, e, o)은 인도유럽어처럼 별개로 구별되는 반면 이란어는 이들 세 모음을 단 하나의 모음 a로 합류시킨다. 그렇지만 〈인도유럽어학과 관련해서〉 아르메니아어는 전면에 부각되지 못했다. 이 아르메니아어는 그리 순수하지 않다. 현재 우리에게 소실되고 없는 소아시아의 다른 인도유럽 지역어와 비교해서 아르메니아어에 나타나는 거의 확실한 사실은, 그 특성이 유럽어의 유형이며, 인도이란어 유형을 보여 주지 않는다는 점이다. 〈아마도 그런 특성이 원시 아르메니아어로부터 유래했을 것이다.〉 이것은 우리에게 남아 있는 파편적인 자료로 확증된다. 예컨대 발칸반도 북부의 가장 큰 지역을 점하는 프리기아어를 보자. (헤시키우스의) 여러 주해서 외에 남아 있는 프리기아어는 두 계열의 명문들이다. 한 계열은 스미르나 근처의 프리기아 미다스(Midas)왕의 분묘 묘지석에 새겨진 명문이고, 더 후대의 로마제국 명문은 그리스어 글자로 기록된 것들이다. 분묘의 묘지석에 새겨진 글은 무덤을 파는 도굴꾼에게 내리는 저주의 표현이다. 몇몇 글자를 보면, 적어도 그리스어와 상당히 비슷한 [155] 유형의 기록이다. 기초적인 의문점조차 해결하기에도 프리기아어 자료는 너무나 빈약하다. 아르메니아어 전문가인 메이예[91]는 아르메니아어는 프리기아어와 함께 하나의 언어, 즉 아르메니노아프리기아어(arméno-phrygien)를 구성할 가능성이 있는지 말할 수 없다는 의견을 공공연히 표명했다. 헤로도토스에 따르면, 프리기아인은 트라케인에 의해 식민지배가 되었다고 한다. 여기서 언어학자들은 이들을 트라케프리기아어군으로 묶으려고도 했다.

---

[91] A. Meillet(1866~1936). 프랑스 언어학자이자 인도유럽어학자로서 프랑스 언어학의 아버지로 불린다. 아르메니아 현지 연구를 통해 아르메니아를 연구하고, 《고전 아르메니아어 비교문법 개요 *Esquisse d'une grammaire comparée de l'arménien classique*》(1903)를 출간했다.

〈소아시아의〉 남부와 남서부의 리키아인은 많은 명문을 통해 알려졌다. 학자들은 오히려 그 리키아어를 인도유럽어에 속한 것으로 보려고 했다. 카리아어는 그것이 보여 주는 지명을 보면, 인도유럽어는 아니다. 리디아어는 더욱 인도유럽어가 아닌 듯이 생각된다. 하지만 그리스인은 칸다울레스왕의 이름인 크산-다울레우스(Χαν-δαύλευς)를 '개를 죽이는 자'로 해석하고, 슬라브어 〈단어들과〉 다소 유사한 다울레스 δαυλης가 '살해자, 살인자'로 해석될 수 있다고 한다.

코카서스 지방에서 코카서스 언어 중 유일하게 인도유럽어인 언어가 하나 있다. [156] 오세티아어는 다리알강 협곡 인근 산맥의 북부나 남부에서 사용한다. 아주 근대에 알려진 이 오세티아어는 인도유럽어이지만, 그지위가 무엇인지 모른다. 별개의 어군에서 〈잔존한〉 언어인가? 그럴 수도 있다.

〖G. 없음〗

H. 대 인도이란어족

이란어와 힌두어는 분리할 수 없다. 그 이유는 (레토슬라브어군처럼) 이들이 분명 일치하기 때문이다.

〈이 어족의 다른 언어들과 대비해서〉 인도이란어는 무엇보다도 모음체계의 변화로 구별된다.

$$\underbrace{\breve{a} \quad \breve{e} \quad \breve{o}}_{a} \qquad \underbrace{\bar{a} \quad \bar{e} \quad \bar{o}}_{\bar{a}}$$

후대에 생겨난 e는 고대의 e나 고대의 o와는 무관하게 최근 변화한 현상이다. 힌두어와 대립립적으로 이란어군의 s는 모음 앞에서는 h가 되었다. 그래서 이란어는 sapta '7'가 아니라 hapta이다.

$$asi \quad : \quad ahi$$

[157] 이란어

이란어의 역사는 폐쇄된 국가 내에서 전개되지 않았다. 그 반대로 이란 지방은 온갖 인종이 서로 접촉하는 만남의 장소였기에 인도유럽의 이란어가 변화에 저항한 강도는 놀랄 만하다.

페르시아의 키루스(Cyrus) 대제의 정복으로 페르시아아인은 산악지대와 페르시아 지역에서 벗어나서 (예컨대 바빌로니아, 앗시리아와 같은) 셈족 국가에서 지배적인 종족이 되었고, 수사(Susa, Šuš)에서도 다른 종족(이 종족의 이름이 어떤 것이든 상관없이) 주민을 제치고 지배적인 종족이 되었다. 그 후 〈후세에 와서〉 북부로부터 투라니드 종족[[우랄알타이계]]에 속하는 스키티아인과 인도유럽계 스키티아인이 들어왔다. 이러한 수많은 종족의 언어에 대한 모습은 석벽에 페르시아어, 바빌로니아어, 스키티아어의 삼열로 새겨진 다리우스〈비슈타스파의 아들〉왕의 명문에 나타난다.[92]

---

[92] 헨리 롤린슨(Henry Rawlinson)이 해독한 베히스툰의 명문은 기원전 520년에 다리우스왕의 왕위 즉위를 둘러싸고 일어났던 사건을 세 언어로 기록한 것으로, 삼열 언어는 고대 페르시아어, 바빌로니아어(아카드어), 엘람어이다. 엘람어는 이란 남서부의 수사 지방의 언어였다. 고대 페르시아어는 다리우스왕이 제정한 쐐기문자로 기록되었다. 따라서 원문의 '스키티아어(scythe)'는 오류인 듯하다. C[162]의 '스키티아어 scythe'도 엘람어인 듯하다.

그 후에 아랍인의 정복으로 페르시아어는 큰 영향을 받았다. 마지막으로 몽골인과 터키인이[158] 들어왔다. 이란에는 페르시아인 외에도 일련의 이란계 주민이 있었는데, 그 일부는 오늘날까지도 남아 있다. 서부의 쿠르드인과 동부의 아프간인이다. 페르시아인을 제외하면, 이들 중 어떤 민족도 자신의 고대 언어의 문헌자료를 남겨 두지 않았다. 〈이들 중 유일하게 한 주민만이 고대 페르시아어를 사용했고, 고대의 문헌자료를 남겨 놓았지만, 그 주민이 어떤 주민인지는 모른다.〉 그 문헌자료는 마즈다교(조로아스터교)의 《아베스타 경》이다. 젠드(zend. 주해서)라는 명칭으로 불리는 이 《아베스타 경》을 기록한 언어는 이란의 고대 언어 중 한 언어이지만, 고대 페르시아어는 아니며, 이 언어를 사용한 자들이 누구였는지도 모른다. 아마도 고대 박트리아의 언어, 따라서 키바[크와레즘] 너머의 북동부 지방 언어인 것 같기도 하다. 다른 학자들(다르메스터테르)에 따르면, 서부의 언어로서 메디아어와 다른 것으로 추정한다. 따라서 젠드어로 불리는 이 고대 이란어 형태의 사용 지역은 확인할 수 없다. 다른 한편 오늘날까지 간직된, 우리가 아는 고대 페르시아어는 아케메니데스왕의 언어이다. (명문을 남기고 있다.)

[159] 〈알려진 페르시아어의〉 첫 발달 단계는 키루스 대제 이후 페르시아 제국 전체의 공식어인 아케메니데스 왕조의 페르시아어인데, 이는 과거에는 페르시아의 산악지대에서 사용하던 방언이었다. 이 고대 페르시아어는 석벽에 새겨진 명문으로 〈특히 잘 알려졌고〉, 설형문자로 기록되었다. 그 가운데 하나가 키루스왕의 것으로 생각된다. 어쨌든 비슈타스파(Hystaspès)의 아들 다리우스왕과 그의 후계자들은 일련의 명문을 남겨 놓고 있다. 그중 가장 중요한 것은 페르세폴리스 인근의 베히스툰에서 발견한 삼열로 기록된 〈다리우스왕의〉 명문이다. (그중 한 열은 고대 페르시아어이다). 셈어(바빌로니아어) 설형문자 명문의 영역에 진입할 수 있었던

것은 이 명문의 해독 덕택이었다. 인도유럽어 설형문자는 셈어 설형문자
보다는 그리 복잡하지 않다.

이 언어군을 좀 더 자세하게 살펴보려고 하는데, 그 이유는 1) 이 개별 언어
들이 언어학이 당면한 난점을 보여 주는 놀라운 예를 제공하기 때문이다.
〈언어학자의 첫째 임무는 연구 진로를 흐리는 장애물을 제거하는 것이다.〉
2) 이 언어군은 우리와 거리가 아주 멀리 떨어져 있어서 그 언어군을
[160] 잘 모르기 때문이다.
3) 게다가 이들 언어를 다룬 저서는 수정을 많이 하지 않고서는 인용하기
어렵기 때문이다.

페르시아

페르시스로 불리는 이 지역은 페르시아만이 위치한 산악 지방이다.

이곳이 페르시아인(인도유럽 민족)이 거주하던 유일한 출발지이다. 〈여기
로부터〉 [기원전] 600년경 서부로는 수사(셈인이나 인도유럽인이 세운 나라

가 아니다)를 지배했고, 그 후에는 바빌로니아(셈인)를, 마침내 페르시아 제국의 그 이외 전 지역을 제패했다. 이러한 정복 덕택에 고대 페르시아 어는 이 제국 전체의 공용어로 사용되었다. 〈이때는 그리스의 황금 시기였다.〉

고대 페르시아어는 페르시아만으로부터 카스피해에 이르는 산악지대를 따라서 이들 민족에게 널리 사용되었던 것 같다.

페르시아 제국의 모습을 오늘날의 국경과 비교하면, 제국의 개념을 〈더욱〉 확장할 수 있다. 아케메니데스 왕조의 명문 덕택에 기원전 500년부터 오늘날까지 페르시아어가 생존하게 되었지만, 단지 연대상으로 볼 때 빠진 시기가 [161] 두 군데 있다.

아케메니데스 왕조의 고대 페르시아어   (기원전 500~330년)
　　　┼
누락됨
(500년)

사싼 왕조의 중기 페르시아어   (226~652년)
　　　┼　(펠비어)

누락됨　┼

신페르시아어   1000년 이후
(근대 페르시아어)

이용 가능한 자료를 모두 확인한 결과, 계보는 되도록이면 직접적으로 전승되었다. 아케메니데스 왕조의 고대 페르시아어의 변화로 인한 특성 외에 다른 특성은 오늘날 근대 페르시아어에서는 발견되지 않는다.

우리는 아케메니데스 왕조의 고대 페르시아어를 어떻게 아는가? 〈이들 설형문자는 어떻게 해독할 수 있었는가?〉 페르시아 민족이 바빌로니아 민족과 접촉했을 당시 바빌로니아는 적어도 1,500년간 문명을 간직한 이

언어들을 기록하기 위해 설형문자로 부르는 문자를 사용하고 있었다. 왜냐하면 바빌로니아에서 셈어뿐 아니라 다른 비인도유럽어도 발견되었기 때문이다. [162] 이 설형문자는 벽돌에 흔적을 새기기 위해 끌로 한두 번 긁은 기호를 쉽게 볼 수 있는데, 여기에서 유래했다.

페르시아인은 이 설형문자를 배워서 (인도유럽인의 천재성을 발휘하여) 거의 완전히 알파벳으로 된 간단한 문자로 바꾸었는데, 이는 모방한 음절문자와는 거의 다른 문자였다. 〈이 두 종류의 문자에 공통된 것은 일반적인 절차, 즉 설형문자라는 사실뿐이다.〉

페르시아의 왕들은 두 가지 놀라운 생각을 강구했다. 1) 석벽에 명문을 새기도록 하되, 그것도 엄청나게 거대한 규모로 새기게 했다. 〈그래서 이들을 보려면 망원경을 사용해야 한다.〉
2) 페르시아의 왕 다리우스는 고대 페르시아어 외에 두 언어(〈바빌로니아어와 스키티아어〉)[93]로 번역하도록 명령했다. 이를 통해 과거의 고대 바빌로니아어 전체에 접근할 수 있었다.

다리우스왕의 이 명문은 베히스툰(고대 메디아 왕국의 국경) 석벽에 새겨져 있다. 게다가 페르세폴리스 유적(석벽)에는 〈궁궐의 일부에〉 케르케스 왕대의 고대 페르시아어로만 기록한 명문도 있다.

---

93 스키티아어가 아니라 엘람어이다. 각주 92 참조.

[163] 베히스툰 명문의 〈첫 열의〉 해독이 관건이다.

고대 페르시아어 | 《스키티아어》[94] | 바빌로니아어

독일학자 [게오르크 프리드리히] 그로트펜트[95]는 1802년에 첫 번째 열의
몇몇 단어의 의미를 성공적으로 해독한 최초의 사람이다.
학자들은 이 베히스툰의 명문이 어디에서 유래하는지 알지 못했다. 그로
트펜트도 이것이 문자라는 것을 믿게 하려면 증명을 해야 했다.

1) 첫 번째 열의 설형문자는 다른 두 번째 열의 문자와는 아주 달랐지만,
페르세폴리스의 문자와 동일한 것이었다. 그래서 그 문자가 페르세폴리
스와 동일한 것일 가능성이 컸고, 이 페르시아 왕조는 여러 언어로 기록
했고, 그 첫 번째 열을 공식어『고대 페르시아어』로 기록했을 것이다. 그
리하여 최우선적으로 첫 번째 열을 집중적으로 해독할 근거가 아주 충분
히 있었다.

페르시아어 명문들은 단어 사이에 쉼표가 있었고, [164] 그래서 그 단어
를 해독하지 않고서도 단어가 어떻게 구성되는지를 알 수 있었다. 그로트
펜트는 명문의 첫 부분에서 자주 반복되는 일련의 기호열이 왕을 의미하
는 것이라고 생각했다.

크샤야티야   Xšāyaþiya(페르시아인의 샤'왕')

---

94 스키티아어가 아니라 엘람어이다. 각주 92 참조.
95 G. F. Grotefend(1775~1853). 독일의 문헌학자이자 명문학자로서 특히 설형문자
해독에 혁혁한 공을 세웠다. 그러나 이 고대 페르시아어 설형문자를 해독한 것은 영
국 학자 헨리 롤린슨이다. 각주 92 참조.

그로트펜트의 문자 해독의 기본 원리는 왕이 부친의 이름을 부른 후, 자신은 그 왕의 아들로 지칭한다는 것이었다. 〈"어떤 왕, 그 왕의 아들"〉 두 번째 왕의 이름은 속격이었다. 그런데 아케메니데스의 왕조에는 자기 부친이 왕이 아닌 왕이 있었는데, 그가 바로 비슈타스파의 아들인 다리우스 왕이라는 것이다. 다리우스왕은 부친을 왕의 칭호로 언급하지 않고, 어떤 칭호를 부여해야 했다. 이것이 바로 해독의 주요 출발점이었다.

다레이오스 Δαρείος란 단어는 다라야바후슈 Dârayavahuš와 대응한다. [165] 그리하여 명문의 의미가 조금씩 밝혀졌고, 힌두어와의 친근 관계가 인지되었다.

힌두어 다아야드-바수스 Dhârayad-vasus(재물을 가져오는 사람)
아르타크샤트라/르타 크사트라스 ArtaXšaþra/Ṛta-kṣatras(그 사람의 지배는 합법적이다.)

다른 두 열에 나오는 고유명사를 이용하여 베히스툰의 세 번째 열(바빌로니아어)을 해독하기에 이르렀다. 이는 음절문자이자 다중 음성문자 (polyphonique)였다. 이것이 니느웨와 바빌로니아의 고대 명문과 문헌의 해결의 열쇠가 되었다.

아케메니데스 왕조의 최후의 왕은 336년에 사망한 다리우스 오쿠스였다.[96] 그 후 알렉산드로스 대제와 그 후계자들이 지배하던 시기와, 아르사시드 인(파르티아인〈이들은 인도유럽인으로 추정되지만, 페르시아 민족은 아닌 것

---

96 아르타케르케스 3세가 오쿠스이고, 아르타케르케스 4세는 336년에 사망했다. 다리우스 3세 코도만의 재위 기간은 기원전 336~330년이었다. 코도만은 알렉산드로스 대제로 인해 멸망한 최후의 왕이었다.

같다.〉)(카스피해의 남서 파르티아인)의 왕조 시기는 암흑기였다. 기원후 226년에 아르다크쉐르(=아르타케르케스)왕의 사산 왕조가 도래할 〈때까지〉

> 아르타크샤트라 ArtaXšaþra
> 아르다크쉐르 Ardashir 〈이것은 그들의 언어가 다리우스 왕조의 고대 페르시아어가 아니었다는 것을 보여 준다.〉
> (아르다세르 ’Αρδασήρ)=비잔틴인의 나라에서

[166] 아르다크쉐르왕은 피르도우시[97]가 쓴 《열왕전》의 영웅이다. 〈아랍의 정복으로 이 왕조는 종말을 맞이했다.〉 637년에 크테시폰[98]이 아랍인에게 함락되었다. 아랍의 정복으로 이슬람이 도입되었다. 마즈다/조로아스터교의 배교가 절정에 달했고, 마즈다 교도는 이슬람을 받아들였다. (그 후에는 이슬람은 분열주의로 서로 갈라졌다.) ─

이 종교 공동체들은 쫓겨나서 인디아로 피난을 갔고, 거기에서 페르시아인(Parsi)이란 명칭을 얻었다. 〈이들이 추방되었기에 조로아스터교의 신성법을 다소 알게 되었다.〉 약 7만 명이 봄베이에 거주했다.─〈그리고 바코르 인근에도.〉 알렉산드로스 대제가 도래한(−330) 후부터 아르다크쉐르왕(+226)까지의 페르시아어는 알려진 바가 전혀 없다. 아르다크쉐르왕 이후의 사산 왕조의 왕들은 셈족 아람어 문자(설형문자와는 아무런 관계가 없다)에서 파생된 알파벳으로 명문 기록을 남겼다.
이 명문 기록을 통해 아케메데니스 왕조 이후에 일어난 언어변화의 역할

---

[97] Firdowsi는 10세기 페르시아의 시인이다.
[98] 페르시아 사산 왕조의 수도였으나 기원 7세기에 아랍 무슬림에게 정복당했다.

을 알 수 있다.

다리우스 시기의 Kartanaiy '행하다'〈를〉이 시기에는 Kardan이라고 했다.

[167] 이 명문들은 이 시기[중기] 페르시아어의 유일한 원자료는 아니지만, 가장 충실한 것이다. 펠비어('팔라비어' pahlavi)는 사싼 왕조의 페르시아어를 번역한 중요한 언어형이다.

이 펠비어로 기록된 종교문학이 남아 있는데, 이는《아베스타 경》의 젠드어의 고대 종교문헌을 주해하고 번역하는 데 이용되었다. 이 펠비어 텍스트는 조로아스터교의 파르시스 종파에 의해 보존되었다. 이집트의 파이윰에서도 펠비어 수고들이 발견되었다.

펠비어는 우리가 아는 가장 난해한 언어이다. 펠비어는 사싼 왕조의 페르시아어를 위장한 형태이다. 사싼 왕조의 기념비적 문자는 아주 명확하지만, 펠비어 텍스트에는 필기체로 기록되었다. 필기체로 쓴 기호들은 이처럼 혼동된다.

$$\int = a \ â \ h \ kh$$
$$\int = u \ û \ n \ r \ v \ l \ w$$

해리 웨스트 같은 편집자가 지적하듯이《아르다 비라프 *Ardâ Vîrâf*》라는 책[99]에서 [168] 어떤 단어는 이론적으로 638가지 방식으로 읽을 수 있다. 펠비어는 고대 페르시아어 단어를 직접 번역한 것은 아니지만, 셈어에 속하는 아람어 단어를〈고대 페르시아어로〉대치하는데, 그 대체 방식이 아

---

99 중기 페르시아어로 기록한 사싼 왕조의 조로아스터교 문헌으로 비라프란 신자의 내세 여행을 묘사한 책이다.

주 복잡하다.

$$\left.\begin{array}{l} \text{martum} \\ \text{mart} \end{array}\right\}$$ 는 고대 페르시아어로 '죽을 수밖에 없는', '인간'을 의미한다.

펠비어로는 gabrâ-um으로 쓴다.
gâbra는 '사람'을 가리키는 셈어 단어이고, 여기에 어미 -um을 붙인 것이다.
patar는 ab-îtar로 쓴다.
ab-은 셈어 단어이다.

셈어 단어를 발음했는지도 알 수 없고, 단순한 표의문자인지도 정말 알수 없었다. 그것은 일종의 암호 코드 같은 인공어였다. 제임스 다르메스터테르[100]는 사람들이 구어였던 페르시아어를 표시하려고만 했다고 생각했다. 이는 아주 불분명한 원자료였다. (불확실한 많은 단어). [169] 〈왜 펠비어란 명칭을 지녔는가?〉 Pehlvi란 단어는 형태가 좀 변하면 파르티아인을 의미한다. 인디아에서 팔라바스(Pahlavâs)는 파르티아인을 의미했다.

펠비어 텍스트에 파르티아어가 있는가? 없다. 〈그러나 사싼 왕조 이후에는〉 파르티아어(파르티아어 단어)는 고대 페르시아어와 같은 언어였다. ―
〈(옛 언어라는 개념과 같은 것이었다.)〉
언어를 확정하는 이러한 언어 문자적 수단에 대해 말할 때에는 떨쳐 버려야 할 모호한 점이 다소 있다. ―

---

100 J. Darmesteter(1849~1894). 프랑스 언어학자이자 유대교 전문학자로서 고대 페르시아어 전문가이다.

아랍 정복과 더불어 아랍 문자가 채택되었는데, 오늘날의 페르시아어는 이 아랍 문자로 기록하고 있다. 근대 페르시아어는 1000년경에 다시 시작되며, 오늘날에도 근대 페르시아어는 1000년경의 페르시아어와 그리 다르지 않다. 그러나 〈근대 페르시아〉 언어에는 아랍어와 터키어 단어가 엄청나게 많이 들어 있다. 중세의 페르시아어와 사정이 아주 다르다. 근대 페르시아어 단어는 아랍어 단어와 교체할 수 있었고, [170] 근대 페르시아어와 아랍어를 동시에 말할 수도 있었다. 이로 인해 페르시아어의 언어 체계는 그렇게 심하게 혼란스럽지 않았다. ―〈인도유럽어적 특성을 그대로 지니고 있었다.〉 근대 페르시아어는 인도유럽어에 대한 일반적 인식에 있어 여전히 귀중하다. 〈아케메니데스 왕조의 고대 페르시아어의 해석에 사용될 뿐만 아니라 인도이란어파의 개별어로도 결코 무시할 수 없기 때문이다.〉

다른 〈어떤〉 어파에서 이 페르시아어가 분화되었고, 이 언어로 아베스타 종교 문헌이 탄생했다. 이 종교 텍스트는 셈어 알파벳(오른쪽에서 왼쪽으로 썼다)에서 파생한 특수한 문자로 기록되었다. 이들 텍스트는 〈이들로부터〉 우리는 [문장 끊김]

동양학자 앙크틸 뒤페롱[101]은 페르시아인이 보관했던 문학 텍스트를 찾기 위해 1754년에 인디아에 상륙했다. 봄베이에서 그는 펠비어 문학에 입문하는 데 성공했다. 그는 후대의 모든 주해서(펠비어와 파젠드어[102]로 기록된)를 포함하여 《아베스타 경》의 수고를 가지고 왔다. 〈그러나 완벽한 것은 아니었다.〉

---

101 Anquetil-Duperron(1731∼1805). 프랑스 인디아학 연구자로서 《우파니사드》와 《젠드 아베스타 경》의 번역으로 널리 알려져 있다.
102 파젠드어는 조로아스터교의 경전인 《아베스타 경》을 주해한 언어이다.

이 《아베스타 경》은 흔히 《젠드 아베스타》로도 [171] 부르는데, 이는 잘못이다(＝주해가 딸린 《아베스타 경》이 젠드이다). 《아베스타 경》을 기록한 언어 명칭을 '젠드어(zend)'로 지칭하면서 이를 (펠비어나 파젠드어로 기록한) 〈주해〉란 단어로 지칭하기 때문이다. 하지만 요컨대 우리는 이 언어의 이름을 모른다는 것이다.

이 언어가 원래 사용되던 지방이 박트리아인지 메디아인지도 미정이다. 〈이 언어는 단지 페르시아어와는 최소한도로 다를 뿐이다.〉

> 젠드어 z는 페르시아어 d에 대응한다.
> azem (나)：adam (페르시아어)
> d는 후대의 발음이다.

《아베스타 경》의 작성 시기는 전혀 정할 수 없다. (아주 고대로 소급하거나, 기원전 3세기로 소급하는) 〈아주 상반된 주장이 나오고 있다.〉

아케메니데스의 왕들은 아후라 마즈다에게[103] 빌고 있지만, 이들은 조로아스터 교도는 아니었다. 가타(찬가)는 더욱 고어 성격의 젠드어 하위 방언을 보여 준다.

이 찬가는 시작(詩作) 형식이고, 또한 《아베스타 경》의 일부이다.

[172] 찬가는 인디아의 《베다》와 아주 유사한 시이다. 그러나 이 인디아에서는 모든 것이 뒤바뀌어 있다. 힌두인의 신은 이란인에게는 악마로 나타난다.

〈(쿠르디스탄 지방의) 이란어 방언들은 단지 최근에 와서야 연구할 수 있

---

103 Ahura Mazda(지혜의 권능자)는 조로아스터교의 유일신이자 창조자이다.

었다.〉 쿠르드어 방언은 18세기부터 채집되었다.

동부에는 아프칸어 방언이 있고, 남부에는 발로치어(발로치스탄의 방언)가 있다. 쿠르드어는 d의 빈도로 보아서 페르시아어에 속하는 듯하다.

인디아의 아리야어

2억 5,000만 명의 주민이 사는 인디아반도는 아주 일부만이 하나로 통일된다(언어사에서는 어느 정도로만). 인디아반도만 봐서는 안 된다(인디아 대륙의 2/3는 반도 밖에 있다).

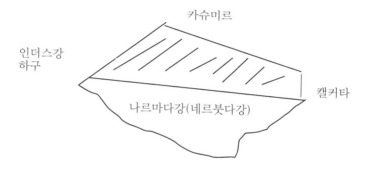

[173] 인디아는 나르마다강에서 크게 둘로 나뉜다. 이보다 남쪽은 데칸 고원이며, 대부분 비인도유럽어(드라비다어)를 사용하는 주민이 거주한다. 드라비다어는 남부의 작은 방언의 명칭이다.

〈하지만 빈디야산맥으로부터 데칸(Daksina-m) 고원으로 출발해 보자.〉 북부는 문명의 관점에서 보면, 인도유럽어권이다. 그곳은 가장 광대한 지역이다. 이 지역의 지평선은 히말라야산맥이다. 이곳에서 인더스강 유역(편잡을 포함)과 갠지스강 유역이 나뉜다. 이곳이 진정한 아리야인의 인디아이며, 인더스 동부로 확장되어 카슈미르 지방까지 포함된다. 모든 것(언어, 역사)의 근원이 어디인지를 찾을 때, 결국 이르는 곳은 항상 인디아 북부, 특히 북서부이다.

인디아에 거주하는 부족들은 공통된 명칭이 없었고, 더욱이 이들이 누구인지는 전혀 알 수 없다. 이들에게 다슈 Dasyu-s(단수)는 비인도유럽 종족의 적(敵)이었다. 이와 대조적으로 [174] 아리야 ârya-s('자기 종족에 속하는 사람')가 있다. 데칸 고원의 북부 전역의 인디아는 점차 아리야바르타 Âryâvarta-s(ârya-âvartas'아리야인의 거주지')로 지칭되었다. 이들에게 이 지역은 다슈로부터 쫓겨난 지방, 다슈로부터 해방된 지방을 의미했다(이는 언제나 부정적인 의미였다). 그래서 이것으로 민족의 명칭을 만들 수 없었다.

'Inde(인디아)'란 용어는 민족을 가리키는 것도 아니고, 나라를 가리키는 것은 더욱 아니다. 신두스(Sindhu-s)로 불리는 큰 강(다시 말해 유독 큰 강을 가리킨다)은 페르시아인과 이란인에게는 (순전히 음성변화로 인해) 힌두스(Hinduš)로 불렸다. 이란인에게 'Hinduš'란 단어는 힌두스강 건너 탁트인 지방을 가리켰다.

그리스인은 이 지방을 〈유기음을 버리고서〉 페르시아어 명칭을 따라 불렀다. 즉 '인도스('Ινδός)'로 불렸고, '인도이('Ινδόι)'(인도 사람들)란 단어를 만들었다. (이 지방에서 이름을 지었더라면 '신도이(Σινδόι)'라고 했을 것이다).

오늘날 인디아의 '우르두어(ūrdū)'에는 [175] 이란어 단어와 크루어[104]의

---

104 크루어(cru)는 아랍어 방언의 하나이다.

단어가 뒤섞여 있다. 이 우르두어로 힌두스탄(Hindu-stân)은 인더스 지방을 가리키거나 그 지방 전역을 가리키는 확장된 개념이었다. 신두스탄(Sindustân)이라고 말하지 않았다.─(사용된 방언은 신디어였고, 이란어 단어는 차용하지 않았기 때문이다).─

유럽인은 17세기에 '힌두스탄(hindu-stân)'이라는 단어를 발견했다.

아이랴바르타스(aryavartas)'아리야인'을 아리야화하기 위해서는 수 세기의 세월이 걸려야 했다.《리그 베다》찬가로부터 끌어낸 지식을 제외하면, 이 수 세기 사이에 이루어진 민족의 동화(同化)는 알려진 바가 없다. 이러한 상황에서 기념비적 문학이 존재하더라도 인디아에는 처음부터 역사가 없었다는 것을 알 수 있다.《베다》는 문헌자료가 전혀 없던 시기의 텍스트이다. 이 텍스트는 우리에게 이 시기의 언어와 종교를 알려 주지만, 그 역사적 정보는 전혀 알려 주지 않는다.

《베다》찬가의 작성 연대는 기원전 3000년에서 1000년으로 [176] 폭넓게 잡을 수 있다. 이 찬가 작성 당시에 다른 여러 부족이 인더스 지방을 떠나지 않고 거주했고, 또한 편잡 지방(다섯 개의 강이 흐르는 지방)도 떠나지 않았다.《리그 베다》에서 갠지스강은 제10권에서 오직 한 번만 언급된다. 모든 학자는 이 제10권의 책은 나머지 권들보다 훨씬 후대의 것으로 간주한다.

이 시기는 이란 방언이 편잡의 베다어(최초의 산스크리트어)와 차이가 아주 현저하게 생길 무렵이었다. 아마도 이 시기에 이란인은 아직 s를 h로 발음하지 않았던 것 같다. 후세에 페르시아인이 유래하게 될 인종집단의 일부가 동쪽으로 멀리까지 확산되었는데, 이처럼 확산해서 이주한 자들이 바로 힌두인이었다.

1) 대중 집단어(대중 방언), 2) 산스크리트어, 3) 베다 산스크리트어 [177] 또는 베다 지역어를 구별해야 한다.

고대의 대중 집단어는 단지 그 일부만이 알려져 있다. 가장 오래전에 알려진 것은 팔리어로서 이는 불교의 한 종파, 특히 실론 불교의 공식어가 된 방언이다. 단지 문헌어로서 실론섬에 수입되었다. 우리는 실론을 통해 이 언어를 알고 있지만, 이 언어는 원래는 인디아 북부의 방언이었다. 실론에 불교가 전파된 것은 기원전 200년으로 소급한다. 따라서 팔리어를 중요하게 다루어야 한다.

팔리어 알파벳은 특별하다(둥근 글자). 이 모든 대중 방언은 산스크리트어와 완벽하게 동일한 언어형에 기초를 둔 것이 특징이다. 이 방언들은 〈단지 몇 가지 사항은 제외하고〉 우리에게 『산스크리트어에 대해』 알려 주는 것이 전혀 없다. (에스파냐어, 프랑스어가 라틴어에 포함된 사실 이외에 라틴어에 대해 알려 주는 정도도 못 된다).
[178] 대중 방언의 몇몇 특성은 〈산스크리트어보다는 오히려〉 베다 방언으로 귀착된다.

팔리어는 고대의 주요한 대중어였다. 오늘날 팔리어란 용어를, 예컨대 명문을 통해 알려진 아주 오랜 모든 방언에도 그 명칭을 적용하려는 경향이 있다. 중세의 대중 방언은 명문을 통해 알려졌고, 특히 이 방언들을 사용하는 희곡을 통해 알려졌다. 근대 방언도 산스크리트어에 들어간 언어들(벵골의 벵골어, 더 남부의 마하라티어)이 간단히 변화한 형태이다. 그러나 여기에 힌두스탄어 또는 우르두어(오늘날의 주요 언어이며, 이란어 요소가 많이 섞여 있다)를 포함해서는 안 된다.
이 언어는 〈무슬림〉 정복자, 특히 몽골 정복자 진영에서 생겨났다. (우루

두(ūrdū) '유목민의' 방언) 〈우리가 산스크리트어를 알더라도 고대나 근대의 대중 방언은 인도유럽어에 대해서 알려 주는 것이 거의 없다.〉

[179] 산스크리트어

산스크리트어가 어떤 언어인가를 궁금해하기 전에 먼저 베다어를 이야기해야 한다. 브라만교가 뿌리내린 어느 곳이나 카스트 제도와《베다》와 함께 이들과 별개인 산스크리트어가 함께 수반되었다.

《베다 Véda》는 숭배받는 경전으로서 최초의 인디아 연구자들이 〈어렵게 브라만에 의해 전수된 것으로〉 밝혔고, 고대 전시기를 통해 존재했던 언어와 문학의 가장 중요한 기념비이다.—현재 브라만 의식(儀式)에 완전히 명목상으로 남아 있는 경전이다. 지금의 브라만교는 다른 종교(비슈누교)의 의식을 거행한다. 〈중세 프랑스어를 지금의 프랑스어로 이해할 수 있는 것과 거의 비슷하게《베다》는 산스크리트어로 이해가 가능하다.〉

베다 산스크리트어의 고어적 특성은 놀랄 만하다. 산스크리트어에 의거해 알려졌고, 그와 동일한 문자로 전사되어 있다. 수없이 많은 세대가《베다》를 기억으로 전수했으며, 그 이전에는 기록된 것이 없었고, 문자 시기에 와서도 오랫동안 구전으로 전승되었다. [180]《베다》는 문자로 기록된 텍스트가 아니다.《베다》는《츠루티스 çruti-s》(청취)이다. 귀로 듣는 것을 통해 전수되었다.

《베다》는 일반적으로《리그 베다》(Ṛg-vêda)의 찬가를 의미한다. 이 찬가는 그 나머지의《베다》와 비교해 볼 때 분명히 더 오래된 것이다. 더욱더 광범한 의미로《베다》에는 4편의 베다가 포함되며,《리그 베다》는 그중 하나에 불과하다. 각《베다》에는 철학적 논의, 의례 형식에 대한 산문의 글이 부기되어 있다. 그래서《베다》의 후미(後尾) 부분은 전적으로 문학이며, 최후에 지은《베다》는 최초의 찬가와는 10~12세기의 시차가 있다. 《리그 베다》를 기록한 이 방언의 시공간의 위치를 정할 수 있을까?《리그 베다》는 편잡을 지나가지 못한 최초 부족의 시가이며, 정확한 연대는 합의가 되지 않았지만, (어떤 경우에도) [181] 기원후 1000년을 넘지 않는다.

산스크리트어는 모든 사람이 사용한 언어인가 아니면 시적 전통에 의해 형성되고, 이미 다소 관례화되어 당시 벌써 고어가 되어 버린 언어인가? 베다 수사학이 더 이상 사용되지 않는 언어 형태를 발전시켰다는 데는 동의하지만, 대중의 산스크리트어와 이 시기 문학의 산스크리트어 사이에 전체적으로 아직 괴리가 생기지 않은 것으로 추정할 근거는 있다. 베다어가 찬가 작성 당시 통용되던 언어라는 사실은 어렵지 않게 믿을 수 있다. 이 베다어는 언제까지 사용되었는가? 우리는 알지 못한다. 시간적인 연대를 확인할 수 없다. 상당히 오래된 옛 시기일 것이다. (기원후 1000년 또는 1200년이라고 하는 것이 오히려 부담이 없다.) ―
《베다》의 후미 부분은 다소 동일한 형태의 지역어이지만, [182] 찬가의 형태와는 전혀 다른 시기에 속한다. vêdas란 단어는 무엇을 의미하는가? 그것은 과학, 지식과 같은 의미이다(그리스어 포이다(Foιδ-α) '나는 안다'와 같은 친족어). 그것은 신학이며,[105] …

---

105 이하의 원문에는 "…toute secondaire comme époque."이 나오는데, M&G(2005)는 해석이 불가능한 표현으로 지적하며, 여기서도 번역하지 않는다.

산스크리트어

우리는 이 산스크리트어와 베다어의 관계를 확정하는 것을 피했다. 브라만교는 〈어디서나〉 두 개의 꾸러미를 지니고 있는데, 《베다》와 산스크리트어이다. 한 꾸러미는 사멸된 것, 즉 《베다경》과 베다어를 담고 있다. 다른 꾸러미에는 살아 있는 것, 생물인 산스크리트어가 담겨 있다. 산스크리트어는 적어도 제도로서 살아 있는 언어라는 명칭을 가질 수도 있지만, 이 언어가 문자 그대로 통용되는 언어라고는 할 수 없다. 이 언어는 이미 시대를 초월한다.

〈제도로서의 중세 프랑스어는 라틴어로 기록된 문학 외에 다른 기념비적 작품을 보유하고 있다〉. 아리야인의 인디아에는 산스크리트어 이외에는 달리 기념비적 문학을 기록한 것이 없었다.

[183] 노트

팔리어가 힌두 대륙에서 불교와 함께 소멸되지 않았더라면, 그렇지는 않았을 것이다. 자이나교는 변화된 산스크리트어를 보여 주며, 산출된 문학이 거의 없는 실정이다.

라틴 중세기에는 라틴어가 품위 있는 언어로서 궁정에 침투해서 사회 전반의 생활에 널리 유포되지 못했다. (〈예컨대〉 연극 공연). 반면에 산스크리트어는 회화 언어로서 끊임없이 사용되었고, 브라만 교육을 받은 사회 상류계층에서 상용되었다. 대중은 거기에 참여하지 못했다. 단지 오늘날에 와서 구어용 산스크리트어는 승려, 학승, 지식인의 언어로 격하되었으나 이들 사이에서는 여전히 널리 사용된다. 동양학자 대회에서 게오르크 뷜러[106]는 산스크리트어를 아주 능숙하게 구사했고, 인디아에서 그곳 학승들과 이 언어로 소통했다. 극작품에서는 [184] 절반의 사람들, 즉 상당한 지위의 사람들만이 나오는데도 연극의 작가는 대중을 향해 말할 때는—산스크리트어로 했다. 하층민과 모든 여성(심지어 왕비도)은 프라크리트어, 즉 대중의 특유 언어를 사용했다.

이 사실은 우리가 다루는 진기한 언어상황을 보여 준다. 그렇지만 대중은 늘 말을 이해해야 했던 것을 보면 산스크리트어는 통용되던 언어였고, 이 언어를 이해하고 있었던 것이다. 극작품의 산스크리트어는 변하지 않은 반면, 프라크리트어는 작품에 따라서 다른 것들이 사용되었고, 인디아의 어느 지방이냐에 따라서도 다른 프라크리트어가 사용되었다. 이러한 출처를 통해서 중세기와 상부 중세기의 대중 방언을 알게 되었지만, 이 지식은 현재의 대중 방언에는 크게 유효하지 않다. 독일의 동양학자 오토 프랑크가 제시한 〈넓은〉 의미의 팔리어를 살펴보면, 즉 아주 오래된 대중 텍스트의 팔리어를 보면, 이와 같은 계통을 그릴 수 있다.

팔리어 또는 팔리어들

프라크리트어들

근대 대중 방언

불변의
산스크리트어

[185] 이제 아직 해결책을 찾지 못한 문제에 이르렀는데, 즉 다른 브라만 제도와 뗄 수 없는 이 산스크리트어는 어디에서 유래하는가? 그것이 어느 정도 인위적 언어인가, 어느 시기, 어느 지방의 사람들이 사용했던 언어가 보존되어 내려온 것인가?

---

106 J. G. Bühler(1837~1898). 독일의 고전 문헌학자이자 인디아어 언어학자이다.

1) 위의 이런 문제를 밝혀 주는 것은 이 언어의 명칭이 아니다.

삼스크르타 바샤 sãmskṛtâ bhâṣâ 또는 삼스크르탐 samskṛtam

이 명칭이 인디아의 어느 지방 명칭이라면, 이는 귀중한 가치가 있다. 그러나 이는 **세련된 교양 언어**(lingua ornata vel culta)를 의미하며, 세심한 정성을 들여 가꾸었기에 자연 상태의 무식하고 거친 언어(프라크리타 바샤 prâkṛtâ bhâṣâ)와 대립된다. 이 이름으로부터는 기껏해야 인위적 성격이라는 증거만 끌어낼 수 있을 뿐이다.

2) 언어 내적으로 형태와 문법을 조사하면, 산스크리트어는 인도유럽어가 변조된 것이 아니라 거기에 잘 일치하는 유형이다. 이는 어떤 대중 집단에 의해 전수된 것처럼 보인다.

3) 동시에 그것이 보여 주는 것은 방대한 산스트리트어 문학의 제정이라는 폭넓은 사유의 형성이다.

[186] 강의노트 V

〈산스크리트어를 어느 정도 광범하게 생각할 수 있는지 살펴보자.〉

〈3)〉 산스크리트어 문학은 어마어마하게 방대하다. 초기 문학으로는 대서사시(《마하바라타 *Mahābārata*》와 《라마야남 *Rāmājanam*》)가 있는데,

이것은 〈통상〉 민족 전체의 협력을 전제로 하는 장르이고, 또한 이 시기의 산스크리트어 문법과 문법학파보다 더 오래된 연구물은 없다. 파니니는 산스크리트어를 규범화한 학자로 유명한데, 정확한 연대는 확정할 수 없는 시기의 학자이다. 이 문제는 논란의 여지가 아주 많다. 어쨌든 그는 기원 이전에 살았던 사람이다. 그는 우리가 가진 산스크리트어로 기록된 모든 자료보다 훨씬 앞선 시대의 사람이며, 심지어 이 서사시들보다도 앞선다. 〈가장 오래된 서사시를 보면 이들을 기록한 문법이 있는 듯이 보이기 때문이다.〉

전반적으로 산스크리트어에는 인위적인 면이 없다. 그러나 산스크리트어는 철저히 문법학자의 통제 아래에 있었다. 남아 있는 좀 이상한 몇몇 형태는 그 정확한 가치를 결정할 수 없다. 이 형태를 간직한 텍스트가 문법가의 손에 들어가지만 않았어도 아마 그 형태는 완전한 가치를 그대로 지녔을 것이다.

[187] 4) 인디아의 과거 어둠 속으로 들어가면, 중요한 〈기준〉점 가운데 하나가 아소카(Açôka-s)왕과 그 명문이다. 그는 기원전 272년에서 232년까지 다스렸다. 그는 군주 산드라콥토스 Σανδράκοπτος의 손자인데, 산드라콥토스는 알렉산드로스 대제에게 피난 왔던 왕이며, 아소카왕이 계승받은 마우리야 왕조를 창건한 찬드라굽타왕이다. 이 왕국은 당시 남부(데칸 고원의 절반)를 제외한 전 인도를 거의 지배했다. 아소카왕은 또한 불교 문헌을 통해서도 알려졌고(그는 불교 성자 중 한 사람이다), 덕택에 불교는 엄청난 영향력을 발휘했다. 아소카왕은 불교로 개종하고, 실론과 이집트까지 포교를 위해 사람들을 보냈다. (기원전 485년. 이는 붓다가 열반한 해이기도 하다. 불교는 이미 200년 전부터 존재했었다.) 아소카왕은 인도 전역을 자기 명문으로 장식했다. 히말라야산 밑에서부터 아미슈

루(Mysore. 남부의 도시)까지. 이 명문의 목적은 불교의 포교를 위한 것이었다. 이 명문은 대중의 방언으로 기록되었다. (프랑케의 용어를 따르면) 이 방언은 팔리어(pâli)로 불린다. 아소카왕은 스스로를 '피리야다시 Piriyadasi'('존엄한 자'를 의미한다)로 불렀는데, 산스크리트어로는 [188] '프리야다르치(Priyadarçî)'(시선에 마법적인 힘이 있는 자)이다.

아소카왕의 명문은 제일 오래되었다. 이 일련의 명문을 추적해 보면, 오직 대중 방언으로 기록한 명문만 있으며, 그 후 산스크리트어 단어들이 명문에 점차 들어가서 기원후 500년경에는 마침내 산스크리트어로 기록된 명문을 확인할 수 있다. 이는 마치 산스크리트어의 형성 과정을 목격한 것과도 같다. (〈산스크리트어가 인위적으로 생겨났다고 믿는 것〉은 프랑케의 생각이었다). 그것이 선험적으로 가능한 것 같지는 않다. 따라서 베다어에서 산스크리트어로 연결하는 끈이 어디엔가 있어야 한다. 베다어에서 생겨난 이 산스크리트어가 베다어 시기 이후에 아주 조그만 고장의 브라만 공동체에서 발달해서, 여기에 오랫동안 간직되었다가 상황이 호전되면서 인디아 전역에 퍼졌을 것으로 가정할 수도 있다. 그러나 이는 하나의 가설에 지나지 않는다.

가장 개연성이 큰 가정은 (소쉬르 선생에 따르면) 어쨌든 이러한 산스크리트어의 부침(浮沈)이 불교의 종교적 문제와 관련이 있다는 것이다. 불교가 산스크리트어를 배척했다고는 말할 수 없지만, 하여튼 민중어를 사용했다[189]는 것이다. 다른 한편 산스크리트어는 기원후 500년에 출현했거나 재출현했다는 점이다. 불교는 여전히 강력했지만, 그 후 곧 쇠퇴했다. 불교가 왕성했던 이 시기는 명문에서 산스크리트어가 부재하는 시기와 일치한다. 〈산스크리트어는 불교 이전에 사용되었고, 불교 시기에도 이곳저곳에서 보존되었다가 브라만교가 꽃필 당시에 재출현한 것으로 가

정할 수 있다.〉 문헌을 조사하면 이 가정이 유력하다. 칼리다사[107]가 사용한 산스크리트어는 그 시기가 새로운 발달 시기의 초엽이다.

서로 충돌한 것은 정확히 말해서

베다어와 산스크리트어가 아니라 　베다어/산스크리트어와 2차적 산스크리트어이다.

표면상의 공백은 문제가 되지 않는다. 그렇다면 산스크리트어의 발생 기원 문제를 제기할 필요가 없다.

인디아에서 확인되는 세 종류의 언어의 상호 관계를 확정해 보자.

1) 한편으로 대중 방언은 모든 시기를 통해 통용되던 특유 언어를 가리키지만, 문법적으로 〈언어 내적으로〉 판단하면, 인도유럽어로부터 이들 방언까지 발달하려면 산스크리트어 상태나 베다어 상태를 거쳐야 한다.

[190] 2) 베다어는 어느 시기에 〈처음에는〉 모든 사람이 상용한 언어일 수 있다. 요컨대 그것은 아리야-힌두어학 전체의 출발점이다.

3) 〈언어 내적으로 판단하면,〉 산스크리트어는 규범으로 고정되고 규제된 베다어인 것으로 드러난다. 베다어를 거쳐 발달한 것으로 보이지만, 〈단순히〉 인접 방언을 거쳐 내려온 것일 수도 있다. 대중 방언과 관련지어 생각하면, 산스크리트어는 베다어보다 훨씬 더 충실하게 〈이들 방언의〉 원형으로 추정되는 언어를 표상한다. 언제, 어디서 이 언어가 전체 주민에

---

107 고전 산스크리트어를 이용하여 시작품과 드라마를 쓴 인디아 작가이다.

의해 사용되었는지는 말할 수 없다. 그러한 일이 정말 있었는지 여부도 말할 수 없다.

〈산스크리트어를 라틴어와 비교할 수 없다.〉 라틴어로 말하자면, 키케로의 라틴어와 중세의 라틴어가 있다. (중세의 라틴어는 변질된 라틴어이다). 산스크리트어는 중세의 라틴어처럼 그렇게 격심하게 변했거나 자유로운 것이 아니라 규제된 언어이다.

아리야인이 살던 인디아는 여러 방식으로 [191] 외부로 팽창했다. 이 발달 측면을 한번 짚고 넘어가야 한다. 인디아는 널리 분산되어 국경 너머까지 확장되었다. 이는 불교를 통해 인접국에 영향을 준 종교적 역할이 아니라 단지 그 언어적 영향을 말하려는 것이다.

1) 자바섬의 식민화. 여기에서는 기원후 9세기경 힌두교 문명이 빛났다 〈(힌두교 기념물)〉. 이 〈같은〉 시기에는 산스크리트어가 자바섬에 엄청 강력하게 도입되어 산스크리트어 단어가 〈당시〉 자바인의 언어, 즉 말레이어에 많이 침투했다. 그러한 현상은 산스크리트어 자체에 흥미가 없는 것은 아니다. 왜냐하면 지배자들이 사용하던 산스크리트어는 식자어였기 때문이다. 〈그럼에도 불구하고 오늘날 자바어는 힌두의 대중 방언의 특성을 지니지 않고 산스크리트어의 특성을 지닌다.〉
힌두 지식층이 자바 지식층과 이들을 넘어 자바 민중에게 산스크리트어를 단지 책을 통해 전달한 것이었을까? (그것은 기정사실이다.) 아니면 힌두 스승들이 산스크리트어를 사용한 것인가?

〈힌두인이 자바섬을 점령한 것은 말레이어 언어학으로서는 다행한 일이었다.〉 왜냐하면 산스크리트어로 쓴 책을 말레이어로 번역한 꽤 오래된 고서들이 있기 때문이다. 그리하여 [192] 15세기의 자바어는 알려졌지만, 그 외의 다른 모든 말레이어는 오늘날에 와서야 사람들에게 알려졌다.

따라서 인도유럽 세계의 이 남동부 극단 지역은 어느 시기에 적도를 넘어서까지 확장된 것이다.

2) 힌두-중국 반도의 남부와 특히 샴과 캄보디아는 더욱 최근에 힌두교 문명과 그 문명 위에 쌓인 산스크리트어 문학의 영향을 받았다. 캄보디아의 명문은 일부 산스크리트어로 기록했다. 많은 지명(예컨대 싱가포르 Singapore'사자의 도시')은 산스크리트어 명칭이다. 마찬가지로 출라롱콘 (Chulalonkorn) ('왕관형 장식을 가진 자', cūḍā − alaṁkaraṇa − s)과 같은 명칭도 산스크리트어 명칭이다.

3) 나르마다강[108] 남부의 인디아 남부 전체도 귀속해야 한다. 아리야화된 것은 마하라티어(mahârâti)('대제국의 언어', 마하라스트람 mahârâṣṭram)뿐이기 때문이다.

[193] 그 외 인디아의 지역은 특유 토착 지역어가 지배했다. 동부어는 텔루구어, 남부는 타밀어이다.

이들 특유 토착 지역어, 적어도 타밀어는 생명력을 지니고 있다. 타밀어는 매우 오래된 문학이 있다. 시문학은 기원후 3세기로 소급되며, 어떤 것은 1세기까지 거슬러 올라간다. 그럼에도 산스크리트어는 〈중첩되어〉 브라만교와 궁정 덕택에 인디아 대륙의 남단까지 확산되었다.

어느 시기에? 그 시기는 정하기 어렵다.

---

108 원문에는 Narbadā이나 Narmadā의 이명칭이다. C[173] Narmadā 참조.

로마제국 시대에 인디아의 남부는 북부보다 더 많이 알려졌다. 〈알렉산드로스 시대에는 더 널리 알려졌다.〉 (대 플리니우스[109]와 프톨레마이오스[110]는 많은 지명을 우리에게 알려 주는데, 이들은 현재의 지명과 일치한다.) 예컨대 실론섬은 타프로바나(Tāprobanā)라는 명칭으로 명명되었고, 이 섬의 어느 도시의 명칭은 '탐라파르니스(Tāmraparṇis)'이다. 얼마나 많은 지명이 확실히 산스크리트어인지를 알아야 하는 문제가 남는데, 이는 [194] 힌두인의 영향을 받은 연도가 언제인지를 알려 주는 지표가 될 것이다.

4) 그러나 실론섬은 제외해야 하는데, 이곳은 타밀어 사용 지방이 아니라 아주 오래된 힌두인의 식민지였기 때문이다. 실론섬은 완전히 불교의 영향 아래에 있었다. 〈왕조는 불교를 신봉하는 왕조였다.〉 오늘날 거기서 사용되는 언어는 (타밀어가 아니라) 힌두 대중 방언이다. 라마왕의 대출정[111]은 역사적 사건이다. 아리야인이 실론섬을 정복한 것은 이미 그 섬에 영향을 행사했다는 것을 알려 준다. 〈불교 포교 이전에 이미 아리야인이 실론 섬에 침입했다.〉 (악마의 왕이 라마왕에게서 시타 여왕을 탈취하여 실론 섬에 보내자 라마왕은 아내 시타를 되찾기 위해 원숭이 왕들과 연합했다.)

5) 인디아는 〈북서 국경에서〉 이번에는 인더스강 상류에서 출발하여 서쪽과 북쪽을 향해 반대 방향으로 뻗어 나갔다. 카슈미르는 말할 필요도 없

---

109 G. Plinius Secundus(23~79). 로마의 저술가, 박물학자, 자연철학자로서 백과사전이라고 할 수 있는 《자연사 *Naturalis Historia*》(37권)를 남겼다.
110 Klaúdios Ptolemaîos(100~170년경). 그리스의 자연박물학자로서 그리스 로마세계의 지리를 소개한 《지리지 *Geographia*》 외 다수의 저술이 있다.
111 라마왕이 악마의 왕 라바나로부터 왕비 시타를 구해서 돌아오는 이야기를 담은 대서사시 《라마야나 *Rāmāyanam*》에 나온다.

다. 왜냐하면 그곳은 처음부터 매우 아리야적인 곳이어서 〈식민 지배지로서가 아니라〉 항구적인 요람으로 생각해야 하고, 여기서 인디아에 아리야어가 확산되었기 때문이다. 〈인더스강 건너서〉 서쪽(칸다하르)으로나 북서쪽(카불과 발크)으로도 확산되었다.

[195] 바로 이곳에서 기원전 323년(알렉산드로스왕의 죽음)부터 기원후 200년, 300년까지 수많은 복잡한 민족과 왕조가 각축을 다투었는데, 그 왕국은

인도그리스 왕국
인도파르티아 왕국
인도스키티아 왕국(스키티아인이 침공한 이후 힌두인은 이들을 '차카인(çakas)'으로 불렀고, 이웃 여러 나라에서는 서로 다르게 불렀다)이다.

왜 이들을 '인도(indo–)'라고 불렀는가? 우리가 아는 모든 지식을 통해서 볼 때, 이들 나라에 끼친 힌두인의 영향이 아주 우세했기 때문이다. 〈이들 나라는 인디아에 들어가는 현관과 같은 역할을 했다.〉

이들에 대해 우리가 아는 지식은 대부분 금속 화폐에서 유래한다. 〈여러 통치자의 초상이 강하게 찍힌 각인이 있다.〉 알렉산드로스왕을 계승한 초기의 왕조들은 금속 화폐의 선례를 보였고, 그 후 다른 왕조도 이 관행을 뒤따랐다. 여행자들은 그리스, 인도그리스, 인도스키티아의 금속 화폐를 발견했는데, 이것은 그 당시에도 러시아령 투르키스탄에서 사용하고 있었다.

1) 카드피세스 2세[112] [196]의 초상이 찍힌 주요 화폐. 그는 네르바 황제와 동시대 인물로서, [쿠차 왕국의] 수도는 카불이었다.

이 [쿠차인]들은 중국사가들에 의해 '예치(Yueh-Chi)'(월씨, 月氏)로 알려진 유목민이었으며, 중국과 투쟁을 벌였다.

이 예치인들은 힌두인에게는 이들이 '차카인(çaka-s)'으로 불렸던 민족에 속한다.

2) 차카인들(çaka-s)〈이들은 이란인이 아니다.〉의 수장으로서 카드피세스 왕은 또한 인도유럽인, 주로 이란인을 다스렸다. —

3) 그는 이 금속 화폐에 무엇을 주조했는가?

초상화의 한 귀퉁이에 있는 카드피세스 바실레우스(Καδφίσης βασιλεύς) '카다피세스 왕국'이라는 글귀는 호기심을 자아내는데, 그것은 알렉산드로스 대제의 영향력이 매우 강했지만, 그 이후 400년이 지나면서 그리스어가 사용된 것으로는 생각할 수 없기 때문이다. 하지만 그리스 문자의 의미를 알아야만 메난드로스 소테르왕[113]으로 교체할 수 있다. 이 주조 화폐를 사용한 사람들 중 누구도 분명 그 명문을 읽을 줄 몰랐던 것 같다.

카드피세스왕[114]은 이 금속 화폐의 이면에 힌두 명문을 산스크리트어가

---

112 Kadphisès는 쿠차 왕국(105~250년경)의 왕으로 은화를 청동/금화로 화폐 개혁을 한 것으로 유명하다. 이 주조 화폐는 인디아 북부와 중앙아시아에서 오랫동안 사용했다.

113 Menandros I Soter는 인도그리스 왕국(기원전 165~130년경)의 왕이다. 원래는 박트리아의 왕이었으나 편잡 지방을 정복하고, 서남아시아에 대제국을 건설하고, 불교의 수호자가 되었다.

114 K. Kadpises(기원후 30~80)는 큐산제국의 초대왕으로서 후한서에도 나온다. 선대 왕들의 모습을 동전에 새겨 그리스와 로마 세계와의 관계를 암시했다.

아니라 아소카왕이 그랬듯이 [197] 팔리어(고대의 대중 언어)로 각인했다. 이 명문에는 속격이 나온다. maharajasa〈위대한 왕의〉(산스크리트어 '마하라야시야 mahârâjasya').

동시에 거기에는 시바 신의 상(像)도 나온다. 어떤 관점에서 보아도 그것은 놀랍게도 여러 문명이 혼합된 것이었다. 이 금속 화폐에 두 언어가 찍혀 있는데, 지배자(인도유럽인은 아니다)의 언어도 아니었고, 이 화폐를 유통하던 민족의 언어도 아니었다. (이란인이었고, 힌두인이나 그리스인은 아니었다). 그래서 이 민족은 적어도 교육을 통해 강력히 힌두화된 민족이었다. 팔리어 명문은 통용을 위한 것이었고, 〈그리스 명문은 단지 전통에 의해 보존된 것뿐이었다.〉

이처럼 합병된 아시아 중심부는 대부분 북방으로 전파된 불교를 통해 획득되었다. 팔리어를 사용한 것은 이 사실과 연관이 없는 것 같다. 더욱 후대의 정복에 의해 (예컨대 자바섬처럼) 산스크리트어가 전파된 것은 아니다.

불교를 살펴보면, 여러 왕조의 많은 왕이 〈불교〉를 받아들였다. 예컨대 유명한 인도스키티아의 왕인 [198] 카니슈카와 같은 왕이다(기원후 150년 〈100년〉).
〈아마도〉 그리스의 메난드로스 왕도 카니슈카왕처럼 불교를 일찌감치 받아들였는데(기원전 150년), 불교 문헌(밀린다왕과의 대담)에 나오는 밀린다(Milinda)왕이 금속 화폐에 찍혀 있는 메난드로스왕이라는 사실에 비추어 볼 때 그렇다.
최근 지금까지 미지의 언어였던 인도유럽어가 발견되었다. 현재로서는 극소수의 단편만 남아 있을 뿐이다. 기록 문헌은 있지만, 이들이 속한 민족이 어떤 민족이었는지는 설명할 수 없다. 〈토카리어〉.

불교는 무엇보다도 다언어 사용 종교였고, 경전을 번역해서 제공함으로써 여러 민족에게 퍼져 나갔다. 다언어 사용 불교는 인디아를 벗어나 진정한 언어[들]의 바벨탑이라고 할 수 있는 중앙아시아에서 〈어떤 외국어든지 그 지역어로 번역하려고 노력하면서〉 사람들에게 이해시키려고 계속 노력했다.

이러한 번역 활동으로 서고(書庫)가 생겨났고, 여러 불교 사원에 보존되었다.

[199] 그런데 한때 번성했던 중앙아시아의 많은 지방이 자연 조건으로 황량한 사막으로 변했는데, 물길이 다른 곳으로 방향을 바꾼 까닭이었다. 예컨대 고비 사막의 북서쪽에 있는 투르판 지방(중국령 투르케스탄, 동부의 경사지대) 같은 곳이 그렇다. 5, 6년 전에 독일 정부의 원정대가 여러 다른 분야의 비언어학자들의 주도하에 뜻하지 않은 큰 성과[들]를 여기서 거두었다.

이들은 이 사막 모래 아래 변질되지 않고 묻혀 있던 고대 불교 문헌과 비〈(불교)〉 문헌을 가지고 왔다. 이 원정에서 가져온 이 전리품은 언어학자들에게 배분되었다. 거기에서 〈당시에 전혀 보유하고 있지 않았던〉 이란어로 기록한 마니교 문헌을 발견했고, 또한 전체적 기반으로 볼 때, 인도유럽어로 보이지만 전혀 알려지지 않은 언어로 기록한 텍스트도 발견했다.

(인디아학 연구자 피셸의 제자 지크와 지글링, 《베를린 아카데미 보고서》, 개요, 1908 참조)

[200] 1) 이 수고 자료는 알려진 알파벳으로 기록하였는데, 브라흐미(brâhmî) 문자였다(전체 자료는 아니지만, 그 가운데 일부는 산스크리트어로 기록한 텍스트도 있었다). 이 특유 언어의 특수성을 표시하기 위해 몇몇 기

호도 같이 사용했다.

불교 문헌에 의거해 알려진 몇몇 구절 덕택에 〈이들이 불교 텍스트라는 것을 알게 되었다. 몇몇 관례적 표현을 이용해서〉 다수의 단어를 독해할 수 있었지만, 〈힌두어〉 원본이 없었기 때문에 그 나머지는 해독할 수 없었다.

이 언어는 격 대신에 접사를 이용했는데, 터키어의 접사와 유사한 문법수단이었다. 〈이 언어는 이질적인 면도 있었는데, 특히 명사 곡용을 대신하는 접사(터키어에 속하는 개별어의 유형) 때문이었다.〉 그렇지만 어휘는 인도유럽어 어휘였다(수사 계열, 친족 명사).

그래서 학자들은 이 언어가 인도이란어에 속한 것으로 생각했다. 〈그러나 전혀 그렇지 않았다.〉 인도이란어가 갖는 특징, 즉 $a\,e\,o$가 a로 합류되는 특성이 없었던 것이다.

okät＝$(ὀκτῶ)$ '8' 〈이는 완전히 유럽어적 특성이었다.〉 모음체계는 유럽어적이었다. 오히려 인도유럽어의 서부어파를 환기하는 많은 형태도 있었다. 〈다른 인접 언어와 비추어 볼 때, 슬라브어일 것이라는 생각이 든다. 그러나 슬라브어에는 연구개음이 치찰음으로 변화했었으나 이 언어는 그렇지 않았다.〉

이 중요한 특성, 즉 k 계열음이 치찰음화되는 것은 슬라브어적인 것이 아니다. 슬라브레트어와 인도이란어 세계 전체에 『치찰음이 있다.』

      산스크리트어: aṣṭau
      고대 슬라브어: osmĭ
      리투아니아어: aštuonì

지금까지 이 언어는 알려진 언어군에는 분류할 수 없었다. 이 언어는 인도유럽어의 새로운 분파였다. 이 언어는 동부 인도유럽 지역어들(슬라브어와 이란어)의 가장 분명한 특성에서 벗어난 것 같았다.

슬라브레트어와 인도이란어는 서로 밀접한 관련이 있다. 따라서 인도유럽어의 대언어군은 두 개가 아니라 세 개가 필요하다.

서부	슬라브레트어 인도이란어	새로운 특유 언어

이 특유 언어는 어디에서 사용하였는가? 〈세상 모든 것이 소장되어 있던 서고에서 발견되었다.〉 그렇지만 이를 알 수 없다. 이 언어를 어떤 주민이 [202] 사용했는지도 결정할 수 없다. 아마도 인디아와 이웃한 이란의 이 지방에 얼마 동안 함께 병존했던 〈인도스키티아 왕국을 세운〉 인도스키티아 주민의 일부인 것 같다.

이 시기는 파르티아 왕국이 페르시아를 정복하고(아르사시드 왕조 226년), 스키티아의 여러 다른 주민이 완전히 이국적인 외래 요소를 받아들인 때였다(어떤 주민은 알타이계 투라니아인이었고, 또 다른 주민은 인도유럽인이었다).

스트라본[115]은 이 스키티아 민족을 '토카로이(Τοχαροι)'로 명명했고, 이들은 인도유럽인일 가능성이 있다. 오늘날은 이 특유 언어를 토카리어로 부르며, 인도유럽 지역의 스키티아인에 한정된다.

---

115 Strabon(64/3 BC~24 AD). 기원전 1세기의 그리스 역사가, 지리학자, 철학자로서 저서로《지리지 Geographica》가 있다.

지금까지 우리는 단지 언어 외적 특성에만 관심을 가졌다.—《(역사, 출처와 관련해서)》.

마찬가지로 오직 외적 특성과 관련되는 지적 사항도 이러한 것이다.

1) 언어가 보존된 기념비적 유물의 고대성으로 보면, [203] 인도유럽어족은 그 밖의 단지 한두 뛰어난 어족에만 시대가 뒤진다는 것을 알 수 있다. 셈어, 이집트어, 중국어는 더욱 오래된 고대의 기념비적 유물이 있다. 그러나 중국의 기념비적 유물의 고대성은 언어적 관점에서 볼 때는 단지 착각에 지나지 않는다. 문자를 통해서 구어를 확실하게 발견할 수 없기 때문이다. (중국 문자를 어떤 방식으로 발음하더라도 그것은 언제나 똑같은 문자이다.)

이 인도유럽어족의 고대성은 다른 어족과는 비교가 안 된다. 다른 어족은 단지 200년 또는 300년 정도 과거로 소급할 뿐이다. (멕시코의 언어, 말레이어).

문헌자료에 의한 연대 확정에서도 인도유럽어는 필적할 언어가 없다.《리그 베다》는 기원전 1000년대를 넘어서고, 모든 남부 지대의 민족(이탈리아, 그리스)은 모두 기원전으로 거슬러 올라간다. 이와 반대로 아르메니아어뿐만 아니라 인도유럽 세계의 북부 절반은 단지 문헌자료에 기초한 [204] 언어사로는 그보다 훨씬 이후에 속한다. (켈트어, 게르만어, 슬라브어, 프러시아어군, 리투아니아어, 레트어는 16세기 이후에야 알려졌다.)

모든 인도유럽 개별어가 한결같이 오래된 언어인 것은 동일한 원시 지역어에서 발달했기 때문이다.

각 언어의 과거사 일부만이 역사시기에 속하느냐 또는 선사시기에 속하느냐 하는 것이 문제시된다.

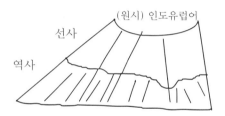

인도유럽 개별어의 고대성이 옛 모습이란 의미라면, 다시 말해서 인도유럽어 유형이 그 후 다소 심한 변화를 겪었다고 한다면, 이들이 보여 주는 고어성은 원칙적으로 문헌의 고대성과는 별개이다. 루터 이후로 알려진 리투아니아어는 리비우스 안드로니쿠스(기원전 260년)의 라틴어보다 훨씬 더 고어적 유형이다.

〈언어적으로〉 '잘 보존된'이란 의미의 '고대의'란 의미는 과거의 옛것(까마득한 옛 시기로부터 알려진 것)과는 아무 관계가 없다. 예전부터 알려진 언어가 더 고어적 형태를 보여 주는 상황도 있다. 한 언어 내에서도 [205] 과거 수 세기 전부터 알려진 언어가 더욱 고형에 속한다는 데는 이론의 여지가 없다. (예컨대 호메로스의 그리스어는 크세노폰의 그리스어보다 인도유럽어에 훨씬 더 가깝다.)

2) 지적 사항: 인도유럽어의 옛 기념비적 유산은 문자 덕택에 보관되었다. 문자는 필수적인 매체이다. 하지만 두어 가지 위대한 유산(우리가 보유한 것 중 가장 오래된 것들)은 문자 이외의 다른 매개를 통해서 우리 수중에 들어왔다. 그리스에서는 호메로스의 편저자가 이 시작품을 직접 기록한 것이 아님은 거의 확실하다. 그들 자신 이전에도 여전히 글로는 별로 기록하지 않던 각 학교가 있었다. 텍스트의 암기가 전달 수단으로 이용되었던 것이다.

문자와 비교해서 구전 문헌을 신뢰할 수 있는지에 대해 언어학자가 말할 것이 많다. 문자는 특히 형태를 왜곡했지만, 어쨌든 가능하면 후속적인 변화 없이 이 형태를 고정한다. 문자로는 1300년에 [206] 말하던 것을 1400년에 말한 것과 뒤섞을 수 없다. 그것이 기록된 최초의 연대라면 말이다.

기억으로 전승하는 것은 언어 자체와 같은 능력을 이용하지만, 언어는 수시로 변화하는 강과도 같다. 각 세대는 오직 기억을 통해서만 언어 자료를 전수한다. 이처럼 전승되는 텍스트는 보통 운문이며, 그것이 전수를 담보한다. 그러나 이처럼 전승된 텍스트는 시간이 지나면서 후대 언어의 여러 가지 면모가 섞여 들어갈 위험성이 늘 있다. 그래서 호메로스의 텍스트도 일부는 그렇다.
《리그 베다》의 찬가는 연대적으로 기나긴 기간에 걸쳐 있어서 이 귀중한 텍스트를 전수하려고 오직 기억에만 의존했다.

다른 한편 다른 종류의 기억 방식이 있는데, 이는 순수하게 시적, 문학적 즐거움을 향유하는 것이 목적인 음유시인이나 음영시인의 기억 방식과도 다르다. [207] 그것은 종교적 목적과 관련된 의례적 기억 방식이고, 이것은 훨씬 더 정확한 전수를 보장한다.—과거로 거슬러 올라가면, 찬가의 정확한 전달을 위해 엄청나게 신중하게 조심한 것을 알 수 있다. 《베다》를 정확한 형태로 암송할 뿐만 아니라 단어별로도 암송했다.—〈단어를 하나씩 분리해서. 그렇게 암송하면, 산스크리트어에서는 완전히 다른 것이 되어 버린다.〉 이로 인해 두 유형의 기록 텍스트가 산출되었다. 단어별로 암송된 형태는 '파다파타(Padapāṭha)'이다. 산스크리트어의 각 단어의 어미는 어떤 단어 앞에 놓이느냐에 따라 형태가 변화한다. 예컨대 후행하는 단어에 따라서 açvas'말(馬)', açvô, açva처럼 변화한다. 또 다른 종류의 암송은 '크람파타(Krampāṭha)'이다. 〈당시 브라만은 《베다》 텍스트 전체 책자를 여러 가지 방식으로 암송했다.〉

《베다》를 기록한 텍스트가 증거력을 갖는 것은 결코 아니었다. 〈기록 텍스트는 단지 보조적 수단이었다.〉 이로 인해 힌두어 음성학은 아주 놀랍게 발전했다. 《리그 베다》의 각 음성의 음가가 정확히 무엇인지를 '알아야' 했다. 그 결과 이 [208] 《베다》 텍스트는 수 세기를 지나서도 놀라운 상태로 잘 보존되었다. 독일어의 가장 오래된 텍스트는 서사 텍스트이다. 《힐데브란트의 노래 Hildebrandslied》는 9세기에 한 수도승이 기록했지만, 그 이전에는 구전되었다.

셋째 지적 사항: 문자로 보존하든 기억 이외의 다른 방식으로 보존하든 인도유럽어의 고어적 모습을 언어적으로 잘 간직한 것은 무엇보다도 종교적 관념과 인도유럽 세계의 주요 종교의 덕택이었다. 종교와 관련해서 일련의 모든 언어가 문자로 고정되면서 역사 속으로 들어왔다. 〈순수하게 역사적인 텍스트는 드물다.〉

아주 희귀한 사례는 다리우스왕의 명문으로서 역사적인 기념비적 자료이다.

언어적으로 볼 때 로마 세계의 확장 〈같은 정치적 움직임〉으로 라틴어가 중첩됨으로써 언어 자료는 파괴되었고, [209] 다른 지역어들이 훼손되었다.

《리그 베다》는 기념비적 종교 문헌으로 모든 것이 불교의 덕택이었고, 젠드 아베스타(이란의 경우)도 마찬가지이다. — 유럽의 북부 언어는 종교 덕택에 (기독교화로) 비로소 알려졌다.

기독교 선교사가 없었다면 켈트 전통의 옛 아일랜드어는 보존되지 않았을 것이다. 키릴로스와 메토디오스 사도 형제가 없었다면, 그처럼 오래된 시기의 슬라브어를 알지 못했을 것이다.

유럽 최후의 이교도 민족으로 남아 있던 리투아니아인도 가장 후대에 그 언어가 알려진 민족이다. 〈리투아니아어 문헌자료는 16세기에 와서야 출현하는데, 그것은 이때에 개신교 교리를 리투아니아어로 기록했기 때문이다.〉

네 번째 지적 사항: 인접 민족이 일정한 언어에 대해 끊임없이 기여한 지대한 역할 또한 놀랍다. 한 언어는 다른 언어에 대한 정보를 알려 주는 스승일 수도 있다. 언어가 정착될 때 [210] 그 정착 기간의 4분의 3은 문명의 사명을 이룩한 인접 민족들 덕택이었다. 예컨대 힌두인이 영향을 크게 미쳐 기록한 자바섬의 말레이어 같은 경우가 그것이다. 불교와 함께 문자를 가지고 온 것도 불교도 사절의 역사 덕분이었다.

한 민족의 언어의 역사는 민족 그 자체의 역사와 완전히 뒤섞여 있다.

다섯 번째 지적 사항: 인도유럽어족은 세월을 통해 언어 다양성이 가장 직접적으로 관찰되고, 연구 성과를 크게 낼 수 있는 어족이다. 하지만 이 어족은 또한 그것이 보여 주는 지리적 다양성이란 관점에서 아주 주목할 만한 연구대상이 된다. 인도유럽어의 방대한 방언의 연쇄가 갖는 면모보다 더욱 다양한 어족은 없기 때문이다.

이런 종류의 관심사는 다른 어족 어디에도 없다. 한 어족의 언어 다양성에 대해 이야기할 때, [211] 고려할 점은 다양성에 진정한 가치를 부여하는 통일성이라는 대응 개념과 관련해서 이 다양성을 이야기해야 한다는 것이다.

우랄알타이어도 다양성이 매우 크지만, 우리는 가까스로 원시 우랄알타이어를 재구할 수 있을 뿐이다. 이 다양성을 포괄하는 통일성을 명확히 설정할 수 없기 때문이다. 우랄산맥에서 캄차카반도에 이르는 연속된 언어 사슬에서 모든 언어는 서로 친근 관계는 있지만 결코 동심원과 같은 것은 없다.

인도유럽어는 다양한 흔적을 지니면서도 단 하나의 완벽하게 또렷한 메달 모습을 하고 있다.
우랄알타이어족은 다소 명확하나 다소 유사한 네다섯 개의 메달 모습이다. 그러나 이들을 하나의 분명한 메달 모습으로 만들 수는 없다.—

다른 한편 셈어족 같은 어족은 [212] 통일성이 없는 것이 아니라 넘쳐난다. 방언의 다양성에 대한 관심은 최소한으로 줄어든다. 여러 셈어족의 개별어의 최후 모습은 모두 매우 닮았다. 관심이 떨어지는 이유는 언어 변동이 대단히 적기 때문이다. 셈어 비교문법이 인도유럽어 비교문법에 비해 크게 뒤처진 것을 지적하는 학자들에게 셈어 학자들이 던지는 답변이다.

인도유럽어의 통일성은 이처럼 매우 명확해서 확증과 예외 사례를 같이 인용할 수 있을 정도이다. 네다섯 개의 단어가 널리 알려져 있는데, 인도이란어군이 인도유럽어족의 나머지 어군과 불일치하는 사항이 있기 때문이다.

	인도유럽어	인도이란어
마음	kịrd	ghṛd- (hṛd-aya — m)
문	dhvor -	dvor-
나	egō, egŏm	eghom
큰	megās	meghā-s

[213] 한 언어의 모든 특징은 시간에서 생겨난 불확실성이 만들어 낸다. 어떤 특성이 보존되는 것은 우연히 생겨난 결과이다. 이러한 관점에서 원시 인도유럽어로부터 관찰할 수 있는 가장 중요한 변화를 고찰하고, 또한 이로 인해 생겨난 다양한 인도유럽 개별어를 고찰하면, 굴절 메커니즘이 계속 약화되는 경향이 있고, 슬라브어는 이러한 굴절의 약화에 가장 거세게 저항한 언어이다.

이처럼 굴절이 약화되면 출발어의 언어 유형과 거의 대립하는 유형이 만들어지기에 이른다. 예컨대 영어는 굴절이 거의 소실되어 다른 문법 수단을 이용해야만 했고, 이로 인해 이제 인도유럽어와 대조해서 영어의 특징이 되었다. 이와 함께 문장의 통사론에서 [214] 단어 연쇄의 어순이 전반적으로 더욱 고정된 것이 목격되는 반면 원시 인도유럽어는 이러한 점에서 아주 자유로운 어순을 보인다.

일반적으로 동일한 관념을 표현하는 분석적 방식이 통합적 방식을 대체해 가는 경향이 나타났다. 동사 활용에는 조동사를 이용하는 분석적 형태가 만들어졌지만, 인도유럽어의 통합적 원리에 따르면 원래 하나의 단어로 구성된 형태만을 이용하는 것이었다.

원시 인도유럽어 자체의 특성을 보면, 음성학적 측면에서 형태의 외모가 갖는 단순성, 절제성, 규칙성에 놀라게 된다. 복잡한 자음군도 없고, 중복 자음군(ss, tt 제외. 중복은 그리 빈번하지 않다)도 없다. 서로 다른 음성 요소〈문자〉의 수도 [215] 다양하지만, 여전히 과도한 것은 아니다. 문법구조는 무엇보다도 굴절 체계가 특징이다.

인도유럽어는 굴절과 관계된 특성이 대단히 크게 발달했다. 명사나 동사의 단수, 복수, 쌍의 세 가지 수, 곡용의 8격, 아주 풍부한 활용으로 많은 법과 시제의 의미차가 나타나고, 현재 시제는 14가지 방식으로 구별할 수 있다.

많은 세부 사실은 이 유럽의 언어들이 얼마나 굴절과 밀접하게 관계가 있는지 잘 보여 준다. 예컨대 수사 자체도 극단적으로 굴절한다. 4까지의 수는 세 가지 성이 있다. 〈산스크리트어에서 수사 20은 다른 명사처럼 격의 굴절을 한다.〉

수사 2가 관련되는 쌍수 용법은 이런 점에서 특징적이다. 또 원시 인도유럽어는 [216] 전치사가 없다는 점에도 유의하자. 인도유럽어는 전치사가 점진적으로 생겨났는데, 이들은 upo, pro, peri와 같은 첨사를 전환해 만든 것이다. 하지만 이 첨사는 원래 동사의 미묘한 의미 차이를 만드는 데 이용되었다. 예컨대 문장 ὄρους βαίνω-κατα(산에서 나는 내려간다)에서 '카타 κατα'는 동사 『바이노 βαίνω』의 의미 차이를 드러내기 위해 이용한 별개의 품사였다. 단어의 관계는 굴절로써 표현하였다.

마지막으로 인도유럽어의 큰 장점은 단어 구성력이다. 그 덕택에 엄청나게 풍부한 언어자원이 산출되는데, 예컨대 (산스크리트어), 그리스어, 오늘날의 독일어와 같은 언어가 그렇다. 이러한 특징은 셈어에는 전혀 없는 특징이다. 이러한 단어 합성을 적용한 사례는 특히 인명의 합성이다. (폴뤼 카르포스 Πολυ-καρπος, 아리스토 데모스 Αριστο-δημος) [217] 두 단

어로 구성되는 셈어 명사들은 합성할 수 없고, 그저 짧은 두 문장이다. (l'
Eternel a accordé.'하나님께서 허락하셨다.')

끝으로 히르트의 《인도게르만인 *Die Indogermanen*》을 인용하자. 이는
이러한 점에서 인도유럽 민족과 그들의 언어에 대한 여러 가지 정보를 제
공한다.

[1911년 3월 7일]

2) 셈어족

무슬림 정복으로 아랍인이 지배하여 아주 넓게 확장된 영토와 그리스-로
마 영토 내에 흩어진 유대인을 제외하면, 예로부터 셈어가 사용된 영토는
상당히 협소해진다. (아라비아반도, 메소포타미아 평원과 지중해까지 이르는
지방도 추가, 팔레스타인 등)

더욱이 북부와 동부는 산맥과 [218] 바다로 둘러싸인 곳이다. 학자들은
이곳을 아랍 종족이 살았던 최초의 요람으로 간주하려고 했다. 왜냐하면
바빌로니아와 시리아는 셈인에게 정복당한 곳으로 명확하게 밝혀졌기 때
문이다. 아라비아는 지리적 요인으로 인해 관개가 가능한 비옥한 지방이
었던 곳으로 드러났다.

17세기의 동양학자들은 이미 셈어족에 속하는 여러 고유의 언어가 친근
관계가 너무나 분명해서 의심의 대상으로 삼지 않았다. 단지 최근에 와서
야 이 언어들을 셈어로 불렀고, 이 명칭은 그 어족 전체를 가리키는 명칭
이 되었다. 동양학자 슐뢰처[116]는 이 명칭을 《창세기》 제10장에서 빌려왔

---

116 A. L. von Schlözer(1735~1809). 독일의 역사가로서 인류 보편사를 성서를 기준

다. (여기 나오는 족보에는 노아의 세 아들인 셈, 함, 야벳으로 소급된다.) ―
(이것은 18세기의 일이다.)

《창세기》에 나오는 이 민족 계보를 작성한 사람은 [219] 셈, 함, 야벳을 언어 공동체를 가리키는 명칭으로 사용할 의도는 원래 없었다.

야벳인은 북부(소아시아)의 민족이고, 함인은 남부(이집트)의 민족이다. 셈인은 이 두 민족의 중간에 위치한 민족이다. 성서의 기록자들은 인종보다는 민족의 관계를 모두 기술하려고 했다.

이러한 이유로 이들은 〈셈인도 아니고 인도유럽인도 아닌〉 수사 지방의 엘람인을 셈인에 귀속했다.
다른 한편, 역시 셈인인 페니키아인은 함인과 결부되었는데, 그것은 이들이 이집트와 관계를 빈번히 맺었기 때문이다.
그러면 이집트인과 셈인의 관계가 확실한 것인가 하는 질문이 제기된다. 로슈몽테 후작[117]은 그 관계를 지적했다. 오늘날 독일학자 에르만[118]이 이 문제를 열심히 연구한다.
[220] 어휘보다는 문법적 (형태 구성의) 친근 관계에 입각해서.[119] 〈이 문

으로 나눈 인물이다. 천지창조로부터 노아의 홍수까지는 원시 세계, 노아의 홍수로부터 모세와 최초의 문헌 출현기까지는 암흑세계 등으로 예수 이전의 세계사를 성서에 입각하여 구분했다.

117 본명은 Mexence de Chalvet(1849~1891). 이집트학을 연구한 프랑스인으로서 나일강 좌안의 아트보(Atbô)의 호루스 신전 유적의 탁본을 떠왔다.

118 J. P. A. Erman(1854~1937). 독일의 이집트어학자로서 문법, 어학, 사전학에서 큰 업적을 남겼다.

119 기본 어휘나 일상 어휘를 가지고 친근 관계를 연구하는 언어선사 고생물학적 방법이 아니라 문법적 형태 구성의 방식이나 유형으로 친근 관계를 결정하는 방법을 말한다.

제는 해결된 것이 아니다.〉

학자들은 반박의 여지가 없어 보이는 친근 관계가 존재한다면, 이집트어
는 셈어 계통에 속하는 다른 특유 언어가 분리되기 이전에 이미 공통 기
반에서 분리된 것으로 추정한다.

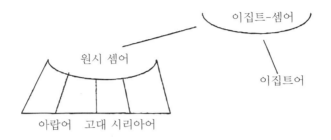

이집트어를 셈어족에 귀속하려면, 이들의 원시어〖공통 조어〗로 이집트-
셈어(égypto-sémitique)를 가정해야 할 것이다. 인도유럽어는 그러한 사
례를 전혀 발견할 수 없다. 학자들은 이집트어에서 과거 나일강 계곡에서
사용한 특유 언어가 분명 섞여 있을 것이라는 점을 인정한다.

덧붙일 말은 거기에 [221] 복잡한 문제가 얽혀 있다는 것이다. 베르베르
어(아프리카 북부)와 이집트 남부에서 쿠치어(파)로 불리는 특유 언어들
(소말리아-갈라 지역어)[120]도 있는데, 이들은 셈어와 공통된 특성을 보여
준다. 그러나 이집트어와 비교해 볼 때, 그리 두드러진 특성은 없다. 이들
을 넘어서는 또 다른 통일 언어로부터 생겨난 제3의 어파가 있을까? 아니
면 〖공통된 특성은〗 차용된 요소인가? 이 문제는 해결이 아주 막연하다.

---

120 쿠치어파에 속하는 언어집단(language cluster)으로서 이집트 남부, 에티오피아,
소말리아, 케냐 북부에 산재한 언어이다.

원시 셈어

이집트어   7

셈어의 언어체계를 연구한 아주 흥미로운 책은 르낭[121]의 저서이다(《셈어의 일반역사와 언어체계 비교 *Histoire générale et système comparé des langues sémitiques*》, 3판). 이는 셈어학에 정확히 상응하는 연구는 아니다. 셈어 비교문법 연구는 모두가 최근에 나온 책들이다. 마르세와 코엥이 공역한 브로켈만[122]의 《셈어학 요론 *Précis de linguistique sémitique*》(1909)이 있다.

문자는 상당히 오랜 과거로부터 [222] 셈인에게 널리 사용되었고, 이 문자는 페니키아인이 변형한 형태로 그 후 그리스 문자의 근간이 되었다(이는 이집트 상형문자 기호를 축약한 것이었다).—그것은 모압 왕국의 왕 메사/메샤(Mesa, Mēša')의 기념비석(기원전 900년)에 최초로 출현한다(오늘날은 루브르 박물관에 보존되어 있다).

앗시리아–바빌로니아어를 제외하면, 〈고대〉 셈어계 〘문자〙에는 이러한 특징이 있었다.

---

121 J. E. Renan(1823~1892). 프랑스의 셈어 전문가이자 문헌학자, 문명 연구자, 철학자, 역사가. 초기 기독교 연구로 유명하다. 셈어 연구로는 인용된 저서(1855)가 있다.

122 C. Brockelmann(1868~1956). 독일의 셈어학자이자 동양학자로서 아랍 문학사의 연구로 유명하며, 언급된 번역본의 원전은 《*Semitische Sprachwissenschaft*》(1906)이다.

즉 이 문자는 모음의 자리가 없고, 단지 자음만이 기록되었다.

이 문자의 한 변이형인 히브리어 문자도 마찬가지이다. 모음이 표시되는 경우, 극히 우연히 그렇게 표시한 것이다. ―

ai(i를 표기할 수도 있다)   이중모음의 둘째 요소[모음]를
                            표기하려고 했는데, 그것을 자음
ai au   자음으로 생각했기 때문이다. ―
┌
ê ô

〈몇몇 모음이 표시된 것은 이중모음이 실제로 1개 모음 + 1개 자음으로 분할되었기 때문이다.〉

〈파피루스나 양피지에 이를 적어 옮길 때, 몇몇 모음은 요행히 표기되기도 했다. 하나의 모음이었던 이중모음의 둘째 요소가 모음이 자음으로 발음되는 경우에는 그렇게 표시했다.〉

[223] 수많은 논란을 거쳐 히브리어 모음체계가 확정되었다. 기원후에 와서 모음을 점(點)으로 표시하기 시작했을 때, 모음체계는 당연히 변경해야 했다. 다행히도 설형문자는 모음을 표시했다.

이 셈어 문자가 어디서 어떻게 만들어졌는지는 아무도 모른다. 셈어족에 속하는 어느 민족이 만들었지만, 정확히 어느 민족인지 모른다. 이런 이유로 이 문자에 셈어 문자라는 명칭을 붙인 것이다. 무슨 이유로 이들은 그러한 문자를 만들 생각을 했을까? 이 문제와 관련해 수많은 가설이 제시되었다. 그중 한 가설은 셈어 문자가 이집트 상형문자 기호를 축약한 것에서 파생했다는 것이다. 또 다른 가정은 설형문자나 미노스 치하의 크레타인의 문자가 기원이라고도 한다.

이 문자의 기원이 무엇이든, 셈어 문자의 근간으로 이용된 모든 문자와는 별개로 [224] 창제된 진정한 문자라는 것이다. 이 문자를 통해서 얼마 후에 알파벳 문자가 최초로 만들어졌고, (음성 요소의 일부인 자음만을 고려하면,) 알파벳과는 크게 동떨어지지 않은 문자 유형이라는 것이다. 〈이는 인류에게 엄청난 혜택이었다.〉 이 셈어 문자로부터 유래하는 문자는 다음과 같다. 1) 눈에는 아주 다양한 것처럼 보이지만 기존에 알려진 모든 셈어 문자, 예컨대 아랍어 문자, 히브리어 글자이다. 하지만 앗시리아-바빌로니아어 설형문자는 제외된다. 2) 페니키아인을 매개로 만들어진 그리스어 문자와, 여기서 생겨난 일련의 이탈릭어 문자, 특히 로마 문자. 3) 기존에 알려진 모든 알파벳 문자들, 즉 동부 셈어계에서도 사용된 문자들.

3) 셈어 세계를 넘어 서아시아에 알려진 수많은 문자들에 그치지 않는데, 셈어 문자를 변형해 만든 문자도[225] 있기 때문이다(펠비어 문자[123]의 경우가 그렇다). 또한 인디아의 아주 오랜 고문자처럼 〈확실하지는 않지만〉 근거가 그리 분명하지 않은 문자도 있다. 인도학 연구자 알브레히트 베버[124]는 이들이 셈어 문자가 변형된 문자로 본다. 터키인이 아랍어 문자를 사용하기 전에 터키어 방언은 셈어 문자에서 파생된 문자로 기록되었다.

2) 그리스어 문자. 여기서는 아주 흥미로운 현상을 목격하는데, 그것은 셈인의 번데기가 인도유럽인에 와서는 나비가 되는 현상을 보기 때문이다. 1) 모음을 표기하고, 2) 모음을 점이나 자음에 종속된 수단으로 더 이상 표기하지 않는 성과를 이룩했다.

---

[123] 사싼 왕조의 중기 이란어인 펠비어를 기록한 문자로서 아람어 알파벳에서 독자적으로 파생되었다.

[124] A. Weber(1825~1901). 독일의 인도학자이자 역사가이다.

⊤ ⊤ ti 이는 음절문자 체계에 이를 수도 있었지만, 그리스인은 발화 연쇄에서 서로 대립하는 동질적 분할체가 있으며, 이를 각각 하나의 특수한 문자로 표기할 가치가 있다고 보았다.

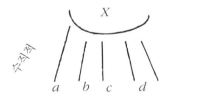

이는 알파벳 표기체계로서 유일한 합리적 문자체계였다.

1) 가장 고형태의 문자로 알려졌다고 해서 그것이 〈반드시〉 과거에 존재했던 가장 고형태의 문자를 의미하는 것은 아니다. 고형의 문자의 직접적인 근원은 일반적으로 역사 그 너머에 있다.

[226] 강의노트 Ⅵ

수직적

X

a b c d

$a > b > c$
수평적

〈셈어 알파벳에서〉 알려진 가장 고형의 문자는 요르단 강 동안(東岸)에 세워진, 모압 왕국의 왕 메샤[125]의 명문에 나온다(기원전 900년). 실로아 수로(水路)의 완공을 축성하는 요르단 강 서안(西岸)의 명문에도 있고, 이

---

125 디본에 건립된 모압 왕국의 왕 메샤의 비문(Mesha Stele)으로 유명하다. 이 왕은 《구약성서》의 〈사무엘서〉와 〈열왕기하〉에 나오는 왕이다.

와 거의 동일 시기의 키프로스 명문에도 나온다. 이들 문자의 유형은 〈원시 셈어 문자의 모습과〉 거의 차이가 없는 것으로 간주된다. 거기서 도합 22개의 문자를 볼 수 있다. [문장 끊김] 〈이 문자를 때로는 모압어 문자로도 불렀다.〉 이 문자의 모습은 원시 그리스어의 문자 모양과 매우 비슷하다. 〈히브리어 글자보다는 이에 더 가깝다.〉

문자의 선은 자유로이 긋는다. 〈이들은 히브리어 문자가 가진 규칙성이 없었다.〉

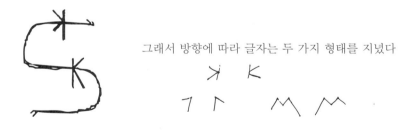

[227] 문자는 오른쪽에서 왼쪽으로 쓰는데, 아비시니아인을 제외하고는 여러 셈 부족이 그렇게 썼다. 그리스인은 때로는 왼쪽에서 오른쪽으로 쓰다가 때로는 오른쪽에서 왼쪽으로 글을 쓰면서 오랫동안 '부스트로페돈(βουστροφηδόν)'[126]을 실시했다.

그래서 방향에 따라 글자는 두 가지 형태를 지녔다

---

126 소가 밭을 갈듯이 행마다 좌에서 우로, 우에서 좌로 방향을 바꿔 글을 쓰는 방법이다.

이런 식으로 해서 문자의 형태는 문자를 쓰는 방향에 달려 있었다. 셈인 중 문제의 이 문자 유형을 가장 잘 간직한 민족은 (더 최초이기는 하지만) 페니키아인이었다. 그리하여 그리스어 문자가 모압왕의 문자와 왜 그렇게 흡사한지를 비로소 알게 되었다. 이 문자가 유대인의 문자라는 데는 의심의 여지가 없다.

유대인이 사용한 동전도 이 문자가 기원전 150년까지 사용되었음을 알려준다. 성서의 여러 책도 이 모압어 문자의 유형으로 기록되었다.

[228] 그 후 여러 가지 아람어 문자가 나타났는데(시리아 지방), 히브리인은 이들 아람어 문자 가운데 한 가지를 기원전 300년경에 채택했고, 이를 다소 세련된 형태로 개조했다. 이것이 우리가 지금 알고 있는 히브리어 문자(사각형 히브리어 문자)이며, 그 모습이나 스타일은 우리가 방금 이야기한 문자와는 아주 다르다. 다른 한편 고대 시리아어 알파벳이나 사마리아인의 문자 같은 다른 아람어 문자들도 있었다.

3) 아람어의 한 변이체인 나바테아어〖문자〗로부터[127] 아랍인의 문자가 생겨났다. 가장 오랜 아랍어 옛 명문은 다마스에서 그리 멀지 않은 나마라의 명문(기원후 4세기)으로, 여기서는 여전히 나바테아어 글자를 볼 수 있고, 이로부터 특히 아랍어 문자가 발달했다. 이때부터 이 두 문자 체계, 즉 쿠파체 문자(바그다드 지역의 도시 쿠파 Kūfa에서 유래한다)와 〖나바테아어의〗 필기체 문자가 서로 나란히 사용된 것으로 보아야 한다.

쿠파체 문자란 명칭은 무슬림 명문에[229] 기록된 아랍어 문자를 가리키

---

127 서부 아람어의 한 변이체로서 요르단강 동안과 시나이반도에서 사용된 언어이다. 아랍인이 계속 이 지방으로 이주하면서 점차 아랍어화되고 동화되었다. p. 198의 [244] 참조.

는 것으로, 12세기까지는 간결한 형식의 문자였다.

다른 한편 필기체 문자는 눈으로 그냥 보면 쿠파체 문자와 전혀 다른 문자로서, 오랫동안 쿠파체에서 파생된 서체로 간주되었다. 〈실제로는 그렇게 될 수 없었다.〉 아주 오래된 필기체로 쓴 수고 문헌들이 발견되었기에 이들 두 서체는 오랫동안 경쟁적으로 사용된 것으로 결론이 내려졌다. 그래서 아랍어 학자들은 쿠파체 문자를 명문에 사용할 목적으로 만든 양식화된 형태의 서체로 간주하기에 이르렀다. 12세기 이후부터 (《꾸란》의 구절에는 여전히 쿠파체 문자를 유지하면서도) 아랍어 명문은 필기체를 채택했다.

4) 〈언어적으로 볼 때 아라비아반도의 남부가 분리된 것과 마찬가지로〉 아라비아 남서부 해안에도 일련의 힘야르어 명문[128]이 있는데, 이는 고대 셈어 문자에서 파생된 또 다른 문자이다.

5) 아비시니아어. 아비시니아의 기독교 문헌에 사용한 셈어로서 이는 고대 셈어 문자가 또 달리 독창적으로 발달한 모습을 보여 준다. 고대 셈어 문자는 후행 모음에 따라 자음 형태가 바뀌는[230] 모음 표기체계로 발전했다. 그래서 때로는 문자 형태 자체도 바뀐다.

아비시니아어 문자를 제외하고, 이 모든 셈어 문자들은 모음을 고려하지 않았거나 모음을 생략하는 초기의 결점을 보완하려고 개정을 시도했으나 제대로 개정되지 않았다. 아랍 문자는 a, i, u(ou)를 구별하려고 시도했지만, 점을 찍는 이 표기법은 오늘날까지도 여전히 아주 임의적인 표기 방

---

128 원문은 inscriptions himfariques인데, 편집자 M&G(2005, p. 77)는 himfariques를 확인할 수 없다고 지적한다. 그러나 그 뒤의 208쪽에 inscriptions himyartiques가 나온다. 후자의 오자인 듯하다. 한국어 번역 주 147 참조.

식으로 남아 있다. a, i, u의 세 모음이 실제적인 모음체계와 상응하지 않기 때문이다. (ô, au 등은 기재되지 않는다.)

셈어족에 속하는 언어

일반적으로 동부 셈어(앗시리아 – 바빌로니아어)에는 서부 셈어, 남부 셈어가 대조된다.

서부 셈어에는 가나안어와 아람어가 포함되고, 남부 셈어에는 아랍어와 아비시니아어가 포함된다.

서부 셈어에는 우선 [231] 가나안어파가 있다. 이스라엘인은 가나안에 이주해 온 민족이다. 이들이 가나안에 들어오기 전에 히브리어와 유사한 방언이 가나안에 널리 사용되었다는 것은 의심의 여지가 없다. 히브리인이 도래하기 전에 가나안 지방에 사용된 방언이 이주한 히브리인의 언어와 과연 얼마나 유사했는지를 아는 것도 문제이다. 이 〈과거의〉 가나안 방언의 존재가 알려진 것은 1) 텔 알 아마르나(이집트)[129]의 주해서를 통해서였다. 아메노피스 4세 치하의 〈(설형문자로 기록된)〉 외교문서 일체가 여기서 발견되었다. 거기서 기원전 15세기의 가나안 〈이스라엘인은 전혀 아닌〉 왕자들의 서신이 발견되었다. 〈설형문자가 문헌의 주종을 이루었지만,〉 가나안어로 번역한 단어들의 주해서, 번역어도 있었다.

---

129 카이로 남부 나일강 동안(東岸)의 고고학적 유적지로서, 파라오 아케나톤(아메노피스 4세의 개명)이 재위 5년 차에 세운 옛 도시이다. 여기에서 설형문자(아마르나 문자)로 기록된 파라오의 외교문서 점토판이 발굴되었고, 대부분이 아카디아어라는 것이 밝혀졌다.

〈2〉〉 그리고 모압 왕국의 왕 메샤(Méša)의 기념비(900년)도 있다. 〈요르단강 건너편 동안(東岸)에 있지만, 분명 가나안어이다.〉 이 가나안어는 후에 이스라엘인의 히브리어에는 좀 더 최근형에 일치하는 형태로 나타난다. 《구약성서》를 기록한 히브리어에서도 이 같은 문제가 제기된다. 즉 정말 오래된 고형의 구약 단편들은 [232] 어떤 것인가? 특히 《사사기》 제5책〈장〉에 나오는 데보라의 노래와 같은 것이다.

히브리어는 고대 가나안어의 고대 이스라엘어 분파에서 발달한 언어이다. 이 언어〈히브리어〉는 언제까지 실제로 민중어로 사용되었는가? 우리는 잠시 후 이 히브리어가 아람어로 완전히 대체된 것으로 말하려고 한다. 그러나 어느 시기에 이 아람어가 팔레스타인 지방에 널리 퍼졌는가? 히브리인이 바빌론 유수에서 돌아왔을 때, 가나안 지방에서 아람어를 이미 발견했다고들 한다. 그 시기를 헬레니즘 시기(기원전 300년)로 정하려고들 하는데, 이때 이미 히브리어는 사어(死語)화되었기 때문이다. 그래서 〈[이 히브리어는] 학교를 통해 전수되는 문명 현상이 되었다.〉 《시라슈 지혜서》(기원전 200년에서 유래)는 훌륭한 히브리어로 기록되었으나 이미 현학적인 기념물로 간주해야 한다. 이 책[의 히브리어는]은 더 이상 구어가 아니다. 〈하지만 경전에는 포함했다.〉 《에스더서》나 《전도서》와 같은 성서는 아람어화된 히브리어로 기록되었다.

[233] 그 후 히브리어는 두 종류의 《탈무드》〈(히브리어로 기록한 주해서)〉를 기록한 학술어로서 전승되지만, 아람어의 영향을 피할 수는 없었다. 기원후 7세기경(탈무드 시기)에 단모음의 발음이 고정되었다. 이 발음은 〈고대의〉 전통에 기초하였으나, 그 정확성 여부는 논란이 있다.

〈모음체계라는 관점에서 볼 때,〉 진정한 기념비적인 것은 《70인역 성서》[130]〈알렉산드로스대왕의 이집트 원정 시기〉에서 찾아야 한다. (〈히브리어〉 고유명사의 그리스어 번역어는 당시의 모음체계를 보여 준다.) 그리스어 알파벳이라는 베일을 통해서이다. 그런데 이 기념비적 모음체계는 전통과 반드시 일치하는 것은 아니었다. 〈흔히 거기서 분석해 낸 발음은 7세기의 발음을 전혀 확증해 주지 않기 때문이다.〉 (모음이 첨가된 것은 회당에서 성서를 정확하게 낭송하기 위해서였다.) 히브리어는 〈거의〉 변하지 않는 언어와 같은 효과를 얻는데, 이는 곧 아주 옛 시기에 어떤 규범으로 정착되었음을 가리킨다. 순수한 문학어나 학교 언어로 사용되기 전에 이 특유 언어는 이미 인위적으로 고정되었던 것이다.

[234] 〈페니키니아어〉

가나안어의 다른 언어 분파는 페니키아어로 대표된다. 페니키아어는 꽤 많은 명문을 통해 알려졌으나 대개 400년 이후의 것들이다. 어떤 명문은 9세기까지 소급된다. 가장 유명한 명문은 시돈의 왕 에쉬무나자르의 석관 명문인데,[131] 그 연대는 확정하기 어렵다. (아마도 고대의 명문은 아닌 것 같다.) 페니키아인은 문학작품을 거의 갖지 못했던 민족 같다. 이 민족은 당시 세계적으로 문자를 확산했으나 그것은 상업적인 목적에서였다. 종족상으로 볼 때, 페니키아인과 이스라엘인은 명확하게 대조되기 때문에 이처럼 질문한다. 즉 페니키아인은 정말 셈족인가? (이 문제에 대한 르낭의 논의 참조)[132] 확실한 것은 셈족에 속하는 가나안인들 이전에 이미

---

130 기원전 3세기경에 히브리어로 기록한 구약성서를 코이네 그리스어로 번역한 성서이다. 70명의 유대인이 번역한 데서 그 이름이 유래한다. 코이네 그리스어는 당시 이집트의 알렉산드리아와 동부 지중해 지방의 공통어(교통어)였다..

131 페니키아 문자로 가나안 페니키아어를 기록한 석관으로 유명하다.

132 앞에서 언급한 E. Renan, 《셈어의 일반역사와 언어체계 비교 *Histoire générale et*

비셈족이 있었다는 것을 성서에서 언급한다는 점이다. (정확하지는 않지만, 인종이 확정되지 않은 [235] 필리시테인일 것이다.)[133] 〈이들을 페니키아인으로 봐서는 안 된다.〉 아마도 페니키아인은 셈어를 채택했던 족속 중 하나가 아닐까? 〈아마도 후대에 정복한 민족의 언어에 동화된 토착 부족이거나 반대로 정복된 토착 부족의 언어에 동화된 민족인 것으로 추정된다.〉 〈페니키아인이 남겨 놓은 언어적 유산은 순전히 셈어로 된 것들이다.〉 산쿠니아톤의 《페니키아의 역사》 단편들[134]과 한논의 《여행기》 단편들[135]이 남아 있다. 〈그리스인과 로마인이 인용한 글귀도 남아 있다.〉

페니키아어는 히브리어와 아주 유사하지만 〈특히 모음체계로 구별된다〉. 페니키아 식민지배지 가운데 카르타고는 매우 중요했다.[136] 거기서 페니키아인은 '푸니쿠스(Punicus)'로 불렸다. 〈그리고 그곳의 언어는 '푸니쿠스어(punique)'로 불렸다〉. 카르타고에는 많은 명문이 남아 있다. 플라우투스의 《포에눌루스》[137]에는 푸니쿠스어 단어가 나온다. 그러나 이 단어들은 아주 많이 변화했다. 〈플라우투스는 이들을 이해하지 못할 정도는 아니었

---

système comparé des langues sémitiques》(Paris, 1878)을 가리키는 것 같다.

133 블레셋 족속으로서 히브리어로는 플리스팀(Plištim) 또는 플레셋(Plěšet)이다. 《70인역 성서》에는 '알로필로이 ἀλλόφυλοι'(다른 민족들)로 나온다. 남서 가나안 해안 지방에 거주하던 민족이다. 인도유럽인으로 귀속하기도 하지만, 그 기원(그리스, 아나톨리아, 페니키아 등)은 불확실하다.

134 Sanchuniathon은 페니키아어로 기록한 철학, 종교와 신화, 역사를 다룬 3종의 저작을 남겼으나 남아 있는 것은 필로(Philo)가 그리스어로 번역한 단편들뿐이다.

135 Hannon은 기원전 7~6세기에 북아프리카로부터 서아프리카에 이르는 해안을 탐험한 카르타고의 여행가이다. 역시 그리스어로 번역한 단편들이 남아 있다.

136 기원전 9세기에 페니키아인은 북아프리카 해안(지금의 튀니스)에 거주하여 도시를 세우고, 기원전 5세기에 카르타고 제국의 면모를 갖추었다. 기원전 146년 로마에 멸망당한 해상 왕국이다.

137 T. M. Plautus, 《소카르타고인 Poenulus》은 라틴 초기 희곡작품으로, 카르타고의 페니키아어가 담겨 있다.

다.〉 이들로부터 끌어낼 수 있는 중요한 것이라고는 별로 없다. 로마인이 사용한 고유명사는 그것이 셈어라는 것을 알려 준다. 〈몇몇 명사는 다소 형태가 바뀌었지만, 라틴어에 이입된 것이 사실이다.〉

suffes, -etis〈카르타고의 제 1행정관을 가리킨다〉는 히브리어 šōfēt(재판관)에 대응한다.

(𐤇𐤍𐤁𐤏𐤋)
Hanni-baal(히브리어 baʿal) '한니-발' 〖주님의 은총을 입은〗
Hanni-bālis '한니발의'

[236] 카르타고의 농업서들이 있는데, 카토[138]와 다른 농업서 작가들은 이 카르타고의 농업서들을 인용했다.[139] 카르타고의 페니키아어는 카르타고가 멸망한 이후에도 살아남았다. 기원후 5세기에도 사용되었으나, 아랍 작가를 인용한 조제프 알레비[140]에 따르면, 실제로는 그 후에도 사용되었다. 〈[그는] 무슬림이 그곳을 정복했을 때 아랍인은 자신도 거의 이해하는 특유 언어를 발견했다고[141] 말했다. 아마 이 언어는 푸니쿠스어였을 것이다.〉

페니키아의 페니키아어는 기원전 100년경 소멸되었고 아람어로 대체되

---

138 카토(M. P. Cato)가 지은 《농업서 *De Re Rustica*》(기원전 160년)를 가리킨다.
139 로마가 카르타고와 포에니 전쟁을 치르고 식민 지배한 이후로 이곳은 로마의 곡창 지대로서 풍부한 농산물을 제공했다.
140 J. Halévy(1827~1917). 프랑스 유대인이자 동양학 학자로서 셈어를 주로 연구했다. 앗시리아-바빌로니아어 명문의 문자는 셈계 수메르어가 아니라는 주장을 폈다.
141 무슬림 아랍인의 북아프리카 정복은 7세기부터 점차 이루어졌고, 그 이후부터 북아프리카 지방은 마그렙(Maghreb, '해가 지는 곳')으로 불렸다.

었다. 페니키아어 명문은 특히 지중해의 모든 연안에서 발견된다. [키프로스, 말타, 사르디냐, 마르세유, 에스파냐, 키레나이아,[142] 페이라이에우스(페니키아어와 그리스어 이언어 명문)][143]

서부 셈어의 다른 언어군은 아람어이다. 아람인은 메소포타미아 서부의 고대 사막 유목민이었다. 이들은 기원전 14세기 이래 앗시리아-바빌로니아 유적에서 아리미인(Arrimi)이라는 명칭으로 언급된다. 아리미인의 이웃 민족은 이들의 침입을 크게 두려워했다. 〈정착 거주민과 이웃하여 살게 되면서 결국에는 이들을 정복해 버렸다.〉 [237] 아람인은 북부 시리아의 정복으로 〈시리아 북부에〉 정착했고, (히타이트 민족의) 기존 문명에 동화되었다.—여기에서 최초의 아람어 명문이 발견된다.

그리하여 아람어의 영향은 앗시리아-바빌로니아 세계에 엄청나게 확대되었다. 6세기에 페르시아인이 이 지역의 맹주가 되었을 때, 아람어는 절호의 기회를 얻어 아시아의 국제어로 자리 잡았다. 아람 화폐와 함께 동전들이 페르시아인에 의해 소아시아에서 주조되기는 했지만, 소아시아에는 아람인이 살지 않았다.

앗시리아-바빌로니아어와 가나안어는 아람어를 점차 잠식했다. 헬레니즘 시대로부터 아랍인의 침입 때까지 〈9세기, 10세기 동안〉 그 전(全) 시기는 셈족 문화가 아람어로만 꽃피던 시기였다. 지리적으로 아람어는 셈족 세계의 북부 전역을 휩쓸었다. 다른 한편, 그 당시까지만 해도 아랍어는 이 지역에 아직 도래하지 않았다. 아랍어는 당시 오직 명문으로만 알

---

142 지금의 리비아 지방이다.
143 그리스 아테네의 항구 지역이다.

려진, 어둠에 쌓인 부족의 언어에 불과했다.

아람어는 세 어파를 구별해야 한다.

가장 중요한 것은 고대 시리아어 또는 북부 아람어이다. 그 중심지는 에데싸이다.[144] 이 언어는 기원전에는 〈문학적으로〉 개화된 언어였다. 그러나 〈우리에게 알려지기는〉 고대 시리아 문헌은 기원후 200년에 〈9세기에. D[égallier])〉 가서야 나타나기 시작한다. 이는 완전히 기독교 문헌이었으며, 성서 번역으로부터 시작되었고, 그 후에 신학이 활발하게 발달했다(예수 그리스도의 [신성/인성의] 이원적 본성 여부에 대한 논의들)〈(여러 다른 종파 간의 무익한 논의들)〉.

야코프파는 네스토리우스파(동부의 고대 시리아어)에 대항하는 서부의 고대 시리아어를 대표한다. 이로부터 특히 모음을 발음하는 두 가지 전통이 생겨났다. 아랍 정복 이후에 고대 시리아어는 문학적으로 세련된 학술어가 되었다. 그러나 고대 시리아어는 학술어의 형태로서 12세기와 13세기까지 유지되었다. 아랍 〈작가들〉은 고대 시리아 문학을 많이 이용했다. 오늘날 고대 시리아의 아람어는 전혀 남아 있지 않다. 〈시리아인의 철학과 종교 사상은 진정한 종파가 낳은 산물인데, 이러한 신학 사상은 이웃 민족인 갈데아인 덕택에 멀리까지 퍼졌고, 이들은 자기 언어인 동부 아람어 또는 갈데아어로 이를 널리 전파했다.〉

동부 아람어는 아르메니아의 산악지대로부터 골프만 입구까지 널리 사용되었다. 그것은 앗시리아–바빌로니아의 옛 영토를 휩쓸다시피 사용되었

---

144 지금의 우르하로 메소포타미아 상부의 소국(小國) 오스로에네의 수도였다.

다. 동부 아람어는 사싼 왕조의 페르시아에서 큰 역할을 했다. 〈(펠비어에도 차용되었다)〉. 이 아람어는 중국까지 전파된 네스토리우스파의 교리를 포교하는 수단이었고, 거기서는 흔히 갈데아어(즉 갈데아에서 발생한 아람어)로 불렸다.

우리에게는 만다이야 교도나 만다이타이 교도의[145] 영지주의파 문헌이 남아 있다. 〈유대교 문헌도 기독교 문헌도 아니다〉. 이 문헌은 아주 순수한 아람어를 보여 준다.

동부 아람어는 오늘날까지 몇몇 제한된 지역에서 여전히 사용되는 유일한 어파이다. 즉 모술 동부와 북부, 우르미아 호수의 [240] 동안(東岸)에서 사용된다.[146]

서부 아람어는 히브리어를 뒤따르는 운명을 겪었고, 기원전부터 이스라엘의 역사와 문학과 뒤섞였다. 여러 종류의 문헌자료를 통해 추적하기에는 상당히 복잡하다. 이 작업은 더욱 특수한 셈어 문헌학에 속한다. 예컨대 《에스라서》, 《다니엘서》와 같은 몇몇 성서(기원전 6세기)는 순수한 아람어로 기록되었다. 팔레스타인 지역의 아람어가 〈고대 히브리 지역어를 교체하면서 이 아람어는 예수 그리스도가 살았던 시대에 널리 사용된 유일한 언어가 되었다.〉
《복음서》에 이 아람어는 거의 간접 화법에서만 나온다.

히브리어로 기록된 텍스트를 이해할 필요성 때문에 타르굼(히브리어 성서

---

145 전자는 단일신, 침례, 영지주의를 고수하는 종교도이고, 후자는 근동의 기독교 고백 종파이다.
146 이 두 곳은 현재의 이라크 북동부와 이란의 서아제르바이잔 지방이다.

본문을 아람어로 풀어서 쓴 주해서)이 생겨났고, 〈사람들이 이를 회당에서 읽었다〉

약간의 문헌이 있는 사마리아어는 아람어와 관련이 있다. 그 일부가 오늘날 레바논에 [241] 일부 남아 있다. 〈이는 아랍어 이외의 다른 셈어 방언에 남아 있는 희귀한 사례이다.〉

남부 셈어

남부 셈어는 다음과 같이 세분된다. 남부 아랍어＋아비시니아어와 그 나머지 언어가 대조된다. 사실상 아라비아반도 남부에서 사용되는 아랍 방언 간의 차이는 북부 아랍 방언 간의 차이보다 훨씬 더 심하다. 〈특히〉 예멘 지방의) 남부 아랍어가 그렇다. 일찍부터 이 지방에는 문명이 발달했다. 〈지리적 상황으로 인해〉 이 지역은 다소간 외진 세계이다. 〈아라비아반도의 나머지 다른 지역과 떨어져 있다.〉 남부 아랍어는 무슬림의 정복〈이 정복으로 남부 아랍어는 사라졌다〉 때까지 이곳에서 사용되었고, 북부의 아랍어와는 아주 다른 언어였다. 이 남부 아랍어는 몇몇 섬에서 사용되는 것을 제외하고는 아무런 흔적도 남겨 놓지 않았다(예컨대 소코트라 섬에 남아 있으나 이 방언은 심하게 변화했다). 남부 아랍어는 단지 기원 초 몇 세기의 힘야르어[147] 명문을 통해서만 알려졌고, 셈어 알파벳에서 파생된 알파벳으로 기록되었다. [242] 최후의 명문은 6세기에서 유래한다. (무슬림의 정복은 7세기였다). 이 남부 아랍어는 쉐바 어군과 마인 어군[148]으

---

147 남부 아라비아의 지방어이다. 아라비아 남서부 해안에 기원전 6～2세기에 소왕국으로 존재하다가 남부의 대왕국으로 발전한 예멘의 옛 힘야르 왕국(Royaume himyarite)의 명문이다.

148 기원전. 약 1000년의 예멘의 옛 민족이 사용한 언어이다.

로 구별된다. 고어법 가운데서 이 방언에 남아 있는 것은 〈원시 셈어와는〉 분리된 세 종류의 치마찰음이다.

남부 아랍어에서 아비시니아어로 바뀌는 변화과정은 아주 명확하다. 〈아 프리카 대륙이 해안을 따라〉 예멘의 옛 일부로 식민 지배를 받았으나, 아 비시니아 종족이 셈족 요소들과 어느 정도 많이 섞여 있는지는 말할 수 없다. 요컨대 아비시니아 〈종족이 어떤 민족인지를〉 〈정확히 말할 수는 없다.〉

'아비신(Abyssin)'이란 명칭은 그리스인이 사용한 옛 명칭 '아바세노이('Aβ ασηνoí)'와 일치하지만, 그 민족의 명칭은 게즈(geíez)이다. 게즈 지역어 가 명명할 수 있는 가장 정확한 명칭이다. 지금도 여전히 에티오피아어라 고 말하는 경우가 많다.

에티오피아의 기독교 교회는 〖이집트〗 알렉산드리아의 대주교구 소속이 었다. [243] 전적으로 기독교적인 게즈어 문헌은 그리스어나 《《꾸란》의〉 아랍어에서 번역되거나 번안된 200여 권으로 구성된다. 게즈인이 사용한 문자는 일찍부터 모음을 표기했다. 게즈인이 기독교로 개종하기 이전에 기록된 명문들이 있다. 가장 오래된 것은 기원후 350년의 헤자나('Ezanā) 왕의 명문으로 사바어[149]로 전사되었지만 모음이 여전히 없다. 기독교로 개종한 레자나스왕[150]의 묘비 명문에는 〈이미〉 모음이 조금씩 출현하는

---

149 아라비아반도 남부, 예멘, 북부 에티오피아에 있던 사바 왕국의 언어이다.

150 레자나스(Lezanas)왕의 명칭은 확인되지 않는다. 헤자나('Ezana)왕은 기독교를 받 아들여 개종한 최초의 악숨 왕국의 왕으로서 성인으로 추앙받았고, 그의 기념비석 (Ezana Stele) 명문은 유명하다. 그의 형제 사이자나(Saizana)는 기독교 발전에 크 게 공을 세워 역시 성인으로 추대되었다.

것을 알 수 있다. 흔히 암하라어라고들 말하지만, 이를 옛 악숨 왕국의 언어였던 고대 에티오피아 게즈어와 혼동해서는 안 된다. 1270년에 암하라 부족은 코아[151]에서 발흥한 왕조와 함께 지배적인 세력이 되었다. [244] 이 암하라 방언이 이 시기의 문헌에서 고대 에티오피아 게즈어를 대체했다. 오늘날 티그레어[152]로 부르는 언어는 게즈어에서 생겨났지만, 문헌 게즈어와는 다른 방언에 속한다.

〈고유한 의미의〉 아랍어

오랜 고대 역사에 출현하는 것은 나바테아인(나바타이오이 $Na\beta a\tau a\~{\iota}o\iota$)[153] 이라는 명칭이며, 이는 다마스에서 메카에 이르는 부족 전체를 가리킨다. 이들 주민의 기반은 아랍인이며, 귀족계층은 아람인이었다. 나바테아 명문을 통해 가장 오래된 아랍어를 알 수 있다. 가장 오래된 명문은 328년에서 유래하는 나마라의 명문이다. 다음으로 기원후 6세기의 두세 명문은 고전 아랍어와 매우 흡사한데, 고전 아랍어는 무슬림 정복으로 널리 전파되었다. [245] 목동들이 바위에 새긴 낙서도 있다(이들은 단지 명칭에 불과하지만, 페니키아어 문자와 아주 흡사한 글자로 기록되었다).

《꾸란》에 의해 고정된 아랍어는 불변의 형태가 되었고, 〈이러한 고정 형태로 전파되는데〉, 이것이 고전적 형태의 문헌 아랍어로서 구어 아랍어 〈또는 대중 아랍어〉와 대립된다. 우리는 대중적인 〈그리고 실제 상용되는〉 방언을 알고 싶어 하지만, 실제로 중세 전체를 통해 알 수 있는 것이라고는 없다. 대중의 방언으로 결코 기록하지 않았기 때문이다. 〈이는 《꾸

---

151 지금의 쉐와로 수도 아디스아바바의 옛 도시이다.
152 아프리카 북동부의 북부 에티오피아와 에리트리아에서 사용하는 언어이다.
153 유프라테스강과 홍해 사이의 아라비아와 시리아 경계 지역의 고대 상업 민족이다.

란》이 절대적으로 우세하게 지배했기 때문이다.〉베두인의 몇몇 민요를 제외하면, 『대중 아랍어는』 완전히 소멸되었다. 근대에 와서도 구어 아랍어를 기록한 역사는 기껏 50년밖에 안 된다(말타섬).

이러한 언어상황은 셈어학자의 무관심과 셈어는 불변한다는 믿음에서 생겨났는데, 이에 따르면 [246] 셈어는 〈구어와 문어 사이에〉 별 차이가 없을 것이라는 것이다. (이는 틀린 말이다.) 아랍어의 구어 방언은 크게 다섯 가지로 세분할 수 있다. 1) 아라비아〈반도 자체의〉 아랍어, 2) 고대 갈대아의 아랍어, 3) 시리아의 아랍어, 4) 이집트의 아랍어, 5) 모로코까지 이르는 아프리카 북부 해안의 아랍어 또는 마그레브의 아랍어(말타섬의 방언인 말타 아랍어도 포함하지만, 여기에는 이탈리아어 요소가 상당 부분 들어 있다.) 이들 방언에 대한 연구는 셈어족 전체와, 특히 그 모음체계를 연구하는 데에 중요하다. 구어 아랍어 방언은 셈어의 모음체계 연구에 필요한 사실상 유일한 출발점이다. 모든 셈족 언어 가운데 활발하게 사용되는 언어로서 유일하게 살아남은 것이 아랍어이기 때문이다. 〈우리는 고대 방언의 모음체계는 잘 알지 못한다. 그 나머지 방언은 단지 전통을 통해서만 알 수 있지만, 그 전통이 틀린 것일 수도 있다.〉

〈동부 셈어〉

앗시리아-바빌로니아어 또는 앗시리아어『로도 부르는데』, 앗시리아-바빌로니아 시기에 [247] 남부와 북부에 사용되던 셈어는 방언적 차이가 거의 인식되지 않았기 때문이다.

〈우리가 인정하는 바는〉 셈 종족은 남부에서 출발하여 『티그리스와 유프라테스』 두 강을 거슬러 올라가면서 확산되었다는 것이다. 〈페르시아어

설형문자는〉 바빌로니아 설형문자가 다리우스왕의 위대한 명문에 나오는
『고대』 페르시아어 단어열의 해독으로 알려졌다는 것을 살펴보았다. 이
페르시아어와 바빌로니아어의 이 두 문자〈설형문자〉는 그 외형도 매우 다
르다.

〈페르시아어보다〉 바빌로니아어 설형문자에 무수히 더 많은 기호가 있다.
단지 가장 직접적인 문자체계만 말하더라도 첫째 것〈(페르시아어 문자)〉은
거의 알파벳 형태에 가깝지만, 〈(훨씬 더 오래된)〉 둘째 것은 〈단지〉 음절
문자의 형태이다. 왜냐하면 음성문자가 아닌 다른 문자도 거기에 섞여 있
기 때문이다. 이 문자는 극도로 복잡하다.

다중음 문자가 아주 많다. [248] 다시 말해서 〈표의문자 체계 외에 다양
한 음절에〉 적용될 수 있는 음절 기호가 있다. 전체 문자 체계는 음성문자
체계와 더불어 병행하는 표의문자 체계가 섞여 있다. 독법은 흔히 논란이
많은 데다 〈난해하다. 하지만 앗시리아-바빌로니아어에는 모호함이 전혀
없다.〉 게다가 바빌로니아어의 문법은 상당히 과거로 소급할 수 있다. 이
언어의 모음체계는 흥미롭다. 셈어에 속하는 어떤 언어도 굴절이 발달하
지 않았으나 바빌로니아어는 굴절을 상당 부분 그대로 간직하고 있다.

르낭은 바빌로니아어 설형문자로 기록된 셈어를 인정하기를 거부했다.
이는 이례적인 일이다. 〈이는 호기심을 끄는 논증이지만, 이미 오래되었
고 매우 비과학적인 것이다. 중요한 문제는 이것이다.〉 즉 앗시리아-바빌
로니아어는 앗시리아-바빌로니아어 설형문자가 드러내 준 유일한 언어가
아니라는 것과, 〈흔히 그 이면 또는 둘째 열은 다른 언어로 되어 있다는
것〉을 학자들은 즉시 깨달았다. 앗시리아-바빌로니아어와 흔히 대조되는
일련의 명문 전체는 다른 언어로 기록되었다. 이 언어는 수메르어로 불렸

고(오페르트),[154] [249] 인도유럽 주민이나 셈 주민이 사용한 갈데아의 원시어와는 다른 언어였다는 것이다. 〈오늘날 지배적 견해는 이렇다.〉 유프라테스강과 티그리스강의 분지에 셈인이 거주하기 이전에 수메르 문명이 있었다는 것이다. 이 수메르인이 누구인지는 모르지만, 이들이 설형문자를 창제했고, 셈인이 거기에 도래하면서 사용했다. 그래서 수메르어를 (갈데아어 이전에 존재했던) 원시 갈데아어라고도 부른다.

이를 또한 아카드어(아카드 지방의 [방언] – 창세기)로도 부를 수 있는가? 오페르트 학파와 대립되는 학파를 만든 창시자인 조제프 알레비는 수메르어는 존재하지 않았다고 하면서 이 수메르 문헌은 모두 다른 문자체계(표의문자)에 의거해 기록된 앗시리아어일 것이라고 주장했다. 따라서 그 기원으로부터 메소포타미아에는 [250] 오직 셈인만이 살았을 것이라고 했다. 오늘날 이 견해를 지지하는 학자도 있지만, 대부분의 학자는 이를 인정하지 않는다.

〈이들 문헌 자료 가운데 출현하는〉 아람어는 8세기로 거슬러 올라간다. 아람어로 된 표식이 붙은 상업계약서가 벽돌에 기록된 것이 발견되었다. 이 고대 앗시리아–바빌로니아 지역어가 소멸된 것은 아람어의 영향이다. 알렉산드로스대왕 시기에 이 고대어는 이미 소멸되었다.

또한 우랄알타이어족도 살펴봐야 하겠지만 그럴 시간이 없고, 《랑그》라는 제목의 장으로 넘어가자. 셈어에 대한 결론적인 사항을 언급한 후, 유럽의 언어 상태를 일별하기로 한다.

---

154 J. Oppert(1825~1905). 프랑스의 독일계 앗시리아학 학자로서 아카디아어 전문가이다. 앗시리아–바빌로니아어 명문의 문자를 수메르어라는 명칭으로 최초로 사용했다.

셈어의 일반적인 유형적 특성

보유: 어떤 언어 특성도 시간의 영향을 피하지 못한다. 언어 특성이 보존되는 것은 우연의 결과로 생각할 수 있다. 이 특성은 [251] 일정 시기에 대해서만 지적할 수 있고, 때로는 불특정 시기에도 가능하다. 셈어족의 원시 시기와 일반적 진화과정을 구별해야 한다. 흔히 한 가지 특성이 이 두 시기, 즉 원시 시기와 진화과정에 공통되기도 하지만, 그것은 우연히 그렇게 된 것이다.

1) 셈어는 굴절이 있지만, 인도유럽어보다는 굴절이 훨씬 없는 편이다. 오늘날 알려진 셈어에는 굴절이 없으나 원시 셈어(이는 앗시리아-바빌로니아어를 통해 알 수 있다)에는 굴절이 꽤 많이 있었다.

2) 셈어는 접미사법이 없다. 접미사 사용은 인도유럽어 용법에 비해 거의 미미한 정도이다. 이는 원시 셈어의 특징이며, 후에 전체 발달 시기를 통해 확인되었다. 그 기원으로부터 굴절어인 인도유럽어가 계속 굴절어로 남아 있는 것처럼 말이다. 따라서 셈어는 파생으로 형성된 파생어가 거의 없다.

3) 셈어에는 단어 합성이 발달하지 않았다. 접미사를 싫어하는 것과 관련이 있다.

[252] 4) 인도유럽어는 어순이 아주 자유로우나 셈어는 그 기원으로부터 어순이 아주 엄격히 정해져 있었다. 굴절이 더 발달할수록 어순은 더 자유롭다. 몇몇 셈어는 어순이 더 자유로운 방향으로 발달한 것을 알 수 있지만, 인도유럽어는 이와 반대로 고정된 어순의 방향으로 발달했다.

5) 가장 유명한 특성은 셈어 어근의 형태와 역할이다. 셈어 어근과 관련해서 모든 곳에서 지적할 수 있는 사항은 세 가지이다.

a) 어근이 언제나 세 자음을 요구한다는 점에서 어근의 형태는 고정되어 있다. 예컨대 q-t-l qaṭal '그는 죽인다', 〖m-l-k〗 melek '왕', malk '왕'.

b) 이 세 자음 요소의 (소위) 불변성이다. qaṭal에서 세 자음은 형태가 여러 가지로 바뀌어도 변하지 않고 남는다. 이는 모음과 대조된다. qtôl '죽이다', qôtel '죽이는 (자)'.

[253] 〖자음의〗 불변성은 또한 방언이 바뀌어도 세 요소는 영향을 받지 않은 채 그대로 재발견된다는 것을 의미하며, 반면 모음만이 변동한다.

gatilum	melek
gitalum	malk

c) 기능과 관련된 특성: 자음이 골격이고, 모음은 살과 근육이라고 한다. 그러나 다른 언어처럼 셈어도 이러한 항구적인 특성은 순수하게 우연의 결과이다.

요약하면
1) 세 자음은 a) 원시 셈어의 특성이다. 인도유럽어는 다소 확실한 몇몇 형태에 어근이 포함되어 있다. b) 모든 시대를 포괄하는 범시적 특성이다. 이 특성은 전반적으로 실제 유지되었지만, 음성 변화의 작용으로 없어질 수 있다.

2) 이른바 〖자음의〗 불변성. 우선 이 불변성은 믿을 수 없을 것 같다. 예컨대 [254] 히브리어에서

'anāšīm 복수(사람들)

'N Š

그러나 [복수] 'ēnš에 대응하는 단수 'ēš '사람'에는 자음 하나가 소실되었다.

거의 변하지 않는 불변성을 인정하더라도 어근만 그런 것인가? 그렇지 않다. 단지 음성적으로 변화하지 않았을 뿐이다. 이는 음성 진화로 생긴 현상이며, 항구적인 문법현상은 아니다.

어근의 불변성: 음성적 현상은 없었지만, 몇 세대 지나지 않아 음성변화 현상이 개입하여 이 불변성을 파괴했다.

3) 모음과 대립하는 자음의 역할. 이것도 또한 진화로 생긴 현상이다. 우연에 의해 유의미한 요소가 만들어진다.

dabar '말(word)', dbâr-îm '말들', dibrê-kem '너의 말들'

이는 독일어 fliessen '흐르다', floss '흘렀다',[155] eu, ou와 비교할 수 있다. 이 차이는 원래 순수하게 음성적인 것이었고, 그 후 〖문법적〗 의미작용을 [255] 가졌던 것이다. 원래는 이런 의도가 없었다. 어근은 단지 음성 현상

---

155 fliessen, floss에서 어근의 자음 f-l-s는 불변하나 모음교체 i/o로 문법기능이 달라짐을 일부 엿볼 수 있다.

의 작용만 받아들였다. 이 음성적 차이가 그 후 정신에 포착되어 이용되었고, 『문법형의』 모델로 사용되었다.

[1911년 4월 18일]

『제6장』 유럽 일별

(카이사르와 트라야누스 치하의) 고대 유럽에서, 외곽 지역이나 심지어 광역 지방에도 비인도유럽어의 사례가 많이 있었을 가능성이 크다. 역사의 여명으로부터 인도유럽인의 물결이 유럽을 휩쓸었다. 〈그러나 알다시피 이 물결은 더욱 고대에 이미 정착한 언어들과 접촉했다〉. [256a] 해독할 수는 있으나 정체를 알 수 없는 몇몇 명문(렘노스섬)을 통해 그리스 세계에는 이방 언어를 사용하는 주민이 살았다는 것도 안다. 아마도 호메로스에 나오는 신티에스 Σίντιες는[156] 보이오티아의 미니에스인(미뉘아이 Μινύαι)과 친족관계가 있는 것 같다.

로마 정복을 전후하여 예컨대 사르데냐에서는 무슨 언어가 사용되었을까? 무슨 언어인지는 알지 못하지만, 분명히 인도유럽어는 아닌 언어가 사용되었을 것이다. ―
브르타뉴에서는 켈트어가 사용되었지만, 오늘날의 스코틀랜드에 살던 픽트인과 스코틀랜드인이 인도유럽인이었는지는 불확실하다.
에스파냐(반도)에는 인도유럽어가 아닐 가능성이 농후한 중요한 언어가 있었다. 요컨대 게르만인과 슬라브인이 침입하기 이전에 유럽의 모습은

---

156 렘노스섬의 최초의 주민이다.

아주 잡다한 양상을 띤 지도와 같았을 것이다.

만일 이러한 민족 대이동이 있기 이전의 유럽의 언어상황을 알 수 있다
면, 유럽에는 다수의 비인도유럽 민족이 살았다는 것을 알 수 있을 것이
다. 기존에 알려진 특유한 언어 외에도 비인도유럽 종족이 사용한 집단어
가 많이 있었을 가능성을 어느 정도 추측할 수 있을 것이다.

[256b] 특유 언어가 완전히 소멸한다는 것을 쉽사리 믿어서는 안 된다.

슬라브인과 타타르인으로 둘러싸인 크림 반도의 고트인은 17세기에도 여
전히 고트어를 사용했지만, 이는 우리가 우연히 알게 된 사실일 뿐이다.
엘베 강 주변에 고립된, 슬라브인의 언어 섬은 최근까지도 남아 있었다.

〈현재의 언어상황에서〉 유럽 대륙에 어떤 특유 언어가 비인도유럽어인
가? 서유럽에는 바스크인의 언어, 즉 유스카 또는 에스쿠아 지방의 『언어
가』 있을 뿐이다. [257] 바스크어는 〈『프랑스와 에스파냐』 국경 양쪽에서
사용되고 있으나〉 대부분 프랑스의 나바르 지방에서 사용된다. 바스크어
는 인도유럽어가 아니다. 1545년 이전에는 기록된 텍스트가 전혀 없었다.
요컨대 그 기원을 알 수 있는 자연적 수단만이 우리에게 남아 있을 뿐이
다. 다른 언어와의 비교〈(심지어 아프리카 베르베르어와의 비교)〉를 통해서
도 우리가 얻을 수 있는 지식이라고는 없다. 산악 지방에 사는 바스크 주
민은 잔류 토착민일 가능성이 아주 높다. 이베리아인이 잔류하여 그 일부
가 남은 주민일 가능성이 있다. 〈이 이베리아 족속에 관해서는 아는 바가
전혀 없으며, 그들의 언어조차도 알지 못한다.〉

서부 지역을 벗어나서 중부 유럽에는 헝가리 주민 집단 또는 마자르인이

있다. 또 다른 명칭인 '헝가리(Hungari)'란 이름은 기원이 매우 모호하다. 이는 몇몇 소수 주민을 부르는 러시아어 명칭(우그리 Ugry)과 일치한다. 이 비인도유럽인은 역사 시기가 한창 진행될 때 유럽에 도래했음을 알 수 있다. 즉 이들은 900년경 슬라브인의 거주지 한가운데에 도래했음을 알 수 있다. 〈그래서 이들은 슬라브인을 둘로 나누었다.〉 헝가리인 도래 이전에는, [258] 〈(샤를마뉴 시대에 도래한)〉 아바르인[157]과 〈(그 이전에 들어온)〉 훈족도 있었다. 이들도 인도유럽인이 아니었다. 아바르어와 훈어는 알려진 것이 거의 없다. 이들 언어가 마자르인의 언어와 친근 관계가 있는지를 확증해 주는 것이라고는 없다. 친근 관계가 확실한 부족은 마자르인과 〈유럽 북동부의〉 핀란드인이다. 〈약 100만 명에 달하는〉 마자르인은 헝가리에서 별개의 두 주민 집단을 형성했다. 가장 중요한 집단은 서부의 집단으로 북서 프레스부르크와 각을 세우고 있었다. 헝가리 남동부에 있는 또 다른 집단은 특히 루마니아인과 접촉했다. 이미 18세기 말에 마자르어와 핀란드어 사이에 친근 관계가 인지되었다.

핀란드 제어

다수의 어파를 구별해야 한다. 즉 핀란드의 핀란드어는 특히 핀란드 내부에 있고, 다음으로 핀란드만의 남부 해안을 따라 에스토니아어가 있다. 〈(여기에는 두 방언, 즉 레발 방언과 모이사 방언이 있다)〉 〈(타키투스가 말하는 아에스티인은 리투아니아인이었고, 이들이 에스토니아인에게 자신의 명칭을 붙였다.)〉

리보니아어도 있지만, 쿠릴랜드 북동부에는 [259] 거의 남아 있지 않다.

---

157 중앙 아시아의 터키, 몽골계의 유목민이다.

이 세 언어는 고유한 의미의 핀란드어라는 명칭으로 묶인다. 민족 명칭은 수오미인이다. 〈러시아인은 핀란드인을 츄디인으로 불렀다.〉 수오미어는 더욱 특수하게는 핀란드어를 가리킨다. 구어로 보존된 서사문학이 있으며, 이는 아주 흥미롭다. 핀란드의 《일리아스》로 불리는 칼레발라의 시가 수집되었다.

1) 랩랜드인[사미인]의 언어는 핀란드어의 한 어파이지만, 핀란드어와 각별히 친근 관계가 있다. 랩랜드인은 노르웨이와 핀란드의 북부에 산다. 〈특히 스웨덴의 북부에.〉 이 핀란드인 집단은 예로부터 게르만인과 접촉했다. 핀란드인 집단은 역사적으로 소실된 게르만어 형태를 재생한다. (덴마크 학자 빌헬름 톰센[158]의 저서 참조)

사례

랩랜드어	aylogas	핀란드어	aglegas(거룩한)
원시 게르만어	*hailogas	원형	*hailagas
고대 고지 독일어	heilag		
독일어	heilig		

핀란드어(벱스어)	palgiš(풀무)	핀란드어	kerne'멧돌', baratte'수염', sairas
	*balgis	고대 고지	quirn	sêr'고통'
			(아픈)
독일어	Balg'풀무'	독일어	

---

158 V. Thomsen(1842~1927). 덴마크의 언어학자, 문헌학자이자 터키학 학자이다. 핀란드어에 차용된 독일어 연구는《핀란드어/랩랜드어에 미친 게르만어의 영향: 언어사 탐구 *Über den Einfluss der germanischen Sprachen auf die finnisch-lappischen: Eine sprachgeschichtliche Untersuchung*》(1870)이다.

[260] 2) 볼가강 근처에서 사용하는 체레미스어와 모르도바어도 역시 핀란드어이다.

3) 페름어와 핀페름어는 페름 지역에서 사용한다. 〈위도 61~76도는 (북위 55~65도이다.)〉 그곳 가까이에는 또한 마자르어와 더 직접적으로 관계가 있는 보굴 주민도 있다. 일련의 수사 명칭에서 특히 그 친근 관계를 알 수 있다.

헝가리어		체레미스어
atyam	나의 아버지	atyam
atyad	너의 아버지	atyat
atya-nk	우리 아버지	atyane 우리 아버지

핀란드어와 마자르어는 우랄알타이어인가? 이 문제는 복잡하다. 우랄알타이어에는 퉁구스어(만주어), 몽골어, 터키어, 타타르어와 아마도 핀우글어도 포함된다. 이는 덴마크 언어학자 톰센이 확언한 바 있다.

수 세기 전부터 언어들이 뒤섞여 버린 유목 민족도 문제이다. 『이들 언어는』 기원상의 친근 관계가 아니라 상대적인 [261] 친근 관계만 이야기할 수 있다. 모든 우랄알타이어 가운데 핀란드어와 가장 유사한 언어는 〈북극해에 있는〉 사모예드어이다. 유럽 대륙에 비인도유럽어로 남아 있는 유일한 언어로는 오래전에 정착한 터키어가 있는데, 터키인은 콘스탄티노플이 함락되기 1,000년 전에 유럽에 거주했다. 6세기에 러시아 남부에는 타타르인이 있었다. 〈아조프해 주변에〉 유럽에 속하는 대부분의 터키 주민〈터키인=타타르인〉은 소아시아가 아니라 러시아 남부를 통해 이곳에 도래했다. 중요한 두 터키 종족은 코만인과 페체네기인이다. 〈볼가강을 따라서 그리고 루마니아에는 타타르인이 있다.〉 불가리아 주민은 그 기원이 터키인이거나 핀란드인〈마자르인〉일 수 있고, 슬라브어를 채택해서 사용했다. 우리가 아는 터키어는 기원후 8세기로 거슬러 올라간다. 바이칼호 주변의 오르콘 명문에 나온다. 이 명문은 724년에서 유래한다(톰센이 해독).

[262] 〈인도유럽 개별 언어는 1) 비인도유럽어라는 섬을 완전히 흡수했고, 2) 이들을 서로 통일하려고 끊임없이 발달했다.〉 유럽의 통일된 주요 언어는 소수 언어를 소멸하면서 발달했다. 그래서 3) 상당히 많은 언어가 소멸되었다. 또한 특히 켈트어파와 그리스어는 그 수가 많이 감소했다. 세 가지 주요한 언어 분파가 비인도유럽지역어의 자리를 대신 점유했다. 1) 라틴어, 2) 게르만어, 3) 슬라브어이다. 이들 각 언어 분파 내에서 집단어들이 내적으로 통일된 것을 목격할 수 있다. 〈슬라브어 분파 내의 어느 한 언어가 결국은 지배할 것인데, 아마도 러시아어일 것이다.〉

강의노트 Ⅶ

일반언어학
(제2부: 랑그)

에밀 콩스탕탱
문학사 지망생

[1911년 4월 25일]

[263] 『제1장』 랑그

우리는 랑그를 연구하는 것이기 때문에 인간언어와 관련한 모든 현상을 연구할 의도는 없다. 랑그와 인간언어를 대립시키는 것은 그것이 인간언어의 주요한 본질적인 부분이기 때문인데, 하지만 랑그는 단지 ⟨이 인간언어의⟩ 일부에 불과하다.

우리에게 랑그는 사회적 산물이며, 그것이 존재하기에 개인은 언어능력을 실행한다. 범위가 한정된 문제를 다룰 때라도 그 전체를 보는 시야를 당연히 가져야 한다. 인간언어는 여러 가지 측면에서 복합적이고 다양하며, 이질적인 영역이다. 그 결과 인간언어의 전체를 취하면, 이를 다른 인간 현상과 함께 분류할 수 없다. 다양한 영역(물리적, 정신적 영역, 또는 개인적, 사회적 영역)에 동시에 걸쳐 있기 때문이다. ⟨인간언어에 통일성을 어떻게 부여할지는 모르겠다.⟩

랑그는 복잡하기는 하지만 분석이 가능한 전체이며, 그 자체로는 유기체이므로 분류가 가능하다. 랑그는 정신에 포착되는 통일된 실체인 까닭에

[264] 인간언어의 전체 현상 가운데 이 통일체에 우선적인 지위를 부여할 수 있다. 〈다른 것들은 거기에 종속된 것으로서 랑그가 그 중심이고, 그 나머지 사실은 거기에 의존한다.〉 그렇게 되면 인간언어와 관련되는 현상에 내적 질서를 부여할 수 있다. 이러한 시도에 즉시 반론을 제기할 수 있다. 우리에게 언어능력이란 〈말하자면〉 자연으로부터 부여받은 능력이다. 이와 반대로 랑그는 관습적으로 습득된 것이다. 이러한 랑그가 자연적 현상, 즉 선천적 본능보다 우위를 점할 수는 없다. 그 반대로 이 선천적 본능으로부터 랑그를 추출해 내야 한다. 1) 하지만 우선 언어능력을 어느 정도까지 선천적인 것으로 생각할 수 있느냐 하는 문제가 있다. 언어학자들은 아직 이 문제에 대해 일정한 답변을 제시하지 못하고 있다. 마치 인간이 걷기 위해 다리가 갖춰진 것처럼 음성기관도 말하기〈발화하기(articuler)〉를 위한 기관으로 생겨난 것인가 하는 문제도 논란이 분분했다. 요컨대 휘트니[원문 Whithney][159]는 언어를 말하기 위해서 다른 기호체계 대신 [265] 음성기관을 선택한 것은 〈결국〉 가장 편리했기 때문이라고 주장했다.

'분절하다(articuler)'는 〈흔히는〉 말이 명료하게 구별되도록 발화한다는 것을 의미한다. 〈(그러나 여기서는 그러한 의미가 아니다.)〉

분절언어(〈라틴어〉 articulus〈사지, 부분〉)는 〈1)〉 연속된 음절을 하위 분할체로 구분하는 것을 가리킬 수도 있다. 〈2)〉 또한 〈발화〉 연쇄를 유의미한 단위로 구분하는 것을 가리킬 수도 있다. 〈(gegliderte Sprache'분절어'

---

159 W. Whitney(1827~1894). 미국의 언어학자이자 문헌학자이다. 사회제도로서, 관습으로서의 언어관과 자의성에 대한 논의로 소쉬르가 인용한다. 주저로 《언어의 삶과 성장: 언어과학 개요 *The Life and Growth of Language: An Outline of Linguistic Science*》(1875)가 있다. 원문에는 Whithney로 잘못 쓰였다.

또는 Rede'분절 발화')〉

분절언어 능력은 선천적이라는 생각을 갖게 되는 것은 우리 발음기관의 천부적 소인(素因) 때문이다. 브로카[160]가 발견한 사실은 언어능력이 좌뇌 전엽의 제3 회전부에 위치한다는 것이었다. 그러나 이 전엽의 제3 회전부가 언어장애를 지배하고, 글쓰기 능력을 정상적으로 발휘하는 것을 통제한다. 〈따라서 이 부위는 더욱 일반적으로 말해서 기호 능력을 지배하는 전엽 회전부일 것이다.〉 〈(결국 언어학은 기호과학이 될 수밖에 없다.)〉

2) 둘째, 확실한 것은 이 언어능력이 우리에게 선천적으로 주어진 것이라고 하더라도 그것이 랑그로 부르는 것을 사회집단으로부터 수용하지 않으면 우리는 그 능력을 사용할 수 없다는 점이다. 우리는 인간언어의 현상을 일반화하는 통일체를 이 랑그 내에서 볼 수 있다.

[266] 인간언어가 작용하는 다양한 영역에서 우리가 한정한 랑그가 차지하는 특별 영역을 생각해 보자. 이 다양한 영역은 <u>개인적 행위</u>에서 관찰해야 한다. 인간언어가 관련되는 경우 개인적 행위는 두 개인을 전제로 한다. 그래서 '발화순환'으로 부르는 전체 과정이 생겨난다.

---

160 P. Broca(1824~1880). 프랑스의 외과의사, 해부학자이자 인류학자이다. 대뇌의 좌뇌 전두엽에 언어를 담당하는 중추가 있다고 보고, 이 부위에 장애를 가진 실어증 환자들을 연구한 바 있다. 브로카 실어증은 표현장애 실어증이며, 말을 이해하는 데는 별 어려움이 없다.

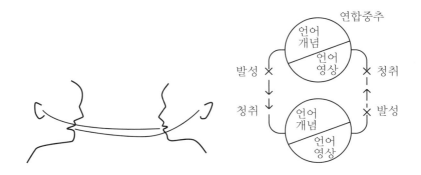

순수하게 정신적인 연합중추 내에서 언어적 개념과 언어적 영상이 서로 만난다.

『이들을』 중개하는 다른 요소도 틀림없이 필요할 것이다. 예를 들면 발성에 앞서는 근육영상과 같은 것이다. 〈이 그림에는 기본 요소만 나와 있다.〉

1) 순수하게 물리적인 부분, 즉 음파. 2) 생리적인 부분, 즉 발성과 청취. 3) 정신적 요소로는 [267] 언어〈(또는 청각)〉영상이 있다. 이 청각영상은 음성이라는 비정신적인 (물리적인) 현상과 철저히 구별해야 한다.

언어 〈(청각)〉 영상은 정신적인 감각으로 바뀐 음성이다. 〈언어영상은 이것과 결부된 개념만큼이나 마찬가지로 정신적인 것이다.〉 개념과 청각영상은 둘 다 똑같이 정신적인 것이다.

이 발화순환은 매우 다양한 부분으로 구분할 수 있음을 각자 알 수 있다. 1) 발화순환을 내적 부분과 외적 부분으로 구분한다.

외적 부분은 입술에서 귀에 〈이르는〉 과정으로 음성 진동을 나타내는 부분이다. 다른 부분〈(내적 부분)〉은 이를 제외한 모든 부분으로 나타낼 수 있다.

2) 물리적인 부분, 즉 〈(음성기관의 진동과 운동)〉과 정신적인 부분(〈(그 외의 모든 것)〉으로 구분한다.

음성기관의 운동은 당연히 물리적인 부분에 속한다.

3) 〈(청취에서 연상중추까지의)〉 수동적인 부분과 (〈연상중추에서 청취에 이르는)〉 능동적인 부분으로 구분되는 것도 볼 수 있다.

[268] 4) 정신적인 부분만 따로 취하면, 이 부분 내에서 능동적인 부분과 수동적인 부분을 구별하는 경우, 이것을 각각 '실행적'인 부분과 '수용적'인 부분으로 부를 수 있다.

계속해서 개인적인 차원에서 모든 단어들과 관련해서 앞으로 반복적으로 발생할 모든 상황과 관련해서 발화순환을 고찰한다면, 한 가지 빠진 사항을 추가해야 하는데, 즉 그것은 〈(다수의 언어영상이 수용되면서)〉 점차 의식에 조금씩 포착되는 이 전체 과정을 통제하는 규칙적인 조정 작용이다.

이 언어영상들은 언어 주체에게 일정한 순서로 들어온다.

이 조정 작용을 통해 우리는 랑그라는 관념에 접근할 수 있다. 〈그러나 이는 여전히 개인적인 상황에서 그렇게 된다.〉 〈(우리는 여전히 개인적인 행위만을 고려할 뿐이다.)〉

2) 사회적 행위는 개인을 합친 다수의 개인에게만 존재하지만, 〈(다른)〉 모든 사회적 현상처럼 개인을 도외시하고는 고찰할 수 없다. 사회적 사실은 상당히 평균적인 것으로서, 개인에게는 성립될 수도 없고 완성될 수도 없다.

발화순환의 어느 부분에서 [269] 이처럼 사회적 〈자본화(資本化)〉, 결정화(結晶化)가 일어나는가? 이는 발화의 어느 부분도 아니고, 물리적 부분도 아니다. (예컨대 우리는 알지 못하는 외국어의 음성을 듣고 놀란다. 〈그렇다고 우리가 외국어라는 사회적 사실 내에 있는 것이 아니다.〉) 또한 사회적인 것은 발화순환의 정신적인 부분도 아니라는 점도 지적하자. 발화순환을 지배하는 것은 여전히 개인이기 때문이다.

〖언어능력의〗 실행은 개인적인 것이지만, 우리가 발화의 영역을 인지하는 곳은 바로 이 개인적 실행이다. 〈(사회적인 것은)〉 <u>수용적이고 조정하는 부분이다</u>. 이 부분이 여러 개인의 언어 저장고의 역할을 하며, 모든 개인의 언어 저장고는 거의 동일하다.

우리가 랑그의 영역으로 나타내려고 하는 부분은 이 영역이다. 이곳은 개인에게서 수천의 언어영상이 이에 상응하는 만큼의, 거기에 놓인 개념과 연합하는 곳이다. 개인을 취하면, 개인은 사회집단의 랑그의 영상 중 단지 한 사례를 취하는 것에 불과하다. 〈개인에게 저장되고, 일정한 질서로 분류된 언어영상의 저장고를 조사할 수만 있다면, 거기서 랑그를 구성하는 사회적 연대를 볼 수 있을 것이다.〉

[270] 이 사회적 부분은 순수하게 정신적이고 심리적인 것임을 알 수 있다. 이것이 우리가 구상하는 랑그의 개념이다.

세슈에의 논문[161] 참조.

랑그가 있는 자리는 두뇌뿐이다.[162]

[1911년 4월 28일]

수정. 우리는 인간언어의 본능에 대해 언급했다. 당연히 이처럼 질문했어야 했다. 인간언어의 자연적 기능이 있는가? 랑그는 자연적이든 그렇지 않든 언어능력에 필요한 도구로서 여전히 그 역할을 한다.

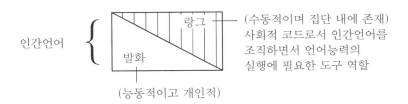

그래서 두 가지 사실을 구별해야 한다.
1) 랑그와 관련한 일반적인 능력의 사용(발성 등)
2) 또한 개인 사고에 따른 랑그 코드의 개인적 이용

우리는 단어만이 아니라 사물도 정의했다. 〈이 두 가지의 구별은 각 특유언어에 이 용어의 존재 여부에 달린 것이 아니다.〉

161 A. Sechehaye(1870~1946)의 "La stylistique et la linguistique générale", in *Mélanges de linguistique offerts à M. Ferdinand de Saussure*, 1908. pp. 153-187을 가리킨다.
162 "La langue a pour siège le cerveau seul." 각주 161의 세슈에 논문(p. 184)에 나오는 문장이다.

프랑스어를 벗어나면, 이 프랑스어 용어들에 정확히 상응하는 단어들을 발견할 수 없을 것 같다. (예를 들면 독일어 Sprache는 langue와 langage〈의 개념〉을 포괄한다. [271] 독일어 Rede는 parole'발화'와 discours'담화'를 포괄한다.) 〈Rede는 parole에 거의 상응하는 것이지만, discours라는 특별한 의미도 있다.〉

우리는 랑그에서 1) 언어행위 전체와 분리 가능하고 정의 가능한 대상을 발견했다는 점을 지적할 수 있다. 앞에서 고찰한 발화순환의 일정 영역에 랑그의 위치를 정할 수 있는데, 그 영역은 청각영상이 개념과 연합하는 영역이다. 간접적으로는 또한 랑그가 인간언어의 사회적 부분이라고도 말할 수 있다. 〈랑그가 위치하는 곳〉을 찾으면, 결국 그곳은 이와 동일한 영역이다.

또한 실제로 랑그가 인간언어의 나머지 모든 것과 분리 가능한지를 탐구하면, 언어[랑그]를 배우려면 학습이 필요하다는 것을 알게 된다. 발음기관은 있지만, 인간이 언어[랑그]를 배우면서 이 언어[랑그]에 동화되어야 한다. 〈발화는 그 나머지 것과 분리할 수 있다.〉 언어장애의 경우, 발화는 완전히 박탈당하더라도 글쓰기 능력은 여전히 보존될 수 있다. 즉 랑그는 전혀 손상받지 않고 발화만 장애를 입는 것이다. 사어(死語)를 보더라도 사람들이 그 언어는 말하지 않지만, 그 언어조직은 여전히 존재하는 것이다.

2) 랑그는 독립적으로 연구할 수 있다. 랑그를 연구하기 위해 인간언어의 다른 요소를 [272] 반드시 고려할 필요는 없다. 랑그에 다른 요소를 뒤섞으면 연구가 불가능하다. 이는 오히려 랑그의 특성에서 유래하는데, 이제 남아 있는 일은 이들 특성을 고찰하는 것이다. 그 이유는:

3) 〈이처럼 범위가 정해진〉 랑그는 동질적인 대상이기 때문이다. 〈(반면 인간언어는 그렇지 못하다.)〉 랑그는 기호체계이며, 더욱이 그 양면은 정신적이다. 따라서 이보다 더 동질적인 것을 요구하는 것은 없다.

4) 랑그에는 구체적 사실 〈대상〉이 있기 때문이다. 이들 기호는 아주 심성적이기는 하지만, 추상적인 대상은 아니다. 사회적으로 승인된 『청각영상과 개념의』 연합 전체—이것이 랑그를 구성한다—는 두뇌에 자리하며, 이들은 다른 정신적 실체와 유사한 실체의 집합이다. 또한 첨언할 것은 랑그는 감각으로 접할 수 있다는 것이다. 다시 말해서 시각영상으로, 고정된 영상으로 바꿀 수 있지만, 예컨대 발화행위에서는 그렇게 바꿀 수 없을 것이다. 단어의 발성은 공기 중의 온갖 운동, 예컨대 근육운동과 같은 것을 한다. 〈그런데 이를 알기는 어렵다. 그러나 랑그에는 청각영상 이외에 다른 것은 없으며, 이 청각영상은 고정된 영상으로 변환할 수 있다.〉

[273] 랑그에는 환기 가능한 기호의 집합이 있지만, 환기작용은 오직 발화를 통해서만 이루어지고, 잠재 상태에 있는 이 기호들은 완전히 실재한다(두뇌에 사진의 영상처럼 저장되어 있다). 〈따라서〉 이 대상은 구체성을 띨 뿐만 아니라 채집 상자에 분류된 나비들과 거의 흡사하게 직접적 연구가 가능한 종류에 속한다. 그래서 우리는 랑그와 관련된 것을 결정할 수 있다. 〈이 특성 덕택에〉 사전과 문법은 랑그에 포함된 것을 표상하는, 수용가능한 적합한 영상이라고 간략히 말할 수 있다.

〈이 청각영상의 저장물〉의 이러한 특성을 넘어서면 새로운 특성이 나타나는데, 그것은 〈적극 수용된다.〉 랑그가 그 자체에 속하지 않는 것에서 일단 벗어나면, 그것을 인간 현상에 속한 것으로 분류할 수 있다. 랑그는 청각영상에 근거하는 기호체계이기 때문이다.

〈관념과 기호의 연합이 랑그의 본질이다〉.

다른 기호체계, 예컨대 문자 기호, 해상 신호, 귀먹은 농아의 언어, (사회 심리학에 속하는) 모든 종류의 심리 현상은 오직 사실의 집합으로서 연구할 가치가 있다.

[274] 심리학 내의 별개 분야는 기호학(기호와, 인간 사회 내에서의 기호 생태의 연구)이다.

어떤 기호 종류도 언어사실만큼 기호학에 더 큰 중요성을 띤 것은 없을 것이다. 그와 똑같은 현상을 언어의 음성사실을 표상한 문자에서 발견할 수 있을 것이다.

나아가 우리가 말하려는 것은 랑그를 중심으로 그것을 출발점으로 선택하면, 인간언어의 다른 요소도 포착하는 최선의 기반을 갖는다는 것이다. 〈랑그를 그 나머지 것과 뒤섞으면 인간언어에서는 어떤 현상도 분류할 수 없다〉.

어떤 의미에서 랑그 자체는 분명 〈오직〉 발화에서 나온다. 합의에 의해 랑그를 도출하려면, 수천 명의 개인의 발화가 필요하다. 랑그는 가장 먼저 나타나는 최초 현상이 아니다. 음성을 발화하거나 음성을 개념과 연합함으로써 시작할 것인가? 그것은 전혀 중요하지 않다.

랑그는 발화 기능과는 완전히 다른 일종의 분비물이며, [275] 이 분비물을 만들어 내려면 발화 기능이 필요하다. 이 분비물을 기본적 사실, 출발점이 되는 사실로 간주할 수 있다. 랑그를 인간언어의 본질적이고 기본적인 부분으로 간주한다면 과장일까? 다른 현상은 스스로 종속적인 지위에 처하고, 심지어 비언어적인 고려에 따라 온전히 분류된다. 예컨대 음운론은 발화에 필요한 발성을 연구한다. 표면상 발성은 언어 현상 내의 일차적 위치를 요구할 수도 있다. 발성은 모르스 알파벳의 기호를 전달하는 전기 장치만큼이나 그리 본질적이 아닌 것으로 나타난다. 기호는 그 전달 도구가 무엇이든 『발신과 수신의』 양극점에서 가시적인 것이기 때문에 그것은 중요하지 않다. 〈청각영상을 실행하는 발성의 역할은 종속적이다.〉

〈랑그는 음악 작품과 비교할 수 있다.〉 음악 작품은 오로지 그 작품의 연주 전체로만 존재한다. 연주는 작품과는 별개이다. 〈교향곡은 연주 없이도 존재하는 실체이다.〉 마찬가지로 랑그에 주어진 것을 발화로 수행하는 발성은 비본질적인 것이다.

[276] 이러한 관점은 음운론을 외부에서 판단하는 관점과 일치한다.

이는 생리학자들이 착수한 생리학적 연구이며, 이 생리학적 연구는 이들에게 맡길 수 있다. 따라서 언어학은 두 영역, 즉 언어학과 생리학 양쪽에 발을 걸친 것은 아니다.

따라서 오직 유일한 기본적 사실로서 랑그로부터 연구에 착수해야 한다.

〈아마도 학자들은 음성학을 반대할 것이다.〉 음성학은 단어의 형태가 시간이 흐르면서 음성 요인에 따라 변화하는 것을 다룬다. 랑그를 음성학과 상관없이 고찰하는 것은 무모하게 보인다.

실제로 음성 현상을 자세히 조사하면, 〈실제로〉 발성은 전혀 변화하지 않는다는 생각을 하게 된다. 단지 음성만 대치되고, 〈음성변화는 없다〉. (예컨대 $\kappa\alpha\tau\alpha$'아래로'가 $\kappa\alpha\delta\alpha$로 변한 것)(따라서 이처럼 음성을 교체하면서 심리적인 행위를 수행한다.)

따라서 발성 현상은 랑그에서 제외해야 한다.

인간언어의 발화 부분은 [277] 랑그 부분과 본질적으로 관계가 없다. 이 발화 부분을 판단하는 최선의 방법은 랑그를 출발점으로 삼는 것이다.

그러나 제약이 있다. 〈이러한 점에서 랑그 현상과 발화 현상을 분리할 수 있는가[?]〉 단어의 문법 형태를 예로 들어 보면, 모든 것은 일정한 랑그 상태에 잘 확립되어 있다. 그러나 개인이 문장으로 생각을 표현하려고 선택하는 개인적 요인, 즉 단어의 결합이 있다. 이 결합 행위는 발화에 속하는데, 왜냐하면 그것은 언어수행이기 때문이다.

바로 이 부분(랑그 코드를 두 번째 사용하는 부분)은 문제를 제기한다. 요컨대 랑그에 주어진 사실과 개인의 주도권 행사의 경계는 통사론의 경우에만 다소 모호하다. 그 경계를 정하기 어렵다. 〈솔직히 말하자면〉 통사론의 영역에서 사회적 요소와 개인적 요소, 〈발화 수행과 고정된 연합〉이 어느 정도 섞이고, 〈결국 다소간 뒤섞인다.〉

[*추가 노트]

*〈이러한 것이 우리가 가진 랑그에 대한 개념이므로 분명한 것은 랑그는 오직 일련의 다양한 개별 언어로만 표상된다는 점이다. 랑그는 오직 일정한 개별 언어 내에서만 포착할 수 있다.

단수형의 용어 '랑그(la langue)'는 어떻게 그 존재가 정당화되는가? 이 말이 의미하는 바는 랑그가 일반화된 사실(généralisation)이라는 것이며, 이는 일정한 개별 언어 전체에 타당한 것으로 드러날 것이다. 이를 반드시 자세히 설명할 필요는 없다. 이 일반적 용어 '랑그'가 '인간언어'와 동일한 것이라고 생각해서는 안 된다.〉

[1911년 5월 2일]

[278] **제2장 언어기호의 성질**

〈우리는 여기서 두 가지 근본 원리를 살펴볼 것이다. 그러나〉 그 이전에 〈앞에서 살펴본〉 몇 가지 관점을 재론하는 것이 좋겠다. 앞에서 살펴보았듯이 언어기호는 정신으로 맺어진 다른 두 가지 사상(事象)의 연합에 근거한다. 그러나 이 두 사상은 전적으로 정신적인 것이고, 화자 내에 존재한다. 즉 하나의 청각영상이 하나의 개념과 결합하는 것이다. 청각영상은 〈질료적 음성이 아니라〉 음성이 정신에 찍힌 흔적이다.

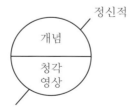

정신적

개념

청각
영상

물질적(감각적이라는 의미로서 감각에 의해 제공되는 것이며,
신체적인 것은 아니다)

흔히 사람들이 잘못 생각하는 것은 랑그는 단어 목록(나무, 불, 말, 뱀)일

뿐이라고 하는 것이다. 〈랑그의 내용은 가장 중요한 특질로 환원된다.〉 이러한 사고방식은 어린아이처럼 유치하다. 잠시 이를 살펴본다면, 언어기호가 무엇으로 구성되고, 무엇으로 구성되지 않는지를 쉽게 알 수 있다. 일련의 대상과 일련의 명칭을 눈앞에 두고 보자.

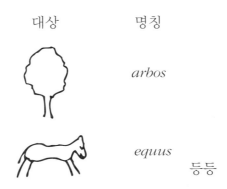

물론 두 가지 사항이 있는데, 이 사항은 무엇인가[?] 당연히 화자의 외부에 있는 [279] 대상과 그것의 명칭—이것이 음성적인 것인지 정신적인 것인지는 잘 모른다—이다. 〈(arbos'나무'는 음성적인 것이기도 하고 정신적인 것이기도 하다)〉. 이 두 사항의 연결은 매우 불분명하다.

합리적인 생각으로 우리는 두 가지 사항을 발견하는데, 이번에는 이 사항이 다음과 같이 나타난다.

그리고 이 두 사항은 모두 화자의 내부에 있고, 둘 다 정신적인 것으로서 정신적으로 연합한 것이다. 여기서 가장 질료적인 사항은 arbos이다. 〈arbre는 가장 정신적인 사항이다.〉〈그 밖의 사항의 결합은 기호가 포함하는 이 두 사항의 연구에서는 모두 잘못된 것이어서 배제한다.〉

청각영상이 완전히 정신적인 특성을 지닌 것을 알 수 있는 기회는 자신의 내부 언어를 연구할 때이다. 이 내부 언어에서 우리는 입술을 움직이지 않고 내면적으로 담화, 예컨대 시와 같은 것을 발음하고, 〈들을 수 있다.〉〈따라서 질료적인 부분은 화자 내에서 청각영상의 형태로 존재한다.〉

음성 b, a로 구성된 음절이라고 하면, 그 말은 타당하다. 그것은 내면의 청각영상의 음절이기 때문이다.

어떤 사항은 제외된다는 점도 인정해야 한다. 〈예컨대〉 발화의 〈음성 행위〉 개념을 [280] 함의하는 '음소(phonème)'와 같은 것이다.

'음성영상'〈(청각영상 참조)〉이라는 것도 그것을 사용할 때는 당연히 제한 조건이 있다. 기호 전체〈(개념과 청각영상의 결합)〉를 '기호'로 부르는 것인지, 아니면 이 청각영상 그 자체만〈(더욱 질료적인 절반)〉을 부르는 것인지 알아야 한다. 〈이는 결정하기 어려운 문제라는 점을 인정한다.〉〈어쨌든 arbos를 기호라고 부른다면, 그것이 개념을 지닌 한에서 그렇게 부를 것이다.〉 바로 이것이 해결해야 할 용어의 핵심이다. 그래서 두 가지 다른 용어가 필요하다. 〈아주 심각할 수도 있는 혼동을 피하려고 노력할 것이다.〉

제1원리 또는 일차 진리 :
언어 기호는 자의적이다.

일정한 청각영상과 일정한 개념을 연결하여 여기에 기호의 가치를 부여하는 이 관계는 기본적으로 자의적이다. 모든 사람이 여기에 동의한다.

이 진리의 위계상의 지위는 최상위 위치이다. 그리고 다른 사실은 이 진리로부터 조금씩 점차 밝혀지는 가지이거나 결과에 지나지 않는다. 기호는 자의적이다. 즉 예컨대 개념 'soeur'(자매)는 대응하는 청각영상을 형성하는 음성 연쇄 s+ö+r과는 [281] 내적 특성〈관계〉에 의해서 연결된 것이 아니라는 것이다. 〈이 개념은 다른 어떤 음성 연쇄로도 당연히 표상할 수 있다. 여러 개별 언어를 생각해 보면 충분히 알 수 있다.〉 이 언어에서 저 언어로 넘어가면서 개념 'boeuf'(황소)는 음성 연쇄 bos로도 표상할 수 있다는 것을 알게 된다. 〈문자 기호도 동일한 자의적 특성을 갖는다.〉 분명한 것은 음성 P를 우리가 특질의 연쇄 P, Π 또는 ⊙로 가리키는 데는 사전에 선재(先在)하는 관계가 전혀 없다는 것이다.

기호학은 자의적 기호를 다루어야 할지 아니면 그 외의 기호를 다루어야 할지를 결정해야 한다. 그 연구 영역은 오히려 자의적 기호체계를 다루는 것이며, 랑그는 그것의 주요한 한 가지 사례이다.

'언어 상징'이라는 용어를 사용하는 데도 매우 신중해야 한다. 상징은 결코 내용이 없는 것이 아니다. 적어도 개념과, 이 개념을 가리키는 기호로서 사용하는 것 사이에는 아주 기본적인 연관성이 있기 때문이다.

천칭은 정의의 상징이다. 이들 사이에는 관계가 있다.

이와 같은 관점에서 '청각영상'이라는 용어를 재고할 필요가 있다. 왜냐하면 '영상'이란 그것이 표상하는 사물과 반드시 관계가 있다. [282] 영상은 상상력에 호소하는 환기력이 다소 있는 형상이라는 가장 일반적 의미가 있다. 〈뒤에 가서 우리는 이 영상이 훨씬 더 자세한 환기 효과를 지닌다는 점을 알게 될 것이다. 이러한 현상을 가리키는 이름은 여기서 중요한 것이 아니므로 일단 이 표현을 그대로 간직해서 사용할 것이다.〉

'자의적'이란 단어를 다시 생각해 보자. 개인의 선택의 자유에 달린 것이란 의미로서 자의적이란 뜻이 아니다. 개념과 관련해서 자의적이다. 즉 청각영상을 이 개념과 특별히 연관 짓는 것이 그 개념 자체 내에는 전혀 없다는 의미로 사용한다. 한 사회 전체가 기호를 변경할 수 없는 것은 과거의 유산이 진화 현상에 의해 그 사회에 부과되기 때문이다.

〈이와 관련해서 생기는〉 문제는 <u>의성어</u>이다. (의성어는 음성이 표상하는 개념 자체를 환기하는 무엇이 음성 자체 내에 있는 단어이다.) 말하자면 이 의성어의 선택은 자의적이 아니다. 〈여기에는 내적 연관성이 당연히 있다.〉 일반적으로 사람들은 의성어의 수를 과장한다. 때로 예컨대 pluit'비온다' 가 빗소리를 표상한다고들 하는데, 조금만 과거로 거슬러 올라가면 전혀 그렇지 않다는 사실을 알게 된다. 〈(그 이전에는 plovit 등)〉

〈하지만 이런 단어도 있다.〉 시계추의 '똑딱 tic-tac', 물병의 '꿀럭꿀럭 glou-glou'과 같은 것. 이들 단어는 실제로 다른 몇몇 단어와 같은 부류에 속하는데, 그것은 이들이 [283] 수많은 언어 무리에 포함되기 때문이다. 흔히 모방된 소리가 실제로 존재하지 않는 경우에도 그것을 착각해서 모방한 것으로 생각할 수 있다.

이 의성 어휘의 범위는 감탄사와 마찬가지로 아주 제한되어 있다. <u>감탄사</u>도 이것이 자연에 지배된 것이어서 음성과 개념은 관계가 있을 것이라고 말할지도 모른다. 〈그러나 대부분의 감탄사의 이러한 관계가 부인된다. 그 사례로는 다른 언어의 감탄사이다〉. 예컨대 Aïe '아이~'는 독일어와 영어에는 없다. 맹세의 말이 감탄사의 상태로 바뀐 것도 있다. 〈이들의 기원은 아주 제한된 의미를 지닌 단어들이다. 따라서 의성어와 감탄사의 현상은 아주 부차적이고, 이견이 분분하다.〉

제2원리 또는 주요한 제2의 진리. 언어기호(기호에 이용되는 영상)는 길이가 있으며, 이 길이는 단 하나의 차원에서 확장된다. 이 원리에서 수많은 적용 사례가 생겨난다. 이는 분명한 사실이다. 우리가 문장 내의 단어를 분할할 수 있는 것은 이 원리에서 생겨난 결과이다. 이 원리는 언어학이 이용하는 모든 수단이 [284] 의존하는 조건을 표현한다.

이 원리는 영상이 청각적이라는 사실에서 유래한다. (청각영상은 선적 차원, 일차원만을 지닌 선상에서 전개된다.) 이와 같은 종류의 기호와는 반대로 (예컨대 시각기호는) 여러 차원에 걸친 복합적인 것이다. 청각영상은 오직 선상에 출현 가능한 공간에서만 복합성을 보여 준다. 기호의 모든 요소는 서로 연속되며, 연쇄를 형성한다. 때로는 이러한 사실이 부정되는 듯이 보인다. 예컨대 음절에 강세를 두는 경우가 그렇다. 〈동일한 지점에 다른 기호 요소를 쌓는 듯이 생각되지만, 그것은 착각이다.〉 (그러나 기호를 추가하는 것은 기호를 오직 병치할 때만 유효하다.)

이 특성으로부터 귀결되는 결과는, 또한 청각영상은 공간 형태로도 충분히 변환할 수 있다는 것이다. 그것은 이 변환이 선적인 표상으로 이루어질 때 그렇게 된다. 선(線)은 실제로 단일한 차원을 갖기 때문이다.

[1911년 5월 5일]

[285] [제3]장으로 넘어가기 전에 빠진 부분을 보충해야겠다. 제1장 말미에 이처럼 추가한다. 그러한 것이 랑그에 대한 우리의 개념이라면, 분명한 것은 랑그는 일련의 다양한 개별 언어로만 표상된다는 것이다. 일정한 개별 언어를 통해서만 랑그를 포착할 수 있다. '랑그(la langue)'라는 단수형의 용어는 어떻게 타당한 개념이 되는가? 이 용어는 일반화된 개념이기 때문이다. 이는 일정한 언어 전체에만 사실상 유효하며, 자세히 설명할 필요는 없다. 이 '랑그'라는 일반 용어는 '인간언어(langage)'와 동일한 것이라고 생각해서는 안 된다.

제3장 랑그를 구성하는 구체적 실재체는 무엇인가[?]

'실재체(entité)': 어떤 존재를 구성하는 것, 그 본질(이는 사전적 정의이다). 어떤 학문 분야에서는 연구 대상으로 유기체를 다루고, 그것을 물체라고 한다. 랑그와 같은 영역에서는 여러 존재가 시야에 한꺼번에 나타나는 것은 아니다. [286] 한 용어를 선택해야 한다. 우리에게 실재체란 스스로 그 모습을 드러내는 존재를 의미한다.

중개하는 물체 없이 직접 대면하는 랑그에는 단위도 없고, 주어진 실재체도 없다. 랑그에 포함된 실재체의 형성을 파악하거나 다른 종류의 실재체 구성을 언어적 실재체로 간주하는 실수를 하지 않으려면 노력이 필요하다. 우리는 유기체나 물체를 다루는 것이 아니다. 실제의 실재체를 보려면, 랑그를 가지고서는 제대로 할 수 없다. 왜냐하면 랑그 현상은 내적인 것이며, 근본적으로 복잡한 것이니까 말이다. 이는 두 가지 사상의 연합이 필요하다. 즉 개념과 청각영상이다. 이러한 이유로 랑그가 형성하는 집단 내부에서 실재체를 분별해 내려면, 적극적인 노력과 관심 집중이 필요하다고 말할 수 있다.

맨 먼저 우리는 우리 앞에 단위로서 출현하는 많은 것을 볼 수 있다. 그러나 자세히 살펴보면, 이들 단위는 언어적인 것이 아니라는 점을 알아챈다. 예컨대 [287] 음절(이 음절은 우리에게는 그 나름의 존재 이유가 있는 단위이다)을 생각하면 된다. 이 음절은 발화의 단위이며, 언어적 단위는 아니라는 점을 알게 된다.

조심해야 할 일은 다양하게 있다. 언어적 실재체를 확인하기 위한 일차 조건은 두 요소의 연합이 출현하거나 유지되어야 한다는 점이다. 이를 의심하지 않고 그 요소들 가운데 어느 한 요소, 그 부분들 가운데 어느 한 부분을 취하면, 그 즉시 언어 단위를 잘못 만들어 낸다. 우리는 추상화한 것이므로 우리가 다루는 대상은 이제 더 이상 구체적 대상이 아니기 때문이다. 언어기호 내에 연합된 것을 분리해서는 안 된다. 〈(음절로 분할해서는 안 된다.)〉

실제로 우리는 언어기호 전체를 다룬다고 생각하면서도 언어기호의 일부만을 취하는데, 이는 언제나 일어날 수 있는 일이다. 그러면 언어적 실재체는 우리 앞에서 홀연히 사라진다. 그래서 질료적인 측면, 즉 음성 연쇄를 취하여, 그것이 개념의 질료적 지지대로 간주되는 경우에만 언어적인 것이 된다. [288] 그러나 (질료적 측면은) 그 자체로만 고찰하면 그것은 비언어적인 물질이며, 단지 발화의 연구와 관계되는 〈물질〉이고, 단어의 외면은 비언어적인 질료를 표상한다. 〈미지의 언어는 우리에게는 언어적인 것이 아니다.〉 이러한 관점에서 보면, 질료적 단어는 언어적 관점에서 추상화된 것이라고 말할 수 있다. 구체적 대상으로서 질료적 단어는 언어학에 속하지 않는다.

언어기호의 정신적인 면도 이와 똑같이 지적할 수 있다.

여러 가지 개념(aimer '사랑하다', voir '보다', maison '집')을 이들의 표상〈표상 기호〉과 분리해서 그 자체만 고려하면, 그것은 일련의 심리적 대상이다. 심리적 차원에서 그것은 복합적 단위라고 할 수 있다. 개념이 언어적 차원에 속하려면, 그 개념은 어떤 〈청각〉영상의 가치여야 한다. 아니면 그 개념을 언어적 차원에 속하게 하면, 그것은 추상적 대상이 된다.

개념은 〈청각〉 실질의 특질인데, 이는 마치 음향이 개념적 실질의 특질이 [289] 되는 것과 같다. (육체와 영혼으로 구성된) 사람과의 비교는 부분적으로 타당하다.

언어적 실체를 수소와 산소로 구성된 물과 같은 화학적 합성물질과 비교할 수 있다. 〈(H_2O)〉. 그 성분을 화학으로 분리해 내면 틀림없이 산소와 수소가 되겠지만, 그래도 그것은 여전히 화학의 영역에 속한다. 이와 반대로 산소나 수소를 가지고 언어적인 물을 분해하거나 합성하면 언어의 영역을 벗어난다. 〈(더 이상 언어적 실재체가 존재하지 않는다.)〉

연합이 존재하는 한, 우리는 구체적인 언어 대상을 다룬다.

이 실재체 또는 실재체들의 경계를 정하지 않고서는 어떤 작업도 할 수 없다.

이들 실재체의 경계를 구분하는 것은 순수하게 비질료적인 작업이지만,

그것은 필요하고, 또 가능하다. 질료적 요소가 있기 때문이다.

실재체의 경계를 정하고 나면, [290] '**실재체**(entité)'란 명칭은 '**단위**(unité)'란 명칭으로 교체할 수 있다. 우리가 애당초 처했던 상황에서는 경계가 구분된 것이라곤 없었지만, 다행히도 여기에서는 우리가 이러한 정황을 수용하여 이러한 조건이 생겨났고, 청각적 음향은 단일한 차원에서 전개되었다.

따라서 우리는 종이와 가위를 받고 종이를 자르도록 요청받은 사람과 흡사한 상황이 아니라 실을 가지고 자르기만 하면 되는 상황과도 같다. 경계 구분은 동일 선상에 연결고리를 만들어 낼 것이다.

단위는 단순히 인간언어의 조건 자체에 의해 경계가 생겨나는데, 이는 '**형태**(forme)'란 용어가 환기하는 조건과는 다르다. 이 경계를 획정하는 최선의 방법을 찾는다면, 그것은 발화를 취하는 것이다. 발화는 여기서 단지 [291] 랑그의 자료로서만 그 모습이 드러난다. 사실상 우리 두뇌의 내부에 존재하는 빈칸은 탐색할 수 없다. [우리는] 발화에 주어진 외적 수단을 이용하는 수밖에 없다.

발화는 연속된 이중의 연쇄로 나타낼 수 있는데, 개념의 연쇄와 청각연쇄 또는 음향연쇄이다.

여기서는 사전에 획정된 경계란 없다. 언어 단위를 설정하려고 할 때, 우리가 가진 유일한 수단은 개념이 경계 구분과 정말 일치하는 것인지를 끊

임없이 확인하는 것이다. 실제로 이렇게 하려면, 서로 다른 일련의 발화 연쇄를 비교해야 한다. 단 하나의 발화연쇄를 어느 정도로만 취한 다음에 야 이 발화연쇄의 경계를 구분할 수 있다.

sižlaprã <(si je la prends'그것을 잡으면')>을 예로 들어 보자.

sižl처럼 분할되는 단위가 있다고 한다면, 반박을 받을 것이다. 여러 차례 분할을 시도한 후에 구별해야 할 단위는 다음과 같다.

[292] si.ž.l.aprã[163] 또는 아마도 si.ž.la.prã

기호와 나란히 진행되는 사고(思考)를 조사하는 것 이외의 다른 방도는 없을 것이다.

구별한 사항은 음성연쇄와 관념, 이 두 가지 사실에 유효하다. 이들은 언어적이다.

siž | la | prã: 〈이처럼 분할하면 음절이 생겨난다.〉 분할 순서는 언어적 이 아니다.

산출된 발화가 많이 필요하다.

단어가, 경계가 획정된 단위라는 것을 어떻게 확신하는가? 이 단어를 일 련의 여러 다른 문장에서 취할 수 있어야 한다.

---

163 si je l'apprends(내가 그것을 배우면)

la) fors (duvã

aboud) fors (¹⁶⁴

청각적으로 fors가 아닌 것을 모두 분리하고, 그것과 일치되는 것만 그대로 남겨 두면 언어적 단위는 이미 확정된 것이다. 그러나 모든 문장에서 [293] 하나의 동일한 개념이 동일한 청각연쇄의 경계 구분과 일치하는지를 확인해야 한다. 예컨대 i l m e | f o r s | a p a r l e 같은 문장¹⁶⁵에서는 〈개념은 더 이상 일치하지 않는데, 그것은 관념이 다르기 때문이다.〉구별된 두 언어 단위를 설정해야 한다.

이것은 단어를 정의하려고 한 것은 아니다.

[1911년 5월 9일]

각 단위는 개념, 음성 분할체와 분리할 수 없을 정도로 밀접하게 연관되는데, 이 개념 없이는 이 분할체는 경계가 획정되지 않는다.

지금 이 단위를 정의하려고 하지는 않겠다. 또한 하위 단위도 있을 수 있다. 우리가 단어로 부르는 것에 상응하는 단위는 틀림없이 중요한 역할을 하지만, 그것만 있는 것이 아니다. 〈다른 종류의 단위도 있다.〉 예를 들면 복합어와 같은 것으로서 예를 들면 désireux '원하는', malheureux '불행한' 같은 것인데, 이것은 단어라는 단위보다 하위의 단위이다.

---

164 la force du vent(바람의 세기), à bout de force(기진맥진한)
165 il me force à parler(그는 내가 말하도록 강요한다)

동일한 것으로 간주되는 구체적 실재체, 이 관점을 견지하는 것이 매우 유익하다. 우리가 살펴보았듯이 단위를 분석하려면, 의미와 청각의 밀접한 연합이 필요하고, 나아가 청각영상의 경계 구분도 [294] 필요하지만, 이와 같은 조작이 기호의 동일성을 결정하는 데도 요구될 수 있다.

〈동일 요소의 문제를 이런 방식으로 제기할 수도 있다.〉

랑그에서 동일 요소를 표상하는 것은 무엇인가[?]

실재체가 무엇인지 인식하기 어려운 것과 마찬가지로 동일 요소가 무엇인지 인식하기 어렵다.

흔히 동일 요소를 이 같은 것으로 설정할 수 있다. 즉 매일 5시 25분 코르나뱅을 출발하는 기차는 우리에게는 늘 동일한 기차이다.

연설가가 전쟁에 대해 이야기할 때, 그는 전쟁이란 단어를 15회, 20회 반복한다. 우리는 그 단어가 동일한 것으로 주장한다. 〈그런데 이 단어는 발화될 때마다 그것은 별개의 행위이다.〉

이것이 첫째 핵심 사항이다. 다음으로 두 번째 핵심 사항을 고찰해 보면, 문장에서 예컨대 이렇게 말할 수 있다. Son violon a le même son(그의 바이올린은 같은 소리를 낸다). 앞에서는 음성 동일성에 관심을 집중했지만, 여기서는 2회 반복한 청각 분할체 son은 동일 요소를 가리키는 것이 아님을 알게 된다.[166]

---

166 첫째 son(그의)은 소유 한정사이고, 둘째 son(소리)은 명사이다.

마찬가지로 [295] *cet animal porte plumes et bec*(이 동물은 깃털과 부리가 있다)과 〈*prête-moi ton*〉 *porte-plumes*(네 펜을 빌려다오) [원문]에서 동일한 청각 연쇄를 포착하더라도 우리는 이들이 동일 요소라는 것을 인정하지 않는다. 환기된 관념에 동일성이 있어야 한다.

이 동일성은 주관적이고, 정의가 불가능한 요소를 포함한다. 〈동일성이 있는〉 정확한 지점을 결정하기란 늘 어렵다.

lentille('야채'와 '현미경')에 동일성이 있는가 없는가?

우리에게 동일 요소의 구별 수단이 없다면, 우리 잘못이 아니다.

청각 분할체는 거의 완벽하게 상응하는 환기된 관념과 서로 일치해야 한다.

〈랑그의 모든 메커니즘은 동일성과 차이를 중심으로 전개된다.〉

여기서 단지 지적할 사항은 단위의 문제를 제기하는 것이지만, 동일 요소의 문제를 제기하는 것은 결국 동일하다는 점이다.

이와 이 문제를 아주 짧은 『제4』장에서 살펴보자.

제4장 랑그의 추상적 실재체

이는 연구하기 가장 어려운 분야 가운데 하나이다. 여기서는 광채만 보이고, 전체적인 밝은 빛은 보이지 않는다.

[296] 이것〈(이 영역)〉은 구체적 실재체에 대한 선행 연구가 필요하다. 〈이러한 이유로 이를 보류한다.〉

〈추상적 실재체란 어떤 것인가?〉

랑그 내에는 단위의 차원에 근거하는 것이 많다. 아주 분명하고 간단한 사례로 고대 프랑스어 단어의 병치 방식을 들어 보자. (Hôtel de Dieu라고 써야 하는 것에 대해) Hotêl Dieu(시립병원)와 같은 표현이다. 다음 사례는 인명이다. les quatre fils Aymon (= d'Aymon)(에몽의 네 아들).**167** 〈여기서는 단위 de, 하위 단위(그리스어 -oς)가 표현하는 관념이 있다. 여기서는 오직 순서로써만 그 관념을 표현한다.〉

또한 je dois(나는 해야 한다), dois-je(나는 해야 하는가)에서도 개념에 대응하는 의미 가치를 결정하는 것은 <u>순서</u>이다. 또한 (désir와 eux로 두 단위라는 것을 인정한다면,) dés<u>ire</u>ux에도 순서가 있어서 eux-désir로는 쓸 수 없다.

따라서 여기서 사용된 수단은 순서이다. 한편으로 순서는 언어가 선형(線形)이라는 기본 조건에 속하는 문제라는 것을 확인해 준다. 〈우리가 두 가지 순서를 구별하여 앞과 뒤가 있다면, 이 순서는 우리에게는 관념 표현의 수단이다. 그것은 우리가 단지 선적 일차원에서만 움직이기 때문이다.〉 순서의 개념에서 우리는 오히려 추상적 개념을 볼 수 있다. 순서를 추상적 실재체에 귀속해야 하는데, 그것은 순서가 수단이기 때문이다.

---

167 고대 프랑스어에서는 두 명사구를 병치하여 명사구를 형성했는데, 뒤의 명사는 아무 표지 없이(예컨대 전치사 de 없이도) 속격의 역할을 한다. 그러나 두 명사의 의미자질에 제약이 있다.

〈순서를 구체적 실재체로 부를 수 있는 것으로는 생각하지 않는다.〉

[297] 〈다른 사례.〉 라틴어 domini '집주인의', regis '왕의', regum '왕을'
에서 -i, -is, -um에는 일치하는 것이 없지만, 이들이 동일한 단위나 하
위 단위라고 말할 수 있다. 그렇지만 이 다양한 질료적 바탕과 더불어 어
떤 가치에 대한 의식, 동일 요소라는 의식, 〈그리고 동일 용법을 지배한다
는〉 의식이 있다. 〈이 단계에서 우리는 물질적인 것에 관한 논의는 버리게
된다.〉 틀림없이 거기에는 모든 화자가 운용하는 적극적인 추상작용이 있
다. 우리는 화자가 속격의 가치를 인지하는 능력은 무시할 수 있을까[?]

이것〈(이런 종류의 동일 요소)〉도 역시 문법 절차의 개념에 속할 수 있다.

이들은 분류하기도 어렵고, 어디까지 분석할 수 있을지 알기도 어렵다.
〈큰 난점 가운데 하나는 이런 사실을 모른다는 것이다.〉 즉 발화된 언어는
문법 분석처럼 어느 정도까지 깊이 분석할 수 있을지 모른다.

하지만 언제나 단위〈동일 요소 또는 실재체〉로 되돌아가야 하고, 우리가
구별한 이러한 종류의 실재체로 돌아가야 한다.

어떤 기반 없이는 분석 절차도 생각할 수 없다. 〈구체적 실재체에 대한 연
구가 항상 선행되어야 한다.〉 모든 것은 결국 직접적인 기초로나 간접적
인 기초로서의 [298] 이 단위에 근거를 두어야 한다.

어떤 것이 영(零)으로 표현되는 때조차 〈기호가 영이 되더라도〉 〈구체적
기호는 언제나 근거가 있다〉[그런 경우는 없다(교정)]. L'homme (que) j'
ai vu '내가 만난 사람'(영어에서는 que가 표현되지 않는다.)

The man ― I have seen〈이것은 영(零)으로 화한 단위이다. 그 단위(the man I have seen)를 취하면, 그것은 언제나 구체적 근거(support)에 이른다.〉

'**추상적**(abstrait)'이라는 이 용어를 재검토하는 일이 남았다.

1) 우선 전혀 언어적이지 않은 추상물도 있다. 앞에서 말했듯이 의미작용(signification)을 그 음성적 바탕과 근본적으로 분리하여 의미작용 자체만을 취하려고 한다면, 우리는 언어학이 아니라 심리학을 다루는 것이다. 추상적 요소도 있지만, 언어학이 대상으로 하는 것이 아니므로 그것이 랑그의 추상적 실재체라고 할 수 없다. 마찬가지로 음성 자체만을 취하더라도 그것은 언어적인 것이 아니다. 2) 그 반대로 의미(sens)와 관련해서 랑그 내에는 추상적인 것이 없다고 말할 수도 있다. 이 용어를 다음과 같이 정당화할 수 있다. 랑그 내에서는 화자의 의식에 나타나는 모든 것이 구체적이다. 문법가가 구별하는 것이 [299] 화자의 의식에 확인되지 않는다면, 이것은 추상적인 것으로 간주된다.

우리가 말하는 구체와 추상의 의미는 이러한 것이 아니다. '**구체적**(concret)'이라는 용어는 다음에 국한한다. 즉 개념이 음성 단위에 직접 지주를 갖는 경우이고, '**추상적**'이라는 것은 화자가 수행하는 조작에 의해 간접적으로 지주를 갖는 경우이다.

제〈5〉장 랑그 내의 절대적 자의성과 상대적 자의성

기호와, 표상된 관념과의 관계가 기본적으로 자의적이라는 것은 자명한 진리로서 제시했다. 모든 개별 언어에서 기본적으로 자의적인 것과 상대적인 자의성으로 부를 수 있는 것을 구별해야 한다. 각 개별 언어에서 기호 중 일부만이 기본적으로 자의적인 것이 될 것이다. 다른 것들〈기호들〉에서는 자의성의 정도를 구별할 수 있는 현상이 벌어진다. 이는 '자의성'이 아니라 '무연성(immotivé)'으로 말할 수 있다.

[300] 기호와 음성의 〈관계〉는 상대적으로 유연적인 경우가 있다.

예컨대 vingt'20', dix-neuf'19'를 보자.

vingt은 완전히 무연적이다. dix-neuf는 완전히 무연적인 것은 아니며, 어떤 의미에서 그런지를 안다. vingt은 실제로 프랑스어에 공존하는 어떤 사항과도 관계가 없다. 그러나 dix-neuf는 프랑스어에 공존하는 사항(dix '10'와 neuf'9')을 원용한다.

그래서 그것은 유연적인 단어가 되려고 한다. dix와 neuf도 역시 철저히 자의적이다. dix-neuf는 상대적 유연성이 있다.

그래서 똑같은 방식으로 이 둘을 대립시킬 수 있다.

완전히 무연적   상대적으로 유연적

poirier는 상대적으로 유연적이다. 그것이 공존하는 사항을 환기하기 때문이다. 즉 poire'배'와 둘째의 −ier이다.[168] (그것은 유연적이 되려고 한

---

168 접미사 −ier이 과일명에 붙으면 그 과일을 맺는 나무를 가리킨다.

다.)[301]

또는

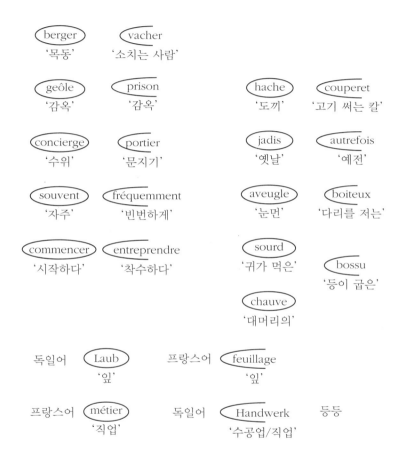

troisième'세 번째'를 premier'첫 번째'〈유연적이 아니다〉나 second '두 번째'〈아무 단어와 관련되지 않는다.〉와 비교. dixième'열 번째', cinquième'다섯 번째'〈유연적이다〉 등.

영어 ships〈(배들)〉와 같은 단어는 배의 관념과 복수의 관념을 지니고 있다. 복수 관념과 관련해서 이것은 birds, flags, books 등의 전체 계열과 관계를 맺는다.

men을 복수 관념과 연관된 것으로 간주하면, 복수 관념과 관련해서 그것은 적어도 어떤 단어도 원용하지 않는다.

sheep〈양들〉도 어떤 단어도 원용하지 않는다.

[302] 도소 δώσω(나는 줄 것이다)의 '주다' 관념은 미래 시제 개념과 결합하면, 뤼소 λύσω(나는 풀어 줄 것이다), 스테소 στήσω(나는 일어설 것이다), 튐소 τύπσω(나는 때릴 것이다)와 관계를 맺는다.

에이미 εἰμί〈나는 갈 것이다〉를 취해 보면, 이는 어느 단어와도 관계를 맺지 않고, 유연적이 되려고도 하지 않는다.

마찬가지로 미래 에도마이 ἔδομαι〈나는 먹을 것이다〉도 그 미래 시제 가치를 입증하기 위해서 어떤 단어와도 관련을 맺지 않는다.

절대적 자의성이 상대적 자의성과 관련된 고찰을 보여 주는 대립되는 이 사례들을 통해서 이미 알아챘을 것이다. 언어를 체계〈또는 유기체〉로 만드는 것은 이러한 관점에서 접근할 것을 요구하며, 그것은 일반적인 방식으로, 즉 관념과 관련하여 자의성의 제한〈으로서〉 접근할 수 없다. 그리하여 가급적 최상의 근거에 묵시적으로 의지할 것인데, 언어기호의 기본적 사실은 자의성이기 때문이다.

따라서 우리는 마주친 일차 기반을 택하는 것이 아니라 기본적인 원리를 기반으로 택했는데, 이는 랑그가 구성한 모든 것에 대한 기반으로 이 원리를 〈반드시〉 택한 것과 마찬가지이다.

[1911년 5월 12일]

[303] 강의노트 Ⅷ

그러나 이 현상 자체를 다시 취해서 명료하게 설명해야겠다. 각 언어는 이 두 요소, 즉 완전히 무연적인 요소와 비교적 유연적인 요소가 비율이 다르게 섞여 있기는 해도 이 둘을 나란히 가지고 있다. 언어는 이 둘을 가지고 있으며, 언어에 따라 그 비율은 가변적이고 다양하다. 이 비율은 언어를 특징짓는 특성 중 한 가지이다. 언어는 이 두 요소를 얼마나 많게 또는 적게 가지고 있는지에 따라 다른 언어와 비교할 수 있다. 언어 진화를 나타내는 모든 변동은 완전한 무연성과 상대적 유연성의 총합 사이에서 움직이는 것으로 요약된다. 예컨대 라틴어에서 프랑스어로 진화한 것을 보자. 그 이전의 라틴어 상태와 비교해서 프랑스어 상태는 무엇보다도 무연성의 방향으로 대이동한 것이 특징이다. 이를 실증하는 것은 쉽다.

[여백그림]

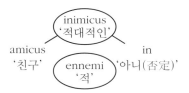

그래서 inimicus 또는 〈(inamicus)〉는 amicus, in과 관계가 있고, [304] 이로써 유연화된다.

(ennemi)는 어느 것과도 관련되지 않는다. 이것은 절대적 자의성에 속하며, 〈나아가〉 이 자의성은 언어기호의 기본 조건이다. 어떤 요인(음성변화)에 의해 한 언어 상태에서 다른 상태로 변했는지에 관심을 둘 필요가 없다. 상대적 자의성과 절대적 자의성의 등급으로 이를 측정함으로써 각 단어가 처한 상황을 단지 관찰하면 된다. 〈(이와 동일한 현상이 수백 개의 사례에서 나타나므로)〉, 프랑스어는 여기에 가장 영향을 크게 받은 것이 특징이다.

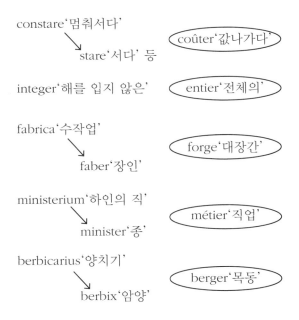

우리는 어떤 언어를 깊이 연구하지 않고서도 그것을 조사해 보면, 무수히 많은 무연적 요소와 비교해서 유연적 요소가 [305] 갖는 〈다소 중요한〉

지위를 이해할 수 있다. 무연적 요소가 〈영으로 줄어들거나〉, 최소치 이하 수준으로 감소하지 않고서 〈등급을 정할 수 있다.〉 영어는 독일어보다 무연적 요소에 상당히 중요한 지위를 부여한다. 아주 엄밀한 것은 아니지만, 이 대립의 여러 측면 중 어느 한 면이 두드러진다는 의미에서 무연적 요소가 극대화된 언어는 더욱 어휘적이고, 무연적 요소가 최소화된 언어는 더욱 문법적이라고 할 수 있다. 물론 이들이 유의어로 직접 서로 대응하지는 않지만 말이다. 그러나 이 원리에는 공통점이 있다. 사실상 모든 언어를 지배하는 상반되는 양극, 즉 모순되는 두 성향을 구별할 수 있다. 즉 어휘적 수단을 이용하려는 성향과 문법적 수단을 이용하려는 성향이다. 어휘적 수단은 분리된 칸들로 [306] 구성되고, 문법적 수단은 서로 연결된 고리의 연쇄로 간주된다. 여기에서 한 단위는 다른 단위와 관계를 맺는다. 초어휘적 유형은 중국어와 같은 사례이다. 초문법적 유형은 원시 인도유럽어, 산스크리트어, 그리스어이다. 그러나 여기서 내가 지적하려고 한 것은 자의적 요소와 상대적인 자의적 요소의 대립은 포착하기 쉬운 현상이라는 것이다. 우리는 이 현상 자체를 필요한 만큼 깊이 분석하지 않았다. 〈이것〉은 〈우리가〉 별도로 분리하지 않은 이 두 관계를 〈지금까지 이 두 관계를 대립시키지 않고〉 함께 보여 준다. 상대적인 자의성의 개념은 두 관계를 개입시키는데, 이를 조심스레 구별해야 한다.

한편으로는 이미 언급한 관계가 있고,

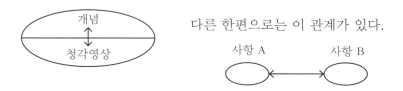

다른 한편으로는 이 관계가 있다.

[307] 여기서 사용한 '**사항**(terme)'〈사항들〉은 계산해야 할 수량으로서의 사항(수학적 등식의 항) 또는 일정한 값을 갖는 사항이다. 이러한 의미에서 사항은 언어 단위로 귀착된다.

한편으로는 내적 관계가 있는데, 이는 청각영상과 개념의 연합 이외의 다른 것이 아니다. 각 사항[169]은 이러한 내적 관계를 함의한다. 이것이 고려해야 할 유일한 관계이다.

chêne(참나무)　　poirier(배나무)

poire(배)

상대적인 유연성의 개념은 반드시 다른 사항이 필요하다. 겉보기에 대립된 사항과 관계를 지닌 이 내적 관계와 이 외적 관계 사이에는 아무런 공통점이 없는 듯이 보인다.

이 사항들 간의 관계는 여기에 존재하는 내적인 두 관계 외의 다른 관계에 의해서는 존재하지 않는다.

〈개념과 청각영상과의 관계는 외적 사항과의 관계 없이도 존재할 수 있

---

169 M&G(2005, p. 235)에는 '내적 관계'〈일차 관계〉, '각 사항'〈이차 관계의 사항들의 각 사항〉처럼 〈　〉가 추가되어 있다.

다. 그러나 두 사항 사이의 관계는 내적인 두 관계의 상호적인 관여 없이는 존재할 수 없다.〉

[308] 이는 처음에는 분명하게 드러나지 않는다.

poirier   poire

désireux   désir

désir'욕구'라는 분할체와 eux라는 다른 분할체가 〈있고〉, 따라서 공존하는 단어 désir를 원용하면 충분한 듯하다.

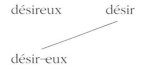

실제로는 〈이것을 통해〉 나는 오직 외적 형태만, 즉 청각영상만을 환기했다.

이 두 단어 사이에 관계〈비교〉가 가능한 것은 실제로 ≪désir≫란 개념과 청각영상 désir가 서로 관여하고, 〈다른 한편 청각영상 désireux와 개념 ≪désireux≫가 관여하기 때문이다.〉

개념 ≪désir≫   개념 ≪désireux≫
——————   ——————
청각영상 désir   청각영상 désireux

각 단어의 개념과 청각영상 사이의 〈내적〉 관계를 생각하지 않고서는 단어들 사이의 관계를 〈결코〉 생각할 수 〈없다.〉

[1911년 5월 19일]

[308a] 〈이후 명확히 설명할 지적 사항을 추가하여 제1장 랑그에 대한 강의를 재개〉

〈어느 시점에서는 다른 방향으로 강의할 수도 있지만, 이로 인해 혼란은 생겨나지 않는다. 이 설명을 통해 우리는 동일한 지점으로 돌아갈 것이다.〉

제1장과 관련해서 수정할 것은 없다. 제1장에 이어서, 제1장과 제2장 〈(언어학 내에 있는 여러 사안의 구별)〉 중간에 고려할 사항이 있다. 발화에 의해, 다시 말해 지각된 발화의 총합에 의해 〈직접적으로나 간접적으로〉 랑그 내에 들어오지 않는 것은 없다. 그 반대로 랑그로 부르는 산물이 구축된 후에만 발화가 존재하며, 이 랑그라는 산물은 개인이 발화를 구성하는 요소를 그에게 제공한다.

랑그를 발달시키고 확정짓는 것은 집단적 지성의 작업이다. 〈한 단어가 랑그 내에 들어왔다는 것은 집단적으로 인정받았다는 것을 의미한다.〉 랑그에 속한 모든 것은 잠정적으로 집단적이다. 반대로 집단적인 발화란 없다. 발화행위는 순간적으로 이루어지는 것 외에도 그것은 개인적인 것이다. 시장에 모인 군중에게 랑그는 어떤 방식으로 존재하는가[?] 군중을 구성하는 개개인의 〈두뇌 속에 존재하는〉 저장물의 형태로 존재한다. 〈마치 사전 한 권 한 권을 이 개인들이 나눠 가진 것처럼〉 각 개인에게

내재하는 이 랑그란 저장물은 집단적인 동시에 개인의 의지 밖에 있다. 1+1+1...=1(집단 모델)

[308b] 발화는 어떤 방식으로 이 동일한 군중에게 존재하는가[?] 발화는 사람들이 서로 주고받는 말의 총합이다. 다시 말해서

> a) 개인적인 결합체들, 즉 문장. 개인의 의지에 의존하며, 개인적 사고를 반영한다.
> b) 발성 행위. 이것도 마찬가지로 이 의지적인 결합체를 실행하는 것이다.

이 발성 행위와 내적 결합체는 서로 상응하는가? 이 군중의 집단적 발화 행위가 있는가? 아니다.

$$1+1+1...=1+1+1...$$

결론을 말하자면, 랑그와 발화 이 두 대상이 서로를 전제하는 것이 사실이라면, 이들 사이에는 어느 한 대상 없이 다른 대상이 존재할 수 없다. 반대로 이들의 성질은 비슷한 점이 거의 없으며, 각기 별도의 이론을 요구한다. 인간언어에 속하는 이 두 부분을 동일 관점으로 환원하려고 무모하게 시도한다면, 아주 모호하기 짝이 없는 학문이 될 뿐이다. 인간언어가 만들어 내는 총체적 면모는 [308c] 동질적이 아닌 까닭에 분류할 수 없다. 따라서 〈인간언어의 개인적 부분, 즉 발화를 다루는 연구,〉 발성을 다루는 연구가 있다. 이는 발화의 연구이다. 둘째 연구는 개인의 의지를 초월해서 이루어지는 인간언어의 부분, 즉 사회적 규약이 있는데 이것이 랑그의 연구이다.

첫째 연구는 필시 심리물리적 연구이고, 둘째 연구는 오직 정신적인 연구이다. 랑그 현상의 두 구성성분의 연합은 정신적인 것이기 때문이다.

바로 이것이 우리가 즉각 마주치는 갈림길, 즉 분기점으로서 연구 대상이 발화인지 랑그인지를 결정하는 문제이다. 이 두 길을 동시에 갈 수 없으므로 이들은 완전히 분리하여 어느 한 길을 선택해야 한다. 앞에서 말한 바처럼 우리 입장에서 추구하려는 것은 <u>랑그의 연구</u>이다.

'언어학'이라는 명칭을 이 두 연구를 합한 것으로 사용해야 하는 것인지, 아니면 랑그의 연구에만 국한해서 사용해야 하는지[?] 〈〈우리는〉 랑그의 언어학과 발화의 언어학을 〈구별할 수 있다.〉〉

[309] 이처럼 말했다고 해서, 랑그의 언어학에서 발화의 언어학에 한눈을 팔면 안 된다고 결론지어서는 안 된다. 〈그것은 유익할 수도 있겠지만, 인접 분야를 차용하는 것이다.〉

<u>제2장</u>의 제목을 우선 〈기호체계로서 랑그〉로도 명명할 수 있을 것이다. 〈(이는 과도적인 방편일 수 있다.)〉 따라서 이 장에서는 두 가지 기본 진리 〈(언어기호와 관련된 두 가지 기본 원리)〉를 지적한다. 즉 〈1) 언어기호는 자의적이다. 2) 언어기호는 분할체를 가지며, 이 분할체는 단일 차원에서 전개된다.〉

'시니피앙(signifiant)'과 '시니피에(signifié)'라는 용어를 사용함으로써 이 두 가지 진리를 나타내는 공식을 더욱 정확하게 표시할 수 있다.

〈용어의 이러한 표시에 대한 해명.〉 기호체계를 내부로부터 살펴보면, 시니피앙과 시니피에를 제기할 〈대립시킬〉 근거가 생긴다. 이는 〈(청각영상과 개념의 대립을 배제하고)〉 이 두 가지를 서로 대립시키는 것이다.

시니피앙〈(청각적이다)〉과 시니피에〈(개념적이다)〉는 기호를 구성하는 두 요소이다. 따라서 이처럼 말해야 할 것이다. 〈1)〉 랑그 내에서 시니피앙과 시니피에를 연결하는 관계는 기본적으로 자의적이다.

〈2)〉 랑그 내에서 시니피앙은 [310] 청각적 성질을 지니므로 시간상으로만 전개되며, 시간에서 유래하는 다음과 같은 특성을 지닌다. 즉
　　　a) 분할체를 표상하는 특성
　　　b) 일차원에서만 출현가능한 분할체를 표상하는 특성

〈앞에서 우리는 '기호(signe)'라는 용어를 간단히 제시했고, 이 용어는 혼란을 야기했다.〉

이 지적 사항을 추가하자. 즉 그렇게 되면 우리는 이 기호란 용어를 갖지 못할 뻔했다. 그 용어가 없다면 아쉽기도 하겠고, 이 용어는 모호함이 없이 시니피앙과 시니피에 모두를 가리키는 것이라고 할 수 있다.

〈어떠한 용어('기호', '사항', '단어' 등)를 선택하더라도 포착이 어렵고, 단지 그 일부만 가리킬 위험성이 있다.〉 아마도 용어를 하나도 발견하지 못할 가능성도 있다. 랑그 내에서 한 사항이 가치의 개념에 적용되는 경우, 그

것이 이 구분선의 어느 한 측면만 가리키는지, 아니면 두 측면을 동시에 함께 가리키는지를 알 수 없다.

〈따라서 명료하게 『시니피에와 시니피앙의』 연합을 가리키는 단어를 찾기란 매우 어렵다.

〈제3장〉 『기호의 불변성과 가변성』

제2장 뒤에 우리가 차후에 다루려고 했던 바를 잠깐 삽입해야겠다. 제3장 <u>기호의 불변성과 가변성</u>을 넣어야겠다. 〈이것이 앞의 제2장에서 이번 장으로 넘어가는 연결 부분이다.〉

〈우리가 살펴본 바는〉 시니피앙이 표상하는 관념과 관련해서, 시니피앙 〈기호〉은 어떤 것이건 간에 자의적이고, [311] 자유로이 선택한 것으로 나타나며, 다른 시니피앙으로 교체될 수 있다는 점이다. (table'탁자'는 sable '모래'로도 불릴 수 있고, 또 그 반대로도 가능하다.) 기호를 사용하도록 요청받은 인간 사회와 관련해서 기호는 자유로운 것이 아니라 강제로 부과되는데, 이 사회 집단의 의견을 구하지도 않고, 또한 기호가 다른 기호로 교체될 수 없거나 한 것처럼 말이다. 자유로운 것을 구속하는 모순을 어느 정도 내포한 이 사실〈이 현상〉은 익히 알듯이 선택의 여지가 없는 상황으로 보인다. 〈랑그에게 요구하기를〉 "되는 대로 임의로 선택하시오"라고

하면서도 동시에 "그대는 선택권이 없습니다. 이것 아니면 저것입니다"
라고 말하는 것이다.

만일 어느 개인이 프랑스어의 단어나 문법을 교체하기를 원하더라도, 그
는 그것을 할 수 없고, 대중도 그것을 할 수 없을 것이다. 대중은 현재의
언어 상태에 매여 있다. 이 현상의 근저에 있는 원인과 [312] 결과는 무수
히 많은데, 이들을 조사해야 한다. 원인을 살펴보자면, 첫 번째 고려할 사
항은 다음과 같다.

언어[랑그]는 어느 시기에 고찰하더라도, 아무리 과거로 소급해 올라가도
그 특정 시기에서는 그 이전 시기로부터 넘겨받은 유산이다.

일정 시기에 사물에 명칭을 부여하는 관념적인 행위, 즉 관념과 기호, 시
니피앙과 시니피에 간의 연계를 맺어 주는 행위, 이러한 행위는 유일하게
관념의 영역에 속한다. 그것은 언어기호의 자의성에 대해 우리 감각이 느
끼는 관념이며, 우리가 인지하는 현실에 속하지 않는 관념이다. 과거의
어떤 사회든 언어[랑그]를 이전 세대가 다소 완성한 산물로만 인정했고,
또 그러한 것으로 받아들였다. 다시 말해서 우리는 모든 언어 상태의 기
원에 역사적 사실이 있음을 인정한다는 것이다.

[313] 지금까지 우리는 언어[랑그]의 사회적 측면을 살펴보았다. 왜 기호
가 불변적인 것인지를 탐구하면, 역사적 요인이 있음이 드러난다. 이제
과거 유산을 말하자면, 역사적 유산에 대한 이러한 견해는 우리가 더 깊
이 생각하지 않으면 아무것도 설명해 주지 않는다고도 말할 수 있다. 왜
그것이 과거 유산인가? 이 유산은 조금도 변경할 수 없는 것일까? 우리는
이전 세기에서 유래하는 다른 사실들, 예컨대 법률도 알고 있다. 하지만

사람들은 법률을 개정하지 않으려고는 하지 않았다.

이처럼 매우 타당한 반론은 결국 언어[랑그]를 사회적 틀 속에 위치시키고, 다른 사회제도에 대해서 이 문제를 제기하는 것처럼 결국은 여기서도 이 문제를 제기하게 된다. 인간제도의 전달, 이것은 아주 일반적인 문제로서, 우리가 초반부에 제기한 문제를 포괄하는 것으로 간주했다. 왜 언어[랑그]는 자유롭지 못한가? 다른 제도가 보여 주는 자유스러움의 [314] 정도와 비교할 근거가 충분히 있다. 그것은 역사적 사실 〈요인〉과 사회적 사실 〈요인〉 간의 균형의 문제이다.

왜 사회적 요인이 다른 요인보다 그렇게 강력하지 못한가? 왜 역사적 요인이 무척 강력한가? 왜 그것은 급격하게 일어나는 일반적 변화를 배제하는가? 〈(왜냐하면 우리는 부분적 변화, 세부적 변화는 보류하기 때문이다.)〉 다른 사회제도(예컨대 기호체계)와 비교해 보면, 완전한 혁신이 배제된다고는 생각되지 않는다.

둘째 조건 〈둘째 고려사항.〉 〈첫째 견해에 대한 대답.〉 〈중요하지만〉 〈가장〉 유효한 것으로는 볼 수 없는 일반적 견해를 잠시 논의하자. 예컨대 각 세대는 서랍장의 서랍처럼 세대별로 계승되지 않는다. 〈그것은 한 세대에는 모든 연령층의 사람들이 속하니까 그렇다.〉

〈어떤 개별 언어를 습득하는 데 필요한 노력을 상기해 보자. 그러면 언어를 바꾸는 것이 어렵다.〉[170]

---

[170] 이 부분은 M&G(2005, p. 239)에서는 바로 뒤의 문장 속에 내포되어 있다.

랑그를 성찰하지 않는다〈의식과 무의식의 구별〉는 점을 지적할 수도 있고, 인간언어 현상을 일반적으로 지배하는 의식의 정도를 면밀히 설명할 수도 있다. 또는 일반적으로 각 민족은 자신이 전해 받은 언어[랑그]에 만족했다는 의미에서 이 언어[랑그]를 성찰하지도 않았다는 점도 지적할 수 있다. 이 모든 사실보다 더 타당하고 〈더욱 직접적이고, 위의 모든 정황을 포괄하는〉 사실을 표명하는 것이 더 바람직하다.

[315] 1) 언어[랑그] 자체의 외적인 상황 가운데서 언어[랑그]는 각 개인이 매일, 하루 종일 이용하는 사상(事象)이라는 점을 확인할 수 있다. 이 점 때문에 언어[랑그]는 다른 제도〈(민법, 아주 형식주의적인 종교)〉와 비교할 수 없는 제도가 된다.

근본적인 혁신의 정도는 이처럼 상당히 큰 폭으로 감소된다.

그러나 이 현상은 여전히 언어[랑그]에 외적인 것이다. 다음 지적 사항은 언어[랑그] 자체에 포함되어 있다.

2) 한 개별 언어를 구성하는 무수히 많은 기호. 우리가 비교할 사항을 찾아본다면, 이들은 발견할 수 없다. 개입하는 요소의 수가 엄청나게 많다는 현상을 전혀 무시할 수 없다. 문자는 20~40여 개의 기호뿐이다. 그래서 어떤 문자체계가 다른 문자체계로 교체되는 것을 볼 수 있다.

만일 언어[랑그]가 예컨대 40여 개의 기호로 구성된 것으로 가정하면, 이 언어[랑그] 전체를 교체할 수 있는 것으로 당연히 생각할 수 있다.

3) 기호의 자의적 근거. 기호는 [316] 자의적이며, 이를 쉽게 바꿀 수 있

을 것 같다. 그러나 이러한 사실 때문에 언어[랑그]는 언어집단의 논의 대상이 될 수 없다. 이 집단이 실제보다 훨씬 더 의식적이라고 가정해도 실제로 논의의 근거를 가지려면 사물들과 비교 가능한 규범이 있어야 한다. (예컨대 형식주의적 종교를 나타내는 상징물과 같은 것.) 〈이처럼 합리적으로 비판할 근거가 있다면, 사실상 이러한 사물은 논의가 가능하다. 상징 체계에서는 논의를 진행할 수 있다. 그러나 자의적 체계의 규범과 같은 것은 그럴 수 없다. 단지 문법가와 논리학자만이 이 규범을 혁신할 수 있다.〉

4) 언어[랑그]는 그 전체로 하나의 몸체와 하나의 체계를 구성한다. 사실 이 점을 맨 먼저 말했다. 〈(이 장이 제4장에 삽입되었으니까 말이다)〉 언어[랑그]가 완전히 자의적이 아닌 것은 이 측면 때문이며, 언어[랑그]에 자의성의 상대적 비율을 인정해야 한다. 기호와 관념 사이의 결속은 무척 복잡하기 때문이다.

이를 왼쪽처럼 생각해서는 안 되고, 오른쪽처럼 생각해야 한다.

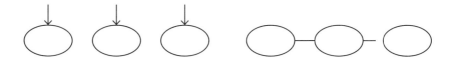

따라서 이러한 점에서 〈근본적인 변화를 일으키는〉 행위는 〈사회〉집단을 초월한다.

그 작업은 문법가와 논리학자의 회합에서 해야 할 수도 있다.

〔여백 그림〕

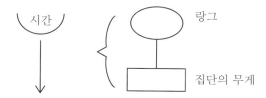

언어[랑그]가 사회적 사실이라는 정황으로 인해 언어에 무게 중심이 생겨 난다. 그러나 서두에서 이미 이 사실을 받아들였으므로 지금 언어[랑그] 를 재론하는 것은 유익하지 않다. 사회적인 힘은 시간과 관련해서 작용하 고, 어떤 점에서 언어[랑그]가 <u>자유롭지</u> 못한지를 설명해 준다.

사실 언어[랑그]는 〈언제나〉 과거와 연계되고, 이로 인해 언어[랑그]는 자 유를 상실하는데, 만일 언어[랑그]가 사회적 사실이 아니라면 그렇지 않 을 것이다. 그러나 시간의 고려, 세대 간의 전달을 추가해야 한다.

애당초 이 사회적 규약에 시간 요인을 배려할 여지가 있다는 사실을 깨 닫지 못했다. 사실상 이론적으로는 언어[랑그]는 시간과 관계없이 〈논리 적이거나 심리적인 것으로〉 고찰할 수 있다. 시간의 힘은 매 순간 자의적 인 힘〈자유로운 선택〉을 무력화한다. 왜 우리는 homme(사람), chien(개) 이라고 말하는가? 사람들이 <u>우리보다 앞서</u> homme, chien이라고 말했 기 때문이다. 거기에 대한 타당한 근거는 시간이다. 이 시간은 자의성을 제거하는 것은 아니지만, 그래도 그것을 제거한다. 이로 인해 시간의 문 제와 자의성의 문제의 연관 관계를 보지 못하게 방해받는 것은 아니다. [318] 이 둘은 서로 이율배반적으로 작용한다. 〈요약하자면〉 언어[랑그]를 구성하는 기호의 부자유는 역사적 측면에서 유래하거나 언어[랑그]에 작용하는 시간 요인이 발현한 것이다. 이러한 기호의 부자유는 언어[랑그]에 작용하는 시간 요인의 지속이 〈세대를 통해 내려오는 기호의 연속〉에 근거하기 때문이다.

시간 요인의 또 다른 현상은 〈첫째 현상과 표면상으로는 상반되는 사실로서,〉[171] 즉 상당히 많은 세대를 거쳐 내려오면서 겪는 <u>기호의 상태 변화</u>이다. 〈그런 이유로〉 이 장의 제목은 기호의 불변성과 가변성 〈상태 변화 가능성〉 두 가지를 동시에 언급한다. 이 두 가지 사실은 밀접한 관계를 맺고 있고, 이들이 결국은 동일한 원인을 가지고 있음이 분명하다.

왜 기호는 변화할 수밖에 없는가? 기호가 지속되기 때문이다. 그것이 지속하지 않는다면, 10년마다 새로운 언어가 전혀 새로운 기준에 입각해서 만들어진다면, 기호의 불변성이란 개념은 폐기될 것이다.

기호가 겪는 모든 상태 변화 가운데에서 지배적인 사실은 기존에 존재하던 기호 중 상당 부분이 계속해서 건재하다는 점이다. 이는 기호의 상대적인 저항이며, [319] 앞의 『지속의』 원리에 의존해 있음을 전제로 한다. 상태 변화의 원리는 지속의 원리에 기반을 둔다.

〈출발점으로부터 재정립해 보면 다음과 같다.〉

시간의 소여 밖	시간의 소여에 의함

---

[171] K&H(1993, p. 97)에서는 "c'est 〈fait…〉", M&G(2005, p. 241)에서는 "…, ce fait," 이다.

기호의 자의성	1. 비자유성(불변성)
따라서 자유	2. 상태 변화(상당한 정도의 가변성)

시간상의 변화 형태〈또는 요인〉는 종류가 여러 가지 있으며, 그 각각은 언어학의 주요 장이 된다. 그것의 각 종류를 철학적으로 고찰하면, 그 성질, 범위 등은 끊임없는 토론의 요소가 된다. 이들을 분류하기 전에 분석해야 할 중요한 것이 있다.

이해를 보다 더 명확히 하기 위해 방금 논의했던 바처럼 기호의 상태 변화는 더 이상 이야기하지 않도록 한다. 이는 단지 음성학(단어 형태의 변화)〈청각영상의 변형이나 의미의 변화. 이는 잘못된 것이다.〉만이 중요한 문제라는 인상을 준다.

상태 변화의 요인이 어떤 것일지라도, [320] 그 성질이 전혀 다르더라도, 이 모든 요인이 다 함께 작용하여 관념과 기호의 관계를, 시니피앙과 시니피에의 관계를 변화시킨다. 이를 관념과 기호의 관계 이동(移動)으로 표현하는 것이 더 나을 듯하다.

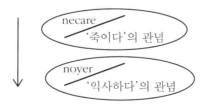

necare는 일정한 시간이 흐른 뒤에 noyer가 되었다. (왜냐하면 동사 noyer가 necare의 연속체라는 것을 알기 때문이다.) 청각영상도 변했고, 관념도 변했다. 〈그러나 이처럼 구별할 필요는 없다. 단지 전체적으로 확인할 수 있는 것은〉 관념과 기호 사이의 관계가 이동했다는 점이다.

〈비슷한 예를 다시 들어 보자.〉 골 지방의 라틴어(4세기나 5세기)의 특징
은 necare가 noyer를 의미했다는 점이다.

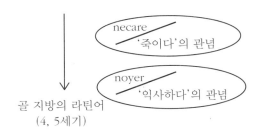

골 지방의 라틴어
(4, 5세기)

청각영상은 변경되지 않았지만, 관념과 기호의 관계는 이동했다.

[321]

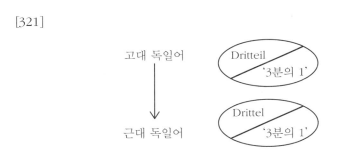

시니피앙만 변했는가? 그렇다고 할 수 있다. 그러나 두 가지 방식으로 변
했는데, 그중 한 가지는 의미와 아주 밀접하게 관련된다. 〈두 가지 방식
으로, 1) 형태의 변화뿐만 아니라 또한 [2)] Drittel은 Teil'부분'의 의미가
없어지고 단일어가 되었다.〉

어쨌든 관념과 기호의 관계가 이동했다.

선사 앵글로색슨어	fôt(발)	*foti(발들, 복수)
↓	↓	↓
오늘날 『영어』	fôt(foot)	fêt(feet)

〈이 사례는 아주 복잡하다〉. 음성변화만이 일어난 것이 아니다. 두 단어 사이의 메커니즘이 변했다. 그러나 이처럼 과감하게 말할 수도 있다. 관념과 기호의 관계가 이동했다라고 말이다.

[322] 어떤 개별 언어든지 그것이 언어 전체를 지배하는 조건을 충족한다면, 변화의 요인에 맞서 자신을 지켜 낼 수 없다. 이 변화의 요인으로 인해 시니피앙과 시니피에의 관계는 결국 늘 바뀐다. 그 관계가 그대로 지속되는 사례는 전혀 없다. 이것은 기호의 지속성의 원리에서 직접 생겨난 논리적 귀결이다. 기호의 자의성에 포함된 자유의 원리와 관련해서 지속성만이 기호의 자유를 박탈하는 것이 아니다. 만일 한 개별 언어를 〈법규로〉 제정했다고 가정하면, 그다음 날 그것〈(언어집단)〉은 그 언어의 관계를 이미 변경할 수도 있었을 것이다. 언어가 자유로이 유통되지 않는 한 그것을 통제할 수 있지만, 언어가 임무를 다하는 순간 그 관계가 바뀌는 것을 알 수 있다. 적어도 어쩔 수 없이 그렇게 될 수밖에 없다는 결론은 역사를 통해 얻은 사례가 잘 보여 준다.

에스페란토〈성공적인 것으로 보이는 인공언어의 시도〉가 사회적이 되면, 이 필연적인 법칙을 따를까[?] [323]

에스페란토 사용 집단은 인구 밀도가 그리 높지 않고, 철저히 의식적으로 분산된 소집단이며, 이 소집단은 인공언어를 자연언어로 습득한 것이 아니다.

기호체계(문자 체계, 예컨대 펠비어 문자)와 농아의 언어도 맹목적인 힘이 이 관계를 바꿀 것이다. 〈시간상의 변화와 연관된 시간상의 지속은 일반 기호학적인 현상이다.〉

〈[[기호의]] 지속의 필연성을 고찰하는 데 부여한 시간과 비교해서〉 변화의 필연성이라는 문제를 명확히 설명하지 않았으므로 재론할 수도 있다. 〈실제로 이 변화는 지속의 형식 중 한 가지에 불과하다는 점만을 지적했기 때문이다.〉

이처럼 의도적으로 잠시 공백을 둔 것은 변화의 요인을 구별하지 않았다는 단순한 이유 때문이다. 이 변화의 요인이 미치는 효과는 마구 뒤섞여 있으므로 이를 분석해서 가려낸다는 것은 신중하지 못하다. 〈변화의 원인이 무척이나 다양해서 연구하지 않았기 때문에 이들이 정말 영향을 미치는지는 탐구할 수 없었다.〉

〈지속의 원인이 문제이므로 그것은 선험적으로 관찰 범위를 벗어나지 않는다.〉 시간의 흐름을 관통하는 변화가 문제라면, 언어사항과 가치의 〈전체적 관계의〉 이동이라고만 말하는 것이 좋겠다. 〈따라서 변화의 필연성의 정도(定度)를 해명하려는 것을 그만두기로 한다.〉

이 장 끝까지 진행해 나갈 강의 순서는 다음과 같다.

1) 사안의 정의. 인간언어 중에서 [324] 랑그는 발화로부터 분석되어 나

온다. 인간언어에서 발화와 관련된 것을 모두 제거하면, 그 나머지는 '랑그'라고 하는 것이 타당하고, 그것은 정신적인 사항만 포괄하는 것으로 드러날 것이다. 랑그=관념과 기호의 정신적 결속이다. 그렇게 되면 랑그는 사회적 실체에서 벗어난 것, 따라서 비현실적인 것일 뿐이다. (그 이유는 그 실체의 일부만을 포함하기 때문이다.) 랑그가 존재하려면, 랑그를 사용하는 발화집단이 필요하다. 우리로서는 랑그는 애초부터 집단정신 속에 자리 잡고 있었다.

이 둘째 사실은 랑그의 정의 속에 포함되고, 발화에는 적용되지 않는다. (발화행위는 개인적인 것이므로.) 〈정의상 우리는 두 가지 사안을 한꺼번에 다룬다.〉

그리하여 이런 도식이 생긴다.

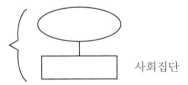

사회집단

〈이 도식대로라면 랑그는 지속할 수 있다.〉

이 랑그의 정의 자체는 사회적 실체를 고려하지만, 역사적 실체는 여전히 전혀 고려하지 않는다.

[325] 언어기호[172]는 본질상 자의적이기 때문에, 랑그를 이처럼 정의하면 랑그를 자유 체계로서 간주할 수밖에 없는 듯하다. 그것은 논리적 원리에만 의거하며, 순수한 관계의 영역에서 작용하기 때문이다.

발화집단이란 현상 자체는 이 관점을 배제하는 것이 아닐까? 엄밀히 말해서 그렇지 않다. 왜냐하면 집단 자체만을 고려하기 때문이다. 언어 공동체는 논리적으로, 오직 논리적으로만 사고하지 않기 때문에 랑그는 심리논리적 원리를 따를 것이다. 그러나 우리가 랑그의 많은 현상을 시간 요인의 외부에서, 즉 시간상의 단일 시점에서만 고려한다면, 사회집단에서 드러나는 실체처럼 외적 실체는 생성될 기회가 없다.

그러나 여기에 시간이라는 역사적 실체가 개입한다. 만약 발화집단 없이 시간만을 취한다면, 〈(변화의)〉 외적 효과는 아마도 나타나지 않을 것이다. 시간이 배제된 발화집단에서 방금 살펴본 바처럼 랑그의 사회적 힘은 [326] 오직 시간을 개입시켜야만 외부로 드러난다. 〈다음 도식으로 그 완전한 실체를 파악할 수 있다. 즉 시간 축을 첨가하면 말이다.〉

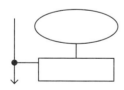

발화집단은 시간에 의해 증식되고, 시간 내에서 고찰할 때 증식된다.

〈이제부터〉 랑그는 자유롭지 못하다. 선험적으로 시간은 과거 세대와 무

---

172 K&H(1993, p. 101)에는 le signifiant이고, M&G(2005, p. 249)에는 le signe linguistique이다. M&G가 대조한 소쉬르의 강의준비 노트에도 le signe linguistique이므로 이로 교정하여 번역했다.

한한 연대를 통해 랑그에 미치는 사회적 힘이 그 영향력을 발휘할 기회를 부여하기 때문이다.

2) 지속성은 〈분리 불가한〉 현상으로서 변화, 즉 시간이 흐르면서 가치가 불가피하게 어느 정도 상당히 이동하는 것을 내포한다.

〈시간 속에서 변하지 않는 것은 없다는 사실을 상기해 보자.〉

[1911년 6월 2일]

제4장 (앞의 장에 이어서 삽입할 것)

정태언어학과 역사언어학. 언어학의 두 분야

이 장은 앞 장에 〈바로 이어 나오는〉 후속 장이며, 〈일반적 기초적인 지적이다. 이에 대해서는 뒤에 가서 다룰 것이다.〉 시간의 개념과 그 결과적 영향을 언제 도입할지 망설여진다. (이제 앞에서보다는 더 빨리 도입하려고 한다.) 〈그래서 이 두 개 장을 삽입했다.〉

시간이 언어 변화에 개입한다는 사실은 우선 보기에는 [327] 아주 심각한 사실이 아닌 듯하고, 언어학의 여러 조건에도 큰 영향을 미치는 것 같지 않다.

대부분의 언어학자는 시간의 문제가 특수한 문제를 야기하는 것으로 생각하지 않으려는 경향이 있다. 언어학자는 거의 대부분 이 문제가 시간 내에서 언어를 고찰해야 할지, 시간을 배제하고 고찰해야 할지를 반드시 따져야만 하는 핵심적 교차로로 생각하지 않는다.

다른 학문에서도 시간의 특수한 영향을 인정하지 않는다. 천문학은 이용할 수 있었던 시간이 극히 단기간이었음에도 괄목할 만한 변화를 기록했다. 〈그러나 천문학을 둘로 나누어야 할 근거가 있는지를 잘 알지 못했다.〉 지질학은 계기적 시기들, 즉 시간상의 변화를 거의 끊임없이 조사한다. 지질학이 시간을 벗어나 대상을 고려하면 〈토양의 고정 상태를 다루면,〉 그것을 별도의 대상으로 〈근본적으로〉 연구하는 것이 아니다. 법학이 있고, 법률의 역사가 있다. 그러나 누구도 이 둘을 대립시키지는 않는다.

국가의 정치사는 특히 시간상에서 전개되지만, 〈역사가가 시간을 배제하고 특정 시기를 전반적으로 기록하려면,〉 중요하게 구별할 것이 없다. 정치제도사는 시간을 벗어나 [328] 정세를 연구하지만, 제도 개정을 조사하면서도 제도가 변하는 것으로는 생각하지 않는다.

정치경제학(Wirtschaftslehre)은 〈몇몇〉 사회적 가치, 예컨대 노동 가치, 자본 가치 등 이들 〈사이의 균형〉을 연구한다. 앞에서 언급한 모든 과학이 연구하는 바와는 반대로, 이 학문에서는 경제사(시간의 흐름에 따른 정치경제학)와 정치경제학으로 (〈이 두 분야를 다루는〉 각기 다른 두 강좌로) 말한다. 이는 단지 구분할 내적 필연성만 따르게 하면 되었는데, 〈이러한 내적 필연성 때문에 언어학도 두 분야가 필요하리라는 것을 알게 될 것이다.〉 그 이유는 정치경제학에서는 가치의 개념〈(그리고 가치의 체계)〉을 다루기 때문이다. (하지만 언어학보다는 그 도가 더욱 약하다.) 가치 체계 자체와 시간에 따른 가치 체계를 동시에 다룰 수 없다. 사상(事象)을 다루는 학문도 이 사상이 존재하는 두 가지 축을 나누면 더 완전히 차별화하

는 이점이 있을 것이다. 즉 시간 요인을 사라지게 하는 [329] 동시성의 축
(또는 공존하는 여러 사상의 관계의 축)과 시간에 의해 증식되는 여러 사상
의 계기성의 축(계기적 사상의 관계의 축)이 그것이다.

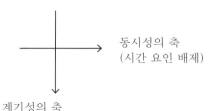

동시성의 축
(시간 요인 배제)

계기성의 축
<수직 축에서는 시간에 의해 증식되는 사상이 있다.>

가치를 다루는 학문에 접근하려면, 이〈(구별)〉는 필수적인 사안(〈실제로는
훨씬 더 눈에 분명하게 띄는〉)이 된다. 〈그리고 경우에 따라 일차적인 이론
적 필수 사안이 된다.〉 이 두 축을 분리하지 않고서는 명확한 과학을 설립
할 수 없기 때문이다.

3) 가치체계(〈기호학으로 자의적으로 고정될 수 있는〉 자의적 가치)의 〈제3
단계〉에 도달하면, 이 두 축을 구별할 필요성은 극대화된다. 왜냐하면 선
험적으로 즉각 가치가 있는 것만이 중요하기 때문이다. 모든 가치는 기호
처럼 양면이 있다. 이 가치는 적어도 양면 중 어느 한 면에 의해 [330] 사
상에 근거를, 뿌리―예컨대 5만 프랑에 상당하는 토지―를 갖는 까닭에,
이 가치가 시간에 따라 변동하는 것을 추적하는 것은 상대적으로 가능하
다. 그렇지만 이 점은 언제라도 의심할 수 있다는 것을 잊어서는 안 된다.
(예컨대 5만 프랑의 교환 가치는 금의 공급이 풍부한가에 따라 변동하기 마련
이다.) 그러나 그것은 가시적인 기반이 있고, 물질적인 실체는 여전히 존
재한다.

이와 반대로 기호를 구성하는 연합에서는 두 가지 가치 외에는 〈아무것도〉 존재하지 않는다(기호의 자의성 원리).

기호의 양면 중 어느 한 면이 자체의 기반을 갖는 것으로 생각한다면, 그것은 개념의 측면이다. 가치에 속하는 현상은 대단히 복잡하다.

모든 가치는 인접 가치나 반대 가치에 의존하며, [331] 심지어 선험적으로도 그렇다. 변화가 일어나기 때문에, 즉 관계가 이동하기 때문에 시기를 뒤섞으면서 어떻게 사항을 〈제대로〉 평가할 수 있겠는가[?] 〈가치와 동시성은 동의어이다. 시간 축과 그 반대 축 중 어느 것을 선택할까[?]〉 하지만 이는 선험적인 추론일 뿐이다. 경험적 관찰로 이 추론을 검증할 수 있는가[?] 그렇다. 〈경험을 통해서 동일한 결론에 이른다.〉

언어학을 둘로 분리해야 한다. 가치 체계가 〈관련되는 경우에〉 사물 자체의 본성으로 야기되는 불가피한 이원성이 있다.

그러면 언어학이 연구했던 바를 귀납적으로 잠깐 살펴보자.

〈이렇게 말할 수 있다.〉 아주 오랫동안 역사언어학 이외에는 거의 연구된 바가 없었다. 언어학을 분리하려는 생각은 누구도 해 보지 않았다. 언어학 연구의 시초였던 비교문법은 역사언어학에 불과했다. 비교 사항들로부터 그 이전의 유형에 대한 [332] 가설형을 추출했기 때문이다. 학자들은 파악이 가능한 최근형에 이르기까지 일어난 변화가 어떤 것이었는지를 고찰했다.

로망어도 역사언어학적으로 연구했다〈여러 개별 언어를 직접 연구했다〉.

그렇지만 이것은 역사언어학 전체가 언어 상태를 살피는 것을 자제했다는 것을 의미하는 것은 아니며, 어쩔 수 없이 그렇게 할 수가 〈없었을〉 것이다. 하지만 언어 상태가 우연히 문제시되었지만, 이 양축의 어느 한 축에서 다른 축으로 관점이 바뀌고 있음을 깨닫지 못했던 것이다.

그러면 이와 같은 질문을 제시할 수 있다. 즉 보프 이래로 발달한 언어학이 언어의 역사적 관점만을 가졌다면, 즉 뒤섞이고 명확히 정의되지 못한 관점만을 가졌다면, 〈그 이전의 언어학자의 연구(프랑스 문법, 라틴어 문법)는 어떤 관점을 보여 주는가〉[?]

우리가 다루는 관점에서 보면, 문법 연구는 전적으로 완전무결한 과학적 관점에서 수행되었다. 이들 문법 내에서 또는 이들 문법으로써 문법가들이 언어 상태를 기술하려고 했는지는 알 수 있다. 그 점에 대해 이 문법 연구는 조금도 의심의 여지가 없다. 그것〈(포르루와얄 문법)〉은 예컨대 루이 14세 시기의 프랑스어의 가치를 [333] 확정하기를 원했고, 거기에 중세 프랑스어나 라틴어의 가치를 뒤섞지 않았다. 〈그것은 완전히 수평적 축으로 연구를 수행했다.〉

〈고전문법의〉 기반은 그 후대의 언어학보다 더 과학적이었다. 왜냐하면 이후 후대의 언어학은 무한대의 시간을 다루었기 〈그것이 다루는 바가 무엇인지를 정확히 알지 못했기〉 때문이다.

전통문법은 단지 시기만 알고 있었다. 언어학은 일정한 시기와 계기적 시기 중 어느 것을 선택해야 했다.

그것(〈전통문법〉)이 취한 대상은 다른 대상과 확실히 구분되었다. 〈이는

전통문법이 완벽하거나 완전했다는 의미는 아니다.〉

전통문법은 언어의 전부라고 할 수 있는 단어의 형태 구성을 무시했다.

전통문법은 규범문법, 즉 기존의 언어사실을 확인하는 대신에 법칙 제정에 전념해야 하는 것으로 생각했다. 언어를 바라보는 전체적인 관점이 없었고, 그것이 〈다루는 사상의 성질이 무엇인지도 알지 못했고,〉 또 언어가 정신 영역에 있는지 그 밖의 다른 영역에 있는지도 몰랐다. 또한 전통문법은 대부분의 경우 기록된 단어와 발화된 단어를 구별하지 않았다.

오랫동안 역사언어학을 연구하고 [334] 나서 그리고 이로부터 귀중한 성과를 얻은 후에 『언어학은』 정태적 관점으로 귀환해야 하는데, 그것도 혁신된 새로운 관점을 가지고 귀환해야 할 것이다. 언어 상태가 무엇인지를 더 확실히 이해하게 된 것은 역사적 연구가 낳은 유익한 성과 가운데 하나였다. 〈따라서 정태언어학조차 역사언어학을 연구함으로써 도움을 받았다.〉 어쨌든 역사언어학을 연구한 것은 차후에도 큰 이득이 되었다.

전통문법은 정태적 사실만 다루었다. 언어학은 언어의 역사적인 면 전체를 우리에게 드러내었다. 그것은 새로운 차원의 언어사실을 알려 주었지만, 우리가 주장하는 바는 오직 두 차원의 대립뿐이라는 것이며, 이것이 연구의 관점으로서는 적매우 유용한 것이다. 진화적 사실과 정태적 사실이 있다는 것을 확인하는 것만으로 그쳐서는 안 된다. 그 차이를 완전히 알기 위해서는 이들을 분리할 근거가 충분히 있다. 이것이 우리가 얻은 결론이다.

그 누구도 두 차원의 존재에 이의를 제기하지 않았지만, 이 둘을 이처럼 분명하게 대립시키지 못했다.

〈학자들이 동의하는 거의 동의어에 가까운 용어가 상당수 있다.〉 넓게 말해서, '역사(histoire)'는 [335] 좀 더 정확한 용어('진화(évolution)'〈'변화(altération)'〉)로 부르고자 하며, '통시적 사실(faits diachroniques)'(시간을 관통해서 일어나는 사실)이란 용어로도 제안할 수 있다.

'통시태' = 시간을 관통해서 흐르는 시기

이 통시적 시기[173]의 특징은 〈주로〉 계기적 언어사실을 다룬다는 것이다.

다른 한편, 언어사실〈(개별 언어들)〉의 균형 상태(어떤 관계를 맺은 사항과 가치의 일정한 균형)가 있다. 이 언어사항은 반드시 동시대적[〈공존하는 것〉(교정)]이어야 하며, 이들은 공시태를 형성한다. 이는 공존하는 사항을 다루는 것이지 계기적 사실을 다루는 것이 아니다. 이 두 학문을 한꺼번에 다룰 수는 없다. 이들은 역학(力學)의 두 분야와 비교할 수 있다.

정역학(靜力學)	동역학(운동학)
균형 상태의 힘	운동 상태의 힘
	T

동역학에서는 요인 T(시간)가 개입한다.

---

173 M&G(2005, p. 261)에서는 '시기' 뒤에 〈차원(ordre)〉을 추가했다.

[1911년 6월 6일]

[336] 앞에서 지적했듯이, 이 두 차원을 근본적으로 분리하는 관점은 〈(아주 단순한 관찰을 통해 영감을 받을 수 있고,)〉 또한 언어학의 일련의 경험을 통해서도 생겨난다. 이는 일차적 관점으로서, 이로부터 생겨나는 관찰에 우리는 놀라게 된다.

화자의 관점에 서면, 시간상의 일련의 사실은 존재하지 않는 것이 된다. 화자는 한 언어 상태를 대하게 되기 때문이다. 마찬가지로 언어학자도 통시태에 속하는 것, 즉 시간 속에서 만들어진 상태를 제거하고, 이 상태 자체를 이해해야 한다. 언어학자는 기원을 알지 못하는 무지(無知)의 관점을 선택해야만 화자의 의식 속으로 들어갈 수 있다.

〈세부사항에 들어가기 전에 또 한 가지 비교.〉 르퀼레산, 돌산, 샤쓰랄산의 정상으로부터[174] 알프스산맥의 전경(全景)을 동시에 포착해야 한다면, 그것은 어떤 모습으로 나타날까[?] 이는 불합리한 일이 될 것이다. 그것은 마치 공시적 관점과 통시적 관점을 [337] 결합하려는 불합리한 일과도 같다.

일정한 고정 지점에 있는 관찰자는 자리를 잡은 화자나 언어학자이다. 〈르퀼레산으로부터 샤쓰랄산에 이르는〉 전 여정을 이동하는 관찰자를 상정한다면, 이 전경〈변모하는 산맥의 관계〉의 이동은 역사적 변화와 진화를 나타낼 것이다. 그러나 분명한 것은 이 전경을 그리려면, 〈어떤 상태

---

174 모두 쥐라산맥에 위치한 고산(高山)으로, 르퀼레산(프랑스 앵도)은 고도 1,718미터로 두 번째 높은 산이고, 돌산(스위스 보캉통)은 고도 1,677미터이며, 샤쓰랄산(스위스 베른캉통)은 고도 1,606미터이다.

앞에 서야 한다. 오직 한 상태에서만 언어를 사용할 수 있다.〉

이 모든 설명으로도 이 둘을 근본적으로 분리해야 할 절대적 필연성을 여전히 설득하지 못할 것이다. 〈이처럼 분리하지 않는 과학이 꽤 있기 때문이다.〉

더욱이 다른 학문이 아니라 언어학에서 이 두 분야를 분리하는 것이 무엇인지 생각해 보자. 여러 가지 점을 나열해 보자. 〈(1)〉 언어는 체계이다. 어떤 체계라도 체계 내에서는 전체를 고려해야 한다. 〈바로 이것이 체계를 만든다.〉 〈그런데〉 변화는 〈그 전체로서〉 체계에 작용하는 것이 아니라 특정한 일부에 작용한다. 태양계가 언젠가 변한다고 하면, 태양계의 변화 지점이 있을 것이다.

[338] 언어변화는 연대(連帶) 현상으로 인해 체계에 반향을 미친다. 〈그러나 이 변화 현상은 특정 지점에 영향을 미칠 것이다.〉
여러 종류의 변화가 있겠지만, 어떤 변화라도 그것은 오직 체계의 일부 사실만 공격한다.

바로 이것이 언어는 체계이기 때문에 두 사상을 동시에 추적할 수 없다는 것을 보여 주는 현상이다.

2) 계기적인 두 사실을 연결하는 관계는 공존하는 두 사실을 연결하는 관계와 특성이 동일할 수 있다. 이 계기적 두 사실은 〈정태적 사실과 대립하여〉 그 자체로 객관적으로 포착한 진화 현상의 성질과 관련된다. (우리 정신, 우리 능력에서 기인하는) 주관적인 사실이 있다. 3) 한 언어를 구성하는 많은 기호는 사실상 두 축을 동시에 추적하는 것을 불가능하게 한다.

4) 기호는 자의적이라는 기본 원리를 잊어서는 안 된다. 언어를 구성하는 가치는 자의적이다. 〈이는 사상에 근거하지 않으므로〉 시간의 흐름을 타고 이 가치를 추적하는 것은 어렵다.

몇몇 사례를 〈이용하여〉 [339] 진화적 사실과 정태적 사실의 대립을 살펴보자.

라틴어	crispus '곱슬곱슬한'	decrepitus '낡은, 늙은'
음성변화 후	crêp-	
	crêpir '벽칠을 하다',	décrépit '낡은, 늙은'
	décrépir '벽칠을 벗기다'	

이제 어느 시기에 식자어(識者語)와 같은 방식으로 그리고 병리학적으로 부르는 비정상적 현상을 통해 라틴어는 그 내부에 〈라틴 단어〉 decrepitus를 우연히 받아들였는데, 하지만 사람들은 그 기원은 알지 못한다.[175] 이 단어가 프랑스어에 들어왔지만, 왜 들어왔는지도 모르고, 〈그것은 décrépit가 되었다.〉 현재는 un mur décrépit(회칠이 벗겨진 벽)와 un homme décrépit(늙은 사람)는 서로 나란히 보존되고 있다. 〈오늘날 분명한 것은 대부분의 사람이 un mur décrépit와 un homme décrépit의 관계를 알고 있다는 점이다.〉 이는 정태적 사실이다. 왜냐하면 그것은 프랑스어의 어떤 가치와, 공존하는 다른 가치의 관계이기 때문이다.

이 〈정태적〉 사실이 생기려면, 여러 가지 진화적 사실, 통시적 사실이 필

---

175 '아주 오래된'의 뜻을 지닌다. 라틴어 어원사전에도 그 정확한 어원과 의미 발달을 지적하지 않고 있다. 단지 '툭탁, 탕탕'과 같은 단어에서 기원하는 것이 아닌가 하고 추정할 뿐이고, 고전 라틴어 이전 시기에 이미 출현했다고 지적한다.

요하다. ⟨cripus가 아니라 crêp-로 말해야 했고, 어느 시기에는 라틴어에서 직접 유래하는 상당히 많은 새로운 식자어(다른 통시적 사실)를 차용해야 했다.⟩

1) 이 통시적 사실은 문제의 이 ⟨정태적⟩ 사실(⟨décrépit와 décrépi를 혼동하는 것⟩)이 출현하려면 필요한 것이었지만, 그것은 언급한 이 정태적 사실과 아무런 관계가 없다. 통시적 사실은 정태적 사실을 결정하는 조건이었지만, 그 자체로는 ⟨(1)⟩ 완전히 별개의 현상이다.

[340] 강의노트 IX[176]

2) 정태적 사실을 포착하기 위해 그 기원을 아는 것이 ⟨통시적 사실을 아는 것이⟩ 불필요한가? 그렇지 않다. 그것은 유익하다. 그것은 우리에게 한 가지 사실, 즉 기호를 대하는 화자의 수동성을 보여 주는데, 이 문제는 다시 살펴볼 것이다. 사실상 우리는 이 두 용어를 결합하는 것은 기원의 관점에서 볼 때는 불합리하지만, 상태의 관점에서는 완전히 적격이라는 사실을 안다.

3) 통시적 사실 전체와 공시적 사실 전체를 동일한 연구에서 결합할 수 있는가[?] ⟨아니다.⟩ 이들은 서로 다른 차원에 속하는 것으로 보인다.

이 첫 사례는 몇 가지 이점이 있고, 말하자면 언어에 대한 오해에 속한다.

---

176 M&G(2005, p. 263)에서는 "그렇지 않다"로부터 강의노트 IX, 340쪽이 시작한다.

〈우리는 거기에 대한 좀 더 광범한 다른 사례를 살펴볼 것이다.〉

[1911년 6월 9일]

둘째 사례는 이것이다.

고대 고지 독일어

gast	gasti		hant	hanti
손님	손님들		손	손들

후에 i가 선행 a를 e로 바꾸는 역할을 했기 때문에 시간이 지나면서 이 변화로 gesti, henti가 생겨났다.

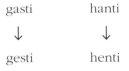

[341] 〈다른 한편 i가 그 음색을 상실했다.   gesti
↓
geste〉

이 두 변화 현상의 결과, 오늘날 Gast/Gäste, Hand/Hände가 생겨났고, 〈많은 단어에서〉『이 같은 유형이 생겨났다.』

좀 더 유사한 현상이 역사적 앵글로색슨어와 초기 앵글로색슨어의 두 시기 간에 일어났다.

*fôt / *fôti	tôd / tôdi	gôs / gôsi
발 / 발들	이빨 / 이빨들	거위 / 〖거위들〗

그 후 두 가지 변화 현상이 더 일어났다. i가 o에 영향을 미쳐 〈음성변화에 의해〉 e로 바뀌었다.

fôti

↓

*fêti

그리고 또 다른 변화 현상으로 어말 i가 소실되었다. 〈그리하여 이처럼 되었다.〉〈현재〉

fôt / fêt	tôd / têd	gôs / gês
〖영어 foot/feet,	tooth/teeth〗	(영어 goose / geese)

오늘날 〖단수와 복수의〗〈실제적〉 관계 Gast / Gäste와 〈관계〉 fôt / fêt를 살펴보면, 복수를 지칭하는 메커니즘을 무엇이라고 부를 수 있을지 알수 있다. 〈독일어와 영어 각각의 메커니즘이 동일한 것은 아니다.〉

영어: 모음 대립
독일어: 모음 대립 + 다른 어떤 것
〈〈어미〉〉

과거에는 이 관계가 전혀 다르게 표현되었다. 〈*fôt / fôti에서 복수는 모음의 차이가 아니라 첨가 요소 〖i〗로 표시했다.〉

언어사항은 어떤 것이든 단수와 복수가 작용하는 관계[342]⟨어떤 복수 형태라도 상관없이 복수 형태들 사이에(G.D.)⟩는 이처럼 표현할 수 있을 것이다.

⟨(수평축 내)⟩
(공시적 사실)

그리고 어떤 언어사실이든지 한 사실에서 다른 사실로 이전하는 현상은 이처럼 표현할 수 있을 것이다.

⟨(수직축 내)⟩
↓↓ (통시적 사실)

다시 말해서 우리는 이와 같은 그림을 갖게 된다.

우리는 이 주제에 대해 몇 가지로 고찰할 수 있는데, ⟨이는 우리의 관점에서 본 두 가지 축이라는 주제에 직접 속한다.⟩

1) 통시적 사실(변화)은 복수를 달리 표시할 목적이 있었는가[?] 이것이 사람들이 바꾸고자 했던 복수 표현인가? gasti가 gesti로 변한 것은 tragit(그는 나른다)가 trägt(그는 나른다)로 바뀐 변화보다 더 복수와 관계가 밀접한 것인가?

[343] 2) 통시적 사실은 체계를 바꾸려는 특징이 있는가[?] 분명 여기에는 체계가 있고, 그 뒤에 또 다른 체계가 있다. 〈관계의〉 체계에서 다른 체계로 이전되기를 원했는가[?] 아니다. 변화는 체계에 근거하는 것이 아니라 체계의 요소와 관련된다. 결코 체계 전체가 확연히 바뀌지는 않는다. 변화는 요소와 체계의 연대와 상관없이 이 체계의 요소에 영향을 미친다.

> fôt / fôti
> fôti
> fêt

체계는 fôt/fôti 또는 fôt/fêt 이외 다른 방식으로는 구성할 수 없다.

바꾸려고 한 것은 체계 전체가 아니라 체계의 한 요소이다. 체계가 다른 체계를 생성했다는 것은 사실이 아니다. 〈그렇지만 체계의 한 요소가 변했고, 여기에서 다른 체계가 생겨난 것이다.〉

3) 세 번째 지적. 그러한 모습은 언어 상태가 무엇인가를 아는 데 교훈적이다. 우리는 각 언어 상태의 우연성을 본다.

[344] 우리가 하는 잘못된 생각은, 언어가 조사할 개념을 미리 염두에 두고 이에 의거해서 만들어진 〈메커니즘으로 제시한다는〉 것이다. 우리는 어떻게 해서 언어 상태가 이 상태에 간직된 의미작용을 나타내려는 의도가 없었는지, 아니면 어떻게 해서 사람이 이용하는 사항의 규약에 따라 이 의미작용을 나타내려고 하지 않았는지를 안다. 우연한 상태가 주어졌고, 사람이 그것을 붙잡고 이용하는 것이다.

언어 상태 = 언어사항의 <u>우연한</u> 상태

바로 이 점이 전통문법이 결코 갖지 못했던 개념이다.

그 어떤 것도 철학적으로 더 중요하지 않다. 하지만 언어 상태와 이 언어 상태를 변경하는 것들을 조심스레 구별해야 한다.

각 언어 상태에서 정신은 주어진 질료에 생명을 불어넣고 활성화하지만, 이 언어 상태를 자유롭게 이용하지는 못한다.

4) 그렇지만 통시적 계열에 속하는 사실은 공시적 계열의 사실과 성질이 동일하고, 같은 차원에 있는가?

〈계속해서 이를 사례를 통해 살펴보자.〉

언어 상태는 완전히 독립적인 사상에 의해 서로 계승된다.

[345] 〈모든 것이 전혀 의도와 상관없이 우연히 일어난다는 점을 확정했다. 그러나 체계 내에는 변화 현상과 아주 유사한 사실의 집합이 있는가? 없다.〉

공시적 사실은 〈언제나〉 유의미한 사실이며, 이는 의미작용과 관련이 있다. 『유의미한 사실이 되는』 조건은 현존하는 사항이 적어도 둘은 있어야 한다는 것이다.

〈복수의 관념을 가진 것은 fêt가 아니다.〉 복수의 관념을 생성하는 것은

fôt−fêt의 대립이다. 〈최소한 두 사항이 필요하다.〉

통시적 사실을 보면, 〈그 정반대이다.〉 fêt의 존재 조건은 fôti가 소멸되어
야 한다는 것이다. 〈공존하는 사항이 아니라 계기적 사항을 다루는 것이
다.〉

fôti가 복수의 가치를 가지려면, fôti와 fôt가 동시에 같이 있어야 한다. 이
는 이와 유사한 사실의 존재 가능성을 배제한다.

언어의 공시적 측면에서 볼 때, 각 시기만큼 많은 다른 체계가 있고, 우리
는 하나의 동일한 과학 내에서 이 체계를 연구할 수 있다. 그것은 이들 체
계가 유사한 관계(공시적[통시적(교정)] 관계)를 갖기 때문이다.

각 공시적 층위에서는 유사한 관계들이 작용한다.
마찬가지로 한 상태에서 다른 언어 상태로 전이되는 [346] 통시적 사실은
〈지구상의 다른 지점에서는〉 아주 달라지겠지만, 하나의 동일한 과학 내
에서 제대로 다룰 수 있다.

이 두 차원을 동일한 국면 내에서 결합하려고 하면 그 시도는 허무맹랑하
다. 통시적 국면에서 일련의 사실은 체계를 조절하지만, 이 체계와는 아
무런 상관이 없다.

〈또 다른 몇몇 사례〉 슬라브어에 속하는 체코어를 예로 들어 보면, 과거에
는 단어가 slovo'말', 도구격 slovem'말로', 복수 주격 slova'말들이', 복
수 속격 slovŭ〈(약모음)〉'말들의'로 격이 변화했음을 알 수 있다.

오늘날 모든 〈약한〉 모음은 체코어에서 사라졌다.

그래서 오늘날은 slovo, slovem, slova, 복수 속격 slov이 되었다.

마찬가지로 '여자'란 단어도 보면, žena〈'여자가'〉, 〈대격〉 ženon '여자를', 복수 주격 ženy '여자들이', 복수 속격 žen '여자들의'이다.[177]

헝가리어에서 복수 속격의 기호는 지수(指數)가 영(零)이다. 〈관념과 관련되는 청각 형태가 항상 있을 필요는 없다. 대립만으로 충분하므로 x/영으로 대립하는 것이다.〉

[347] 이와 유사한 근거에서 언어 상태는 우연한 상태라는 것을 더욱 확실히 알 수 있다. 이 사실은 이 체계를 만든 가치와는 아무런 관계가 없다.

언어는 거기에 어떤 손상을 입더라도 늘 작동하는 기계와 비교할 수 있다.

다른 사례. 프랑스어에서 어말 음절에 묵음 e가 오지 않으면, 악센트는 항상 이 어말 음절에 주어지는 법칙이 있다.[178] 〈공시적 사실은 프랑스어 단어 전체와 악센트 사이의 관계이다.〉

이 현상은 어디에서 유래하는가[?] 또한 그 이전 상태를 보면, 즉 라틴어 상태는 〈더욱 복잡하다.〉 악센트는 어말 제2음절이 장음이냐 단음이냐에 따라 언제나 어말 제2음절에 오거나 어말 제3음절에 온다.

---

177 복수 속격 žen에서 약모음이 소실되고 없다.
178 프랑스어의 악센트는 항상 어말 음절에 악센트가 오는 유형(oxyton)이다.

이 악센트 법칙은 프랑스어의 악센트 법칙과는 전혀 다른 관계를 회상시
킨다. 악센트는 동일하며, 단일 단어 내에서 이동하지 않았다.

『프랑스어』   ánge'천사'   metiér'직업'
『라틴어』   ángelus'천사'   ministérium'하인의 직'

하지만 이 두 시기에 두 언어의 악센트 공식이 서로 달랐다. 왜? [348] 모든
사람이 알다시피 단어의 형태가 변화했기 때문이다. 『프랑스어에서』 악
센트 뒤의 모든 음절은 소실되거나 묵음 e를 지닌 음절로 변화했다. 〈(화
자는 직관적으로 끝음절에 악센트를 둘 것이다. 어떤 관계에 대한 의식이 있
었기 때문이다.)〉

악센트 법칙이 완전히 다른 것인가? 〈이 법칙이 변경되지 않은 것은 악센
트가 변하지 않았기 때문이다.〉 악센트 체계를 변화시키길 원했는가? 아
니다. 악센트를 변경하려는 최소한의 무의식적 의지조차도 없었다.

통시적 사실이 개입되었다.   io   mansión(e '집'
                              e   maison'집'

이 변화는 악센트와 관련된 것이 아니라 보존되거나 소실된 음절과 관련
이 있다.[179]

악센트 법칙을 하나의 차원으로 간주하고, 각 상태〈체계(G.D.?)〉를, 이 상

---

[179] 라틴어 mansione의 끝음절 ne가 프랑스어에서 탈락했다. e가 먼저 탈락하고, on이
비모음으로 음운화되었다.

태로 만들려는 의지와는 전적으로 무관하게 존재하는 또 다른 차원으로 생각할 수 있을까? 그러면 각 상태의 우연성이란 개념이 증명된다.

[1911년 6월 13일]

[349] 체스 게임과의 비교. 체스 게임과 언어[랑그]에서 동일하게 발견되는 몇몇 중요한 특징이 있다. 무엇보다도 언어[랑그]는 규약적 가치와 상호 〈위치〉 가치에 근거를 두고 운용되는 특징이 그것이다.

가치라는 용어는 이 체스와의 비교에서 다시 나온다. 〈(뒤의 다음 장에 가서 가치체계로서의 랑그를 연구하려고 한다.)〉

체스 게임에서 일정하게 주어진 위치는 세 가지 점에서 언어 상태와 비교할 수 있다. 1) 각 체스 말의 가치는 〈오직〉 체계 내의 각 말의 상호 위치에 의해서만 결정된다는 것을 알게 된다. 예컨대

> foot / feet
> 단수 / 복수

2) 이 가치가 의존하는 체계는 언제나 일시적인 것이라는 것을 알게 된다. 각 체스 말의 가치는 체계에, 더욱이 매 순간의 체계에 의존한다. 3) 각 체스 말의 위치를 다른 위치로, 한 체계에서 다른 체계로, 한 공시태에서 다른 공시태로 전이하는 것은 무엇인가? 그것은 체스 말의 이동이지만, 모든 체스 말을 한꺼번에 이동하는 것은 아니다. 이 세 번째 사실에는 〈I〉〉 [350] 통시적 사실이 매우 중요하지만, 그것이 결정하는 공시적

사실과는 다른 사실을 만들어 낸다. 체스 말의 각 수(手)는 단 한 마리의 말만 실제로 공격하는데, 통시적 사실도 이와 마찬가지이다. 둘째, 〈II〉 그럼에도 불구하고 체스 말을 두는 각 수가 체계에 미치는 영향은 계산할 수 없다. 이로 인해 생기는 각 체스 말의 가치 변화는 경우에 따라 전혀 없거나 전체를 변화시킨다. 〈심지어 체스판에서 잊힌 말들에게도 영향을 미친다.〉

3) 〈III〉 이 말의 이동 현상이 어떤 것이든 그 이동은 a) 그 이전의 균형이나 b) 그 이후의 균형과는 전혀 다른 것이다.

언어에서 중요한 것은 언어 상태뿐이다. 〈언어 변화는 이 두 상태 중 어느 것에도 속하지 않는다. 그런데 우리는 언어 상태 말고는 어떤 것도 말하지 않았다.〉

이 체스 비교에는 한 가지 사실이 빠져 있는데, 이는 다음을 잘 보여 준다.

체스 게임에서 경기자는 말 하나를 옮겨 체계에 영향을 미치려는 〈옮겨서 영향을 행사하려는〉 의도가 있다. 언어가 한 번 변할 때(통시적 변화)는 어떤 것도 사전에 예상하는 것이 없다. 체스 말이 서로를 상대하는 것은 [351] 비의지적이고 우연적인 현상이다.

Gast	Hand	tragt(그는 나른다)
↓	↓	↓
Gäste	Hände	trägt

체스 말〈Gast/Gäste〉은 단수와 복수를 의미한다.

〈의도가 지배한다고 하더라도〉 가치의 이동 〈통시적 사실(G.D.)〉은 본질적으로 (이동을 조건 짓는) 〈(이동이 조건 짓는)〉 가치체계로 환원될 수 없다.

진화적 사실과 정태적 사실의 차이로 인해 생겨나는 것은 모든 이차적 용어들, 각각의 서로 관련 있는 모든 개념은 상호 간에 환원될 수 없다는 것이다. 우리는 단지 법칙의 개념만 언급할 것이다. 분명 중요한 것은 언어에 법칙이 있느냐 없느냐를 아는 것이다. 그런데 법칙의 개념도 사전에 통시 영역과 공시 영역을 미리 구별한 뒤에라야 [352] 성공적으로 접근할 수 있다는 것이다. a) 통시적 법칙이 있는지, 있다면 그 성질은 무엇인가[?]

b) 공시적 법칙이 있는지, 있다면 그 성질은 무엇인가[?] 이와 같은 질문을 먼저 던져야 한다.

이러한 구별 없이는 도깨비와 토론을 벌이는 것과 같다. 이것은 이 개념을 확정짓는 유일한 방식이다. 혼동이 발생하는 순간, 특정사례의 명확성에 악영향을 줄 수 있다.

몇 가지 법칙을 검토해 보자.

1) ca- → 프랑스어 cha-
  프랑스어 a 앞에서 k가 ch로 변하는 변화 법칙.
  cattus‘고양이’, cantus‘노래’ (chat, chant)
2) 프랑스어 악센트는 언제나 단어의 끝음절에 온다.

3) 그리스어의 모든 단어는 모음으로 끝나거나 자음 σ, ρ, ν로 끝난다. 〈(어말에서 그 외의 다른 모든 자음은 배제된다.)〉

4) 그리스어 어두 σ는 h가 된다. (헵타 ἑπτά'7' − septem'7').

[353] 5) 그리스어 어말 m → n이 된다. (쥐곤 ζυγόν'멍에' − jugum'멍에').

6) 그리스어에서 어말 폐쇄 자음(t 또는 d, 〈p 또는 b, k, g 등〉)은 소실된다. 귀나이 γύναι(κ)'여자', 에페레 ἔφερε(τ)'그는 나르고 있었다', 3인칭 복수 에페론 ἔφερον(τ)'그들은 나르고 있었다'.

열거한 이 사례 목록에서 공시적 법칙도 있고, 그렇지 않은 다른 법칙도 있다. 〈어떤 법칙은 공시적 축을 따른 것이고, 다른 법칙은 통시적 축을 따른 것이다.〉

이들 사례에서 법칙의 개념을 추출하려고 한다면, 숨겨진 장애물에 부닥칠 것이다. 어떤 예는 공시적 축에 적용되고, 어떤 사례는 통시적 축에 적용되기 때문이다.

〈(이런 예가 통시적인 것인지 또는 공시적인 것인지 알려면)〉 이들이 어떤 사항 가운데에서 작동하는지 조사해야 한다.

1) 통시적이다.   ka(ca)

                          ↓

                       ša(cha)

라틴어 ka였던 것이 프랑스어 cha로 변화했다.

2) 프랑스어 악센트 – 단어를 나타내는 여러 분할체 사이의 약정

〈단어라는 단위와 악센트〉

이 법칙은 공존하는 〈(공시적인)〉 두 사항 사이의 관계를 표현한다.

[354] 3) 그리스어는 어말 위치에서 자음 σ, ρ, ν(공시적 〈법칙〉)만을 발견할 수 있다는 법칙이다. 공시적인 사항 사이에서 일어나는 지배적 법칙으로서 〈단어 분할체와, 언제나 모음이나 σ, ρ, ν로 끝나는 현상 사이의 규약이다.〉

4) 통시적 법칙이다. 계기적 사항 사이에 적용된다. 과거에 σ였던 것이 h가 된다.

5) 과거에 m이었던 것이 ν가 된다.

ζυγόμ
ζυγόν   통시적

6) 과거의 *γύναικ, *ἔφερετ가 있었던 곳에는
　　γύναι,　　ἔφερε가 될 것이다.　　　　　통시적

공시적 법칙은 통시적 법칙과는 아주 다른 것이므로 3)은 5)와 6)의 결과를 표현한다.

과거의 상태 ζυγόμ, γύναικ, ἔφερετ에서 법칙 3)은 유효하게 적용되지

않았다.

(공시적) 법칙 3)을 확립하기 위해서는 두 가지 통시적 법칙이 필요했다.

일단 이 두 가지 법칙을 구별한 후에 이들이 법칙이라는 명칭이 타당한 지, 이들의 성질이 무엇인지를 알 수 있다〈연구할 수 있다〉. 법칙이라는 [355] 개념조차 〈통시적 영역과 공시적 영역에서 동일한 것이 아니라〉는 사실을 알게 될 것이다.

통시적 영역의 법칙은 절대적이거나 역동적이다. 이 법칙은 언어사실 을 소실시키고, 그 이전과는 다른 언어사실을 출현시킨다. 이 법칙은 결 과적으로 나타난 영향으로 표현된다. 통시적 법칙 내에 어떤 힘이 있다. 〈septa는 당연히 사라져야만 했다.〉

통시적 법칙은 모든 저항에 맞서 작용하는 절대적 사실이다.

공시적 법칙은 기존의 질서를 표현한다. 이는 우리가 질문하려는 바와 동 일한 종류의 법칙이다. 즉 정원수를 심는 것을 지배하는 규칙은 무엇인가 [?]

이 법칙은 질서를 구현하는 사태(사물들의 상태)를 확인하는 것이다. 〈그 것은 절대적이지도 않고, 역동적이지도 않다.〉

프랑스어 악센트는 어말 음절에 온다. 이는 사태이며, 규칙의 한계를 지 니고, 질서를 표현한다. 따라서 이것에 법칙의 이름을 부여할 수 있다. 이 질서는 〈그것이 절대적이 아니라는 점에서〉 일시적이다. 이 질서는 그것

이 존재하도록 허용하는 까닭에 존재한다. 〈이 법칙은 변화에 거부하는 언어 상태는 보존하지 않는다.〉

다른 법칙이 출현해서 그리스어의 많은 모음이 [356] 소멸되는 시기(모음 생략 현상 κατ᾽ ⟦κατά'아래로'⟧, ἀπ᾽ ⟦ἀπό'로부터'⟧에 나타난다.)에 가면, 이 법칙은 더 이상 존재하지 않을 것이고, 이 법칙을 바꾸는 모든 통시적 법칙에 의존할 것이다.

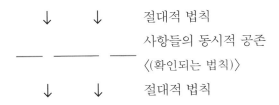

이와 동일한 지적을 일련의 다른 개념에도 적용할 수 있다.

*[1911년 6월 16일]

우리는 이 장의 제목으로 제시한 연구 대상의 이원성에 마침내 이르렀다. 언어학은 두 번째 교차로에 서 있다. (첫 교차로는 랑그를 연구하는가? 발화를 연구하는가? 하는 것이었다.) 언어[랑그]의 공시적 사실을 연구해야 하는가 아니면 통시적 사실을 연구해야 하는가[?] (사실상 이들은 두 분야의 별개 학문이다.) 이 두 가지 방도를 뒤섞을 수는 없다. 추가로 설명할 지점은 여기이다. 그것은 첫 교차로에서는 랑그와 발화의 선택이 문제였기 때문이고, [357] 또 〈랑그 내의〉 모든 통시적인 사실은 발화에 의해 산출되기 때문이었다. 랑그 내에 일어나는 모든 변화의 기초는 오직 발화에 의해서만 시작된다. 온갖 종류의 변화는 〈(여론을 탐색하는)〉 상당수의 개인이 시도한다. 이들 변화가 집단에 의해 선택될 때만 랑그의 사실이 된다. 이들 변화가 발화 내에 있는 한 중요하게 고려되지는 않는다(=발화는 개인적인 것이기 때문에). 그 변화가 랑그의 사실이 되면, 우리는 비로소 이를 연구하는 것이다.

그러나 언어변화는 언제나 발화의 사실에서 시작된다.

언어학은 어떤 형식이 되어야 하는가[?]

랑그 내의 모든 것, 모든 진화적 사실은 발화 현상에서 시작된다. 물론 발화적 사실은 랑그와 관련 있는 연구 노선 밖에 있다.

랑그의 진화 현상의 원인은 발화의 사실 내에 자리 잡고 있다.

[358] 별개의 여러 분야에서 서로 상응하는 동류의 사실이 있다는 점을 관찰할 수 있다. 그러나 그것 때문에 영역 자체를 혼동해서는 안 된다. 그러나 동시에 언어변화가 일어나는 발화는 언제나 개인적인 사실이라는 점을 알게 될 것이다. 독일어에서 왜 이처럼 말하게 되었는가[?] ich was '나는 -이었다' – wir waren '우리는 -이었다'이 아니라 ich war – wir waren (영어 I was : we were처럼).

몇몇 개인이 〈유추로〉 ich war라고 말하기 시작했다. 이는 단지 발화의 사실일 뿐이었고, 랑그의 사실은 아니었다. 소수의 개인이 그렇게 말했기 때문이다.

그러기에 다음과 같은 혼동을 두려워해서는 안 된다. 〈(우리는 제외했던 발

화의 영역 내에 도로 들어가지는 않는다.)〉

랑그　　　　　　　　발화

정태적 | 진화적
언어　 | 언어

[359] 지금 우리가 다루는 이 마지막 두 가지를 구별한 결과로부터, 그러면 합리적인 관점에서 언어학이 취해야 할 형식은 어떤 것인가? 과학을 이론적으로, 합리적으로, 이상적으로 설립하는 형식은 이를 실천적으로 탐구하는 방식과는 별개이다. 실상이 그렇지 않다면, 언어과학이라고 말할 권리가 없는 것이다. 대부분의 언어학자가 문헌학도 동시에 연구하기 때문이다(문헌학은 그 자체로는 언어학과는 상관이 없다). 예컨대 언어학자들은 슬라브어뿐만 아니라 슬라브 문학 텍스트도 다룬다. 그렇다고 〈언어학적〉 대상이 문학적 소재와 분리된 채로 있다거나 언어 연구가 문헌학적 연구와 원칙상 분리된 채로 존속하는 것을 막지는 않는다.

마찬가지로 언어학의 내적 분야를 알기 위해 순수 언어학을 재고한다면, 언어학이 어떻게 분지되고, 이론적으로 하위 분야로 어떻게 구분되며, 이 연구 틀을 모든 언어 연구에 적용할 것인가는 [360] 말하기가 대단히 어렵다. 이런 연구 틀의 전체 윤곽이 절대적임에도 불구하고, 이론적으로 설정하게 될 경계를 엄밀하게 지키기는 어려울 것이다. 따라서 설정하려는 이론적 플랜을 잘 이해해야 한다. 이 하위 구분은 마음대로 관찰할 수 있는 것이라기보다는 당연히 있어야 할 것들이다. 예컨대 12세기 프랑스어의 공시적 사실을 보면, 그것은 13~20세기 프랑스어의 역사, 즉 13~20세기 프랑스어의 발달과는 다른 성질의 언어사실의 집합이다. 이와 아주 유사한 성질을 지닌 현상은 오늘날의 일본어, 오늘날의 아프리카

반투어의 모습이거나 서기 400년의 아티카 그리스어의 모습이나 20세기 프랑스어의 모습이 지닌 내용이다. 그런데 이 여러 가지 모습에서 설명하고 연구하는 대상은 [361] 그만큼 많은 그와 유사한 관계들이다. 공시적 사실은 동일한 차원에 속하기 때문이다.

다른 한편, 13세기의 프랑스어와 20세기의 프랑스어(의 시기)처럼 한 시기를 특징짓는 진화적 사실, 변화 사실, 통시적 사실의 총합을 취하고, 또 한편 예컨대 말레이어의 다른 시기에서 선별한 진화적 사실의 총합을 취해 비교해 보면, 이들 각 시기는 시기별로 유사한 진화적 사실의 총합을 보여 줄 것이다. 그렇다면 이들의 결합도 자연스러울 것이다. 한 학자가 이처럼 다른 여러 시기를 다룬다는 것은 〈자연스러운〉 일이다. 그러나 사실상 분명한 것은 과학적 연구는 이처럼 나뉘지 않는다. 생애 동안에 여러 다른 언어를 철저히 알기는 어렵다. 〈이처럼 연구를 구분하려면 말이다.〉

또 다른 중요 사항: 〈이처럼 이론적으로 『진화적 사실과 공시적 사실의』 구별을 확정 지은 후에〉 이 두 방향 각각으로 일정한 연구를 일반화할 수 있다. 일련의 언어 상태를 연구하면서 [362] 〈유사한 시기나 한 시기의 상태를 다루면, 이들 각 영역에서 사실을 일반화할 수 있다. 이 각 영역이 하나의 유사한 전체를 나타내기 때문이다.〉 언어 상태에서 관찰 가능한 현상을 조정, 배치하고 분류하면 하나의 학문을 확립할 수 있다.

서로 다른 영역에 일어난 변화 사실을 일반화하는 것을 막는 것이라고는 아무것도 없다.

아주 개괄적으로 말해서, 이들 두 분야의 대립은 이와 같다. 정태언어학은 동일 집단의식에 포착된 〈바대로〉 공존하면서 체계를 형성하는 〈사항들 사이의〉 논리적, 심리적 관계를 다룬다. (게다가 개인의식은 이 집단의식에 대한 영상을 나타내 줄 수 있다. 각 개인은 내면에 랑그를 지니고 있기에 그렇다.)

이제 진화언어학은 계기적 사항들 사이의 관계를 다루는데, 이들은 서로 교체되면서 동일한 의식에 속하지도 않고, 이 사항 사이에는 체계를 형성하지도 않는다.

[363] 진화적 사실에서는 음성 현상만이 문제되는 것은 아니다.

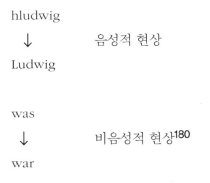

[1911년 6월 20일]

이 장에서 한두 가지 <u>지적 사항</u>을 첨언해야겠다.

---

180 ich was 〉 ich war는 유추에 의한 심리적 변화이다.

1) 공시적 사실과 통시적 사실의 유사점과, 때로는 이 둘의 차이에서 야기되는 함정에 대해서는 거의 논의하지 않았다. 이것을 진화적 사실로부터 공시적 사실에 투사되는 착시(錯視) 현상으로도 부를 수 있다. 서로 상반되는 두 종류의 착시를 구별할 수 있다. 1) 공시적 진리는 통시적 진리의 부정으로서 출현한다. 그렇다면 주의하지 않으면 자칫 [364] 둘 중 어느 하나를 선택해야 한다고 생각하고, 이 두 진리 중 어느 하나밖에 보지 못하게 된다. 하지만 어느 한 진리가 다른 진리를 배제하는 것은 아니다.

예를 들면, 프랑스어⟨(전통문법)⟩에서 분사는 형태가 가변적이고 특정한 경우에 형용사처럼 일치한다고들 한다. des ruisseaux débordants(넘치는 개울), une charité agissante(선의의 기부). 때로는 ⟨특정한 경우에는⟩ 형태가 불변이라고 한다. 예컨대 en과 함께 사용되는 en agissant(행동하면서)이나, une charité agissant de la sorte(그러한 식으로 하는 기부)이다.[181]

이들 사례 중 어느 사례는 라틴어 dicentem(말하는)⟨등⟩⟨(형태가 변화)⟩을 계승한 것이고, 다른 사례는 in dicendo(말하면서)⟨(형태가 불변)⟩를 계승한 것임이 드러난다.[182] 이 현상은 꽤나 복잡하다. 이때 프랑스어 역사를 연구한 이들, 역사언어학을 연구한 학자들이 개입하여, 그렇게 말하는 것은 불합리하다고 생각한다.

우선 공시적 법칙은 [365] 진화적 사실에 대해서는 불합리한 것같이 보인다. 사람들은 오직 진화적 사실 이외의 것은 보지 않기 때문이다.

---

[181] 현재분사형 중에서 동사 기능을 하는 분사는 보어를 가지거나 부사로 수식을 받으면 형태가 변지지 않는다.

[182] 분사 dicentem는 disant에 대응하고, 동명사 in dicendo은 en disant에 대응한다.

〈진정한 관점(완전한 관점)〉: 이 진화적 사실은 전적으로 옳은 것이지만, 공시적 진리에 따르면 현재의 언어 감각으로는 단지 disant뿐이라는 것이며, 이 공시적 진리는 통시적 진리만큼이나 절대적이다.

〈착각〉에 이르는 그 반대의 사례는 이것이다. 즉 공시적 진리가 통시적 진리와 정말 일치하는 것이어서 사람들이 이 두 진리를 혼동하거나, 그 어느 한 가지 진리만을 깨닫거나, 그러한 사실을 두 가지로 고려할 필요가 없다고 생각한다는 것이다.

사례: ă 〈라틴어 단모음 ă는 어두가 아니면 i로 바뀐다.〉
          făcio ʻ나는 만든다'   confĭcio ʻ구성하다'
          ămicus ʻ친구'   inĭmicus ʻ적'   〈등〉

făcio의 ă가 confĭcio에서는 ĭ가 되었다고 말할 것이다.[183] 여기에 구별해야 할 사항이 있다. făcio의 ă는 [366] confĭcio에서 ĭ로 결코 변하지 않았다는 것이다. făcio가 변화를 겪은 것이 아니다. 〚이 변화에는〛 네 개 항이 필요하다.

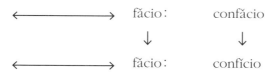

정말 쓸데없는 논쟁이라고 말하고 싶을 것이다. 이는 결국 동일한 사실로

---

183 confĭcio는 cum(함께) + facere(만들다)의 합성어로서 음절 수의 증가로 악센트 위치가 이동하여 a > i가 된 것으로 볼 수 있다.

귀착되며, 동일한 사실이다. 공시적 진리와 통시적 진리가 〈일치한다.〉

〈다른 사례〉 퓌게인 φυγεῖν(추방되다)의 γ는 퓌크토스 φυκτός(추방하는)의 κ이다.

φυγεῖν : φυκτός

렉코스　　λέχος(침대) : 레크트론 λέκτρον(침대)

그러나 통시적 사실은 다르다.[184]

퓌그토스　　φυγτός　　↓

퓌크토스　　φυκτός

〈많은 사례는 이러한 구별을 무시한 결과를 보여 준다.〉

〈다른 사례〉 트리케스 τρίχες(머리카락들) : 스릭시 θρικ-σί(머리카락)를 예로 들어 본다면, 공시적 공식은 유기음이 원래의 자리에서 출현하는 것을 방해받으면 어두에서 생략되는 것으로 드러난다. [367] 〈그러나〉 원래의 관계는 스리케스 θρίχες : 스릭시 θρικσί였다. 이 공식은 완전히 잘못된 것이다. 유기음이 생략된 것이 아니다. 연속하는 두 유기음[θ-χ]에서 첫째 기음이 탈락한 것이다.[th>t]

그래서 이 두 가지 진리를 혼합할 수 있다고 생각했을 때 범한 큰 잘못임을 알 수 있다.

---

184 통시적 사실에서 g가 k 앞에서 무성음화되었다.

산스크리트어 사례: ć : k

ć는 다음 조건에서 k가 된다.

> vaćas(말, 담화) : vaktum(말할 것이다)
> vaćam(말을) : vâk(말하다)

모든 ć는 원래 k였다.

> *vakas : vaktum
>
> ↓
>
> vaćas : vaktum[185]

두 번째 지적 사항에서는 공시적 사실이 통시적 사실에 의존함과 동시에 독립된 것을 보여 주는데, 여기서 공시적 사실을 [368] 통시적 사실의 투사로 부르고, 이 공시적 사실을 투사된 실제의 피사체(被寫體)와 관련해서 화면에 투사된 것『피사체』에 비교할 수 있다.

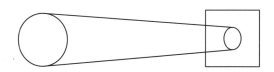

물론 투사된 피사체는 피사체와 독립적인 것은 아니며, 그 반대로 그것에 직접 의존한다. 그러나 이와 관련하여

---

185 k가 a 앞에서 구개음화하여 ć가 되었다. cantare > chanter 참조.

1) 그것은 별개의 다른 것이고

2) 그것은 다른 것〖실제의 피사체〗과 나란히 그 자체로 존재하는 것이다.

만약 그것이 다른 어떤 것이 아니라면, 피사체가 화면에 어떻게 투사되는지를 고찰하는 데 필요한 수학적인 계산과 광학이 전혀 존재하지 않을 것이다. 〈피사체를 고찰하는 것만으로도 충분할 것이기 때문이다.〉 역사적 실체는 피사체이며, 역사적 실체와 관련한 언어 상태의 실체는 투사된 피사체이다. 투사된 피사체 = 공시적 실체 = 인접한 화면에 투사된 통시적 실체의 면모를 아는 것은 [369] 물체(피사체) = 통시적 실체를 연구한다고 되는 것이 아니다.

물체(12면체)를 연구하려면, 투사의 개념은 더욱더 필요하지 않다.

언어 상태를 말하면서 그것을 투사라고 말하는 것을 타당한 것으로 간주할 수 있다. 예컨대 20세기 프랑스어의 투사는 다음과 같은 단어의 관계를 더 이상 상정하지 않는다.

forge'대장간'와 fèvre'페브르'(orfèvre'금은세공사')

하지만 통시적 실체의 몸통〖라틴어〗에서는 faber(공예품)와 fabrica(장인직, 작품)가 분리되지 않는다.[186]

또는 이와 반대로 〈20세기〉 프랑스어 투사는 un mur décrépit와 un vieillard décrépit를 상정하지만, 추적 가능한 역사적 실체는 실제로 아

---

186 C[87] 참조.

무엇도 포함하지 않는다.

여기에 더욱 간단한 다른 비교를 추가해 보자. [370] 몇몇 식물을 〈횡적으로〉 자르면, 다소 복잡한 단면을 볼 수 있다.

횡단면

이 그림은 어떤 시각, 관점일 뿐인데, 이 관점은 다른 단면인 종단면을 보여 주는 종적인 섬유로부터 취할 수도 있다.

종단면

어느 한 면이 다른 면에 상호 의존한다. 횡단면은 수직 방향의 종단면에 있는 것에 의해 결정되지만, 이 관점은 내가(강의자가) 종적 발달에서 〈횡단면이 『종단면의』 왼쪽과 오른쪽에 있는 것 사이에 관계의 통일성을 만들어 낸다는 사실로 인해서 취한 사실과는 독립된 사실이다. 이들 관계만이 있을 경우에, 이들 사이에서 통일성이 생겨난다. 이미 이 두 사상『횡단면과 종단면』은 독립적인 것이다.〉

[371] 이 두 단면을 각각 공시적 단면과 통시적 단면으로 부를 수 있다.

어느 단면이 더 중요하고, 어느 단면이 우위를 지닌 것으로 간주할 수 있을까[?]

이 이미지를 언어학에 다시 전위해 보면, 우위성을 지니는 것은 횡단면이다. 〈(그것은 사람들이 수평적[수직적(교정)] 단면에서 말하기 때문이다.)〉

말하는 데 이용되는 상태는 횡단면만큼이나 많다. 종단면은 단지 언어학자만이 고려한다.

세 번째 지적. 계속해서 광학의 언어를 빌리자면, 이 두 가지 기본적인 시각은 상태에 속한 것과 통시태에 속한 것을 표현하는 것으로 말하는 것이 옳다. (왜냐하면 하위의 시각을 구별할 수 있기 때문에) 중요한 것은 정태적 시각은 발화집단과 언어학자가 동시에 관여하며, [372] 정태적 대상에 대한 관점은 발화집단이나 문법이 관여한다는 것을 지적하는 일이다. 발화집단에게는 언어사항이 출현하는 시각은 곧 현실이다. 그것은 환영, 그림자가 아니다. 다른 단면으로 언어학자가 언어 상태를 이해하려면 이 시각을 취하고, 그에게 난처하고 방해거리가 되는 통시적, 역사적 시각은 버려야 한다. 종적인 시각, 즉 통시적 시각은 오직 언어학자에게만 관련이 있다.

다른 한편 언어학자의 여러 가지 활동은 시각이라는 이름을 취할 수 있다. 통시적 시각에서 아래에서 위로의 시각과 위에서 아래로의 시각을 구별할 수 있다. 같은 이유로 평면(plan)이라는 용어도 더 이상 배제할 필요가 없다. [373] 통시적 평면과 공시적 평면에서 서로 직각을 이루며 출현하는 사실들이 있다.

〈정태언어학과 동태언어학〉의 분기점에 이르렀으므로 정태언어학을 선택해서 다루기로 하자.

〖제5장〗 정태언어학

언어학 일반에 귀속하는 많은 사실은 좀 더 엄밀하게는 일반적으로 정태언어학에 속한다.

몇 가지 일반적 원리가 있음이 틀림없는데, 이들을 〖랑그와 발화의〗 분지(分枝) 이전에 또는 분지 이후에 논의할 것인지를 판단해야 한다. 이 강의가 좀 두서가 없는 것은 예상했던 것보다 먼저 이 분지를 소개했기 때문이다. 정태언어학은 일반언어학에 귀속될 수 있는 많은 것을 요구할 수 있다.

정태언어학은 관찰 가능한 모든 언어 상태에 공통된 것을 선택한다.

이 일반화에는 [374]〈일반문법〉으로 불렀던 것도 속한다. 이 일반문법에는 특히 언어학이 논리학과 밀접하게 연관되는 사항이 포함된다. 실사, 동사와 같은 범주는 정태언어학이 결국 요청할 수 있는데, 그 이유는 오직 언어 상태를 통해서만 일반문법에서 볼 수 있는 관계와 차이가 확립되기 때문이다.

일반화된 사실 또는 특정 상태를 취하든 아니든 확실한 것은 이 두 분야의 학문(진화언어학과 정태언어학)의 연구 대상이 아주 다르다는 점이다. 이 두 학문의 성질은 서로 비교할 수 없다. 정태언어학을 연구하는 것보다 역사언어학을 연구하는 것이 훨씬 더 쉽다. 그 연구 대상을 포착하기가 더욱 쉽기 때문이다. 계기적 사항 사이의 관계, 즉 일련의 변화는 어려운 주제가 아니다.

[375] 정태언어학은 오직 관계와 가치만을 다룬다. 정태언어학을 연구하려면 인내심 있는 의지가 필요하겠지만, 진화언어학은 훨씬 더 매력적인 학문이다.

1) 예비적 지적 〈(정태언어학 전반과 관련하여)〉

언어 상태에 대해 말하려면 수용할 수밖에 없는 관례적인 부분이 있다. 언어 상태라고 부르는 것의 경계가 필시 불명확하다는 것이다. 이러한 난점은 이것과 비교할 수 있다. 즉 점은 차원이 없다는 것, 점으로 구성된 선은 하나의 차원을 갖는다는 것이다. 또 면은 단 하나의 일차원만 있으며, 따라서 용적은 당연히 면으로 구성될 수 없다는 것이다.

이는 곧 필연적인 규약으로 귀착된다. 언어 상태라고 말할 때는 무언가 유사한 점이 있다. 언어 변화가 일어나도 그 변화의 총합이 [376] 거의 무(無)에 가까운 시기가 있는 반면, 별로 길지도 않은 다른 시기에 아주 중요한 변화가 모두 일어날 수도 있다.

〈따라서 한 언어 상태는 10년이나 50년과 같이 일반적으로 이런 종류의 시간 제한이 없다고는 말하지 않는다.〉 한 언어 상태란 어떤 변화에 의해서도 언어 모습이 변화되지 않는 전체 시간 간격을 가리킨다. 이와 다른 유사한 현상이 사건의 역사에도 나타난다. 원칙상 '시대 epoque'(시점)와

'시기 période'(시간적 간격)를 구별해야 한다.[187] 시대[188]와 시기는 상반되지만 안토니우스 시대, 십자군 시대라고 말할 수도 있다. (시기라는 의미로, 즉 큰 시간 폭이 있는 기간) 이 반의적인 단어를 유의어로 사용하는 것이 허용된다. 그것은 〈이 기간에〉 특성 전체가 바뀌지 않았기 때문이다.

하지만 이러한 관점에서 [377] '상태' 대신에 언어의 '시대'란 용어를 사용할 수도 있다. 그러나 상태란 용어가 더 낫다. 일반적으로 정치사에서 한 시대는 혁명, 즉 사태를 바꾸려는 의도에 의해 그 시작점과 종료점이 정해진다. '상태'란 용어는 이런 종류의 부차적 개념을 포착하지 못한다. 상태는 아주 우연한 변화에 의해 변할 수 있다. '시대'는 언어를 언어 외부의 사태와 너무 밀접하게 연관 짓는다.

엄밀하게 상태는 중요한 변화의 부재라는 것과 다르게 정의하는 것이 더 나을 듯한데, 하지만 우리는 이렇게 할 수 없다. 수학자들이 차원을 가지고 말하듯이 우리도 그렇게 하는데, 이들도 극히 미세한 변화는 무시한다. 이는 필요한 관례적인 부분이다. 사태를 증명하려면 이 사태를 단순화하지 않을 수 없다.

[378] 말할 필요도 없이 한 언어 상태는 지리적으로 제약을 받는다. 이 지리적 제약이 없다면 같은 시기에 진실한 것이 진실이 아니라고도 말할 수

---

187 Epoque의 정의: A. Instant déterminé, point fixe dans le temps et servant de point de repère ou de départ. B. Espace de temps. 1. [D'un point de vue hist.] a) Période historique marquée par certains faits, certains caractères propres Période의 정의: 2. Espace de temps plus ou moins long, phase marquée par un fait, un événement, une situation, des caractères précis et se reproduisant dans certains cas.(TLF)

188 K&H(1993, p. 126)에는 espace[sic]로 되어 있으나 époque로 교정하여 번역했다.

있는데, 그것은 한 개별 언어의 어느 특정 방언이 아니라 다른 방언을 취할 수도 있기 때문이다.

[둘째 사항은 처음부터 동의할 수 있는 이론의 여지가 없는 관례적인 부분이 있다. (교정)] (생략)[189]

[1911년 6월 27일]

『2) 체계의 사항으로서 단어』

정태언어학에서 〈(제기해야 할)〉 첫째 질문은 인지할 실재체나 단위의 문제이다. 그러나 이 문제는 언어[랑그]를 구성하는 것이 무엇인가에 대한 접근을 〈아주 쉽게〉 허용하지는 않는다.

잠정적으로 인정할 수 있는 것은 이들 단위가 주어져 있다는 것이다. 언어[랑그]의 단어들은 마치 모두 서로 분리된 것인 양 말할 수 있다. 다시 말해서 문법가와 자신의 언어를 기록하는 이들이 단어를 구별할 수 있었던 경험적 사실에 근거를 두고 하는 말이다. 그러면 단어를 엄밀히 조사하지 않고서 일단 단어를 단위로 간주해 보자.

[379] 우선 단어를 체계의 사항으로 간주하자. 이 단어를 체계의 사항으로 고려할 필요가 있기 때문이다. 언어의 각 단어는 다른 단어와 관련이 있거나, 또는 단어와의 관계에 의해서만 존재하고, 또한 그 단어의 주위

---

[189] M&G(2005, p. 276)에는 없다.

에 있는 단어 덕택에 존재한다. 비록 처음에는 착각으로 단어가 단독으로 고립해 있다고 믿게 되지만, 단어의 가치가 무엇인지 자문해 보면 그 점이 반드시 더 분명히 드러날 수밖에 없다. 한 단어의 가치는 언제나 그와 유사한 다른 단어와의 관계 속에서만 가치가 있다. 단어 사이의 상호 관계〈와 차이〉는 두 차원에 의거해서 전혀 별개의 두 영역에서 전개된다. 이두 영역 각각은 어떤 종류의 가치를 생성하고, 이 두 영역이 대립한다는 사실 〈그 자체〉로 이 각 영역은 더욱 명확하게 밝혀진다. 단어를 다른 단어와 연결하는 두 영역이나 두 가지 방식이 문제이다.

[380] 강의노트 X

1) 통합 배열과 통합 관계의 영역이 있다.

사례: contre tous(모든 사람에게 맞서서). 여기에는 contre와 tous를 어떤 방식으로 연결하는 관계가 있다. 이를 다음과 같이 표현할 수 있다.

$$\overset{\frown}{\text{contre} \quad \text{tous}}$$

contremarche(후퇴 행진)에 대해서도 이와 유사한 지적을 할 수 있다. 여기에도 두 가지 관계가 나타난다.

한 부분과 다른 부분의 관계

일정 부분과 전체의 관계

다음 사례도 마찬가지이다. magnanimus(관대한)

    1) animus(정신)에서 magnanimus로 가는 관계

    2) magn(큰)과 animus의 관계

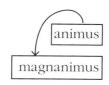

일정한 관계를 만들어 내는 이 결합을 '**통합체**(syntagme)'라고 부를 수 있다. 이것은 둘 또는 [381] 다수의 단위의 결합으로서 서로 연속되면서 똑같이 현존하는 단위이다. 이들이 아무 관계없이 서로 연속된다면, 이들을 통합체라고 부를 수 없지만, 상호 관계를 맺는 (또는 전체와 관계를 맺는) 다수의 연속 단위는 통합체를 구성한다.

통합체에 속하는 관계는 공간 선상에서 전개되고, 그 지주는 선적 공간이다. 〈단일 차원과 단일 방향만을 지닌 선적 공간에 배열되는 단위의 연쇄이다.〉 이는 다음에 나올 다른 종류의 관계와 대립한다.

서로 대립하는 사항들은 공간적 대립을 하며, 이들 사이에 맺어지는 관계의 기초는 이 공간의 원리이다.

우리가 말하는 공간은 물론 시간적 공간이다.

통합적으로 공존하는 것은 마치 기계의 부품처럼 선적 공간에서 공존한다. (그러나 여기서는 오직 일차원만이 있다.)

2) 연상 배열

언어 내에 있는 다른 사항과의 정신적 연상에 [382] 의해서⟦생겨난 배열이다⟧.

사례: enseignement(교육)과 같은 단어는 정신에 무의식적으로, 어떤 면으로나 이 단어와 공통점이 있는 수많은 다른 단어에 대한 관념을 특히 환기한다. 이는 아주 다른 여러 측면을 통해 그렇게 환기될 수 있다. 예컨대 enseignement는 다음에서 보는 바처럼 일련의 연상 내에 포함된다.

> enseignement
> enseigner(가르치다)
> enseignons(우리는 가르친다)
> enseigne(군기) 등

⟦이들 단어에는⟧ 표상된 관념에 무언가 공통점이 있고, 청각영상에도 무언가 공통점이 있다. 시니피앙과 시니피에가 동시에 이 연상 계열을 형성한다.

다른 사례도 마찬가지이다.[190]

> enseignement
> armement(무장)
> rendement(생산성)

또 다른 연상 계열은 시니피앙과 시니피에 사이의 관계에 기초하지만, 단어의 다른 일부분에 대한 연상이다.

시니피에에 기초한 연상 계열

> enseignement
> instruction(지도)
> apprentissage(학습)
> éducation(교육)

〈그리고 또 다른 계열도 있다.〉

[383] 청각영상에 공통된 단순 요소〈일 수도 있다.〉

> blau(푸른)
> durchbleuen → blau와 아무런 관계가 없다.
>   ä
> (나무 막대기로 때리다)

---

190 동사＋명사 파생어미 ment로 구성되는 계열이다.

〈참고. enseignement은 실사이므로 다른 실사와 관계를 맺는다는 점에서 연상 계열이다.〉

그래서 때로는 의미와 형태의 이중적 공통성 때문에, 때로는 오직 형태 〈또는 의미〉 때문에 생기는 불가피한 연상 계열이 있다. 이러한 배열관계는 단어 자체와 함께 두뇌 속에 존재하는 것으로 간주할 수 있다. 어떤 단어는 〈연상에 의해서〉 즉시 그와 유사한 단어를 모두 환기한다. 이 연상은 첫 번째 배열관계와 전혀 다른 것이다. 이 연상 배열의 지주는 선적 공간이 아니다. 이처럼 다른 단위의 관계를 나타낼 수 있는 것은 발화연쇄 내에서의 위치가 아니다.

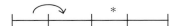

〈더욱이 enseignement은 반드시 이 연상 계열에서 첫째 단어가 아니다. 그것은 성좌의 일부로서 존재한다.〉

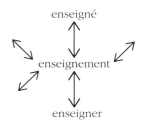

공간의 개념은 여기에 개입하지 않는다.[191]

---

191 M&G(2005, p. 279)에서는 이 문장이 〈더욱이 enseignement은 … 존재한다.〉보다 선행한다. K&H(1993, p. 130) 참조.

[384] 이들이 한 단어가 다른 단어와 관계를 맺는 두 가지 방식이다.

⟨단어를 만드는 것은 이 단어가 다른 단어와 맺는 관계이며, 이 두 종류의 관계를 구별하는 것은 기본적이다.⟩

이와 관련한 지적 사항

1) 단어가 그 주위에 가진 것이 무엇인가는 언어학자가 때로는 통합 영역에서, 때로는 연상 영역에서 논의할 것이다.

그 단어 주위에 통합적으로 있는 것은 그 전후에 오는 것, 즉 맥락이다. 반면 단어 주위에 연상적으로 존재하는 것은 맥락이 아니라 의식에서 오는 것이다. ⟨⟨공간의 관념이 아니라 의식의 관계로 연결된 것이다.)⟩

단어의 주위는 통합적인 것과 연상적인 것으로 구별해야 한다. ⟨단어는 통합체 내에 위치하며, 단어는 시작과 끝이 있기 때문에 또한 다른 단어들이 앞이나 뒤에 온다는 사실 때문에 단어로 기능하는 것이다.⟩

연상 계열 내에 위치하면, 시작과 끝은 개입하지 않는다.

이렇게 말할 수도 있다. 즉 '현존하는(in praesentia)' 조합과 '부재하는(inabsentia)' 조합.

2) 통합체는 문장이 아닌 결합체에서도 확인할 수 있지만, 아주 분명한 통합체의 유형은 문장 그 자체가 될 수도 있다. 모든 문장은 통합체가 된다. 그런데 문장은 발화에 속하며, 랑그에 속한 것은 아니다.

[385] 반론: 통합체가 발화에 속하지 않는다면, 두 영역(통합적-연상적)[192]을 구별하기 위해 두 영역(랑그-발화)을 뒤섞은 것이 아닌가[?]

〈사실상 두 영역의 경계에는 까다로운 문제가 있다.〉 이는 단번에 잘라 말하기 어려운 문제이다.

어쨌든 랑그에 속한 사실에도 통합체가 있다. 예컨대 합성어이다. 〈magnanimus와 같은 단어는 animus처럼 랑그의 목록에도 속한다.〉

무엇보다도 랑그에는 기성의 문장들 전체의 계열이 있고, 개인은 〈스스로〉 문장을 결합할 필요가 없다.

통합체에는 민감한 문제가 있다. 즉 발화와 랑그의 구별이다.

다음 단어에는 통합관계가 있다.

```
┌──────────────┐
│  Dummheit    │
└──────────────┘
   ┌────┬────┐
   └────┴────┘
```

또한 단어의 부분도 그것이 앞에 있느냐 뒤에 있느냐에 따라서 기능한다. 이것도 통합관계이다.

[386] 〈3)〉 연상 대립 또는 연상 배열은 그 나름의 공간 대립을 검토할 수

---

192 K&H(1993, p. 131)에는 syntagmatique-associative이고, M&G(2005, p. 279)에서는 syntagme- association이다.

있다. Dummheit(어리석음)가 어떤 면에서 두 단위를 포함하는 것이라면, enseigne-ment 역시(연상 영역을 거치는 통합체이기 때문에) 두 단위를 포함한다.

[1911년 6월 30일]

우리가 고찰한 두 계열의 순서를 뒤바꾸면, 마음은 단어들 사이에 두 차원의 관계를 모두 맺게 한다고 말할 수 있다.

1) 발화 밖에서. 기억 내에서 공통적인 것을 제공하는 단어들 사이의 연상은 다른 단어군, 단어 계열, 단어족을 형성하며, 이들 내에서는 아주 다양한 관계⟨그러나 단일한 범주에 속하는⟩가 지배한다. 이들은 연상관계이다.

2) 발화 내에서 단어들은 앞의 첫째 관계와 무관한 일종의 관계를 맺으면서 그들의 연쇄에 의존하는데, 이것은 앞에서 말한 통합관계이다.

[387] 여기서 물론 반론이 제기된다. 왜냐하면 둘째 ⟨종류의⟩ 관계는 발화의 사실을 환기하고, 랑그의 사실을 환기하는 것 같지는 않기 때문이다. ⟨그러나⟩ 랑그 자체는 이 관계를 가지는데, 합성어(독일어 Hauptmann'단장')⟨또는 심지어 Dummheit와 같은 단어나 s'il vous plaît'부탁해요' 같은 어구⟩에서 통합관계가 지배하는 경우에만 그렇다.

단어의 구조를 말할 때는 둘째 종류의 관계가 환기되는데, 단위는 그 관계의 지주로서 끝이 서로 이어지는 단위로 배열된다. 굴절 패러다임과 같은 것을 말할 때(dominus'주인이', domini'주인의', domino'주인에게') 이들은 연상관계가 지배하는 단어군이다. 이들은 끝이 이어지는 단위가 아니며, 이 사실 때문에 다른 방식으로 관계를 맺는다.

magn-animus: animus가 맺는 관계는 통합적이다. 〈관념은 끝이 연결된 두 부분의 병치에 의해서 표현된다.〉 magn에서도 animus에서도 '관대한 맘을 지닌'이란 [388] 의미는 발견할 수 없을 것이다.

animus를 anima(호흡), animal(동물)과 관련해서 보면, 그것은 다른 종류의 관계이다. 이들은 〈연상〉 단어족이다.

animus
anima
animal

이 두 종류의 관계는 서로 환원이 불가능하고, 두 관계는 모두 작동한다.

건물의 부분을 비교해 보자. 기둥은 떠받치는 장식 소벽(小壁)과 어떤 관계를 맺는다. 이 두 부분은 통합관계와 비교할 수 있는 어떤 관계를 맺고 있다. 이는 현존하는 두 단위의 배열이다. 우리가 도리스식 기둥을 보고 있다면, 이 기둥을 눈앞에 없는 대상의 연상 계열〈연상관계〉(이오니아식 기둥, 코린토스식 기둥) 내에서 생각하게 된다.

마음이 현존하는 단어와 연관을 갖는 단어가 맺는 관계의 합은 잠재적 계열이며, 기억에 의해 형성된 관계, (기억의 계열)이고, 이는 『단위들의』 연쇄, [389] 즉 현존하는 두 단위가 만드는 연대적인 통합체와 대립된다. 이는 잠재적 계열과 대립하는 <u>실재하는</u> 계열이며, 또 다른 관계를 생성하는 계열이다.

이 논의에서 끌어내려고 하는 **결론**은 이것이다. 즉 단어(이 단어는 〈이 두 관계〉 내에서 기능하도록 요구된다)가 기능하는 관계의 차원이 어느 것이든지 단어는 언제나 무엇보다도 체계의 성원이며, 때로는 두 차원의 관계 중 어느 한 차원의 관계에서나 다른 차원의 관계에서나 다른 단어와 연대하는 것으로 드러난다.

이는 가치를 형성하는 것이 무엇인가를 고찰할 때 고려할 사항이다. 먼저 단어는 체계의 <u>사항</u>이라는 사실을 고려해야 한다.

우리가 〈'단어(mot)' 대신에〉 '언어사항(terme)'이라고 말하면, 그것은 곧 다른 사항과의 관계를 고려한다는 것을 의미한다. (다른 단어와의 연대 개념이 환기된다.)

체계를 구성하려면 [390] 단어, 사항으로부터 출발해서는 안 된다. 그렇다면 이는 사항이 미리 절대적 가치를 갖고 있다는 것, 체계를 형성하기 위해 이들을 쌓아올리기만 하면 되는 것으로 생각하는 것이다. 이와 반대로 출발점은 〈체계이고〉, 연대적 전체이다. 이 후자는 사항으로 분해되는데, 이 사항을 분석하는 것은 겉보기보다는 그리 쉽지 않다. 여러 가치를 분별해 내기 위해 (가치의) 전체[체계(교정)]에서 출발하면, 우리는 단어를 〈인지해야 할〉 사항의 계열로 보게 된다. (〈부수적으로〉 연상적으로는 우리는 domino, 〈domine, domin−?〉 뿐만 아니라 dominus란 단어도 환기할 수 있고, 통합적으로는 dominus 또는 domini 중 어느 것을 선택해야 한다.)

단어란 용어에 중요성을 부여하지 말 것. 〈여기서 단어란 용어는 우리에

게는 아주 모호하다. 사항이란 용어이면 충분하다. 게다가 단어란 용어는
이 두 관계의 계열에서 동일한 의미를 갖지 않는다.〉

[391] 제5장 [원문] 사항의 가치와 단어의 의미. 어떤 점에서 이 두 가지가 혼동되고 구별되는가?

언어사항이 있는 곳에는 가치도 있다. 사항의 관념에 가치의 개념이 잠재적으로 함의되어 있다. 이 두 관념을 분리하는 것은 언제나 어렵다.

가치로 말하자면, 그것이 〈여기서는〉 '의미(sens)'(의미작용 signification)와 동의어가 된 느낌이고, 또 다른 혼동의 여지를 불러일으킨다. (〈여기서 혼동〉은 이들 용어 자체 내에서 더욱 크게 일어난다.)

가치는 물론 의미의 한 요소이지만, 중요한 것은 이 의미를 가치가 아닌 다른 것으로 여기는 것을 피하는 것이다.

의미가 어떻게 가치에 의존하는지, 그런 한편 이 가치와 어떻게 구별되는지를 구별하는 것은 아마도 언어학에서 다루어야 할 가장 미묘한 활동 가운데 하나이다. 이것이 언어학자의 관점과 랑그를 명칭 목록으로 간주하는 협소한 관점의 차이가 분명히 드러나는 곳이다.

[392] 우선 우리가 표상한 바의 〈우리 스스로가 지적한 바의〉 의미작용을 살펴보자.

<화살표는 청각영상의 짝으로서
의미작용을 가리킨다.>

이 견해에 따르면, 의미작용은 청각영상의 짝이 될 뿐이며, 그 외의 다른 것이 아니다. 단어는 고립된 자족적인 전체로서 나타나거나 그렇게 간주된다. 단어를 내적으로 보면, 단어는 자신의 짝으로서 개념을 지닌 청각영상을 갖는다.

베이컨의 언어로 말하면 덫이 놓인 '동굴', 즉 역설은 이것이다. 청각영상의 짝으로 드러나는 의미작용은 랑그 내에 공존하는 여러 사항의 짝이기도 하다는 점이다. 우리는 방금 랑그가 모든 사항이 관계에 의해 연결된 체계라는 것을 살펴보았다.

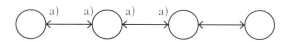

우선 화살표 a)와 화살표 b) 사이에는 아무런 관계가 없다. [393] 단어의 가치는 오직 여러 사항의 공존에서 유래한다. 이를 청각영상의 짝인 의미작용과 어떻게 혼동할 수 있는가[?]

다른 그림: 칸들의 계열

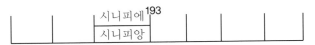

< 칸 내부의 관계와 칸 사이의 관계는 구별하기 아주 어렵다. >

〈칸 내부의 관계와 칸 사이의 관계는 구별하기 아주 어렵다.〉

청각영상의 짝으로서 의미작용과 공존하는 사항의 짝으로서 의미작용은
서로 혼동된다.

〈사례에 앞서 확인할 사항〉 언어학의 외부에서는 그 어디에서나 가치는
역설적이지만 동일하다. 가치란 미묘한 영역이다. 〈어떤 영역에서도 가치
가 무엇인지를 말하기란 무척 어렵다.〉 가치를 형성하는 두 요소가 있다.
가치의 결정은 1) 교환 가능한 상이한 것에 의해 결정된다. 이를 ↑로 표
시할 수 있다. 2) 비교 가능한 유사한 것에 의해 결정된다. ←——→로 표
시할 수 있다.

가치에는 이 두 요소가 필요하다. [394] 예컨대 20프랑 동전을 보자. 이
것이 갖는 가치는 내가 교환할 수 있는 다른 것(예를 들면 몇 리브르의 빵)
과,[194] 2) 1프랑, 2프랑, 또는 이와 유사한 가치를 갖는 동전(기니)[195]과
20프랑 동전의 비교를 통해 결정된다.

---

193 M&G의 그림(p. 283)에는 sign/sign이고, 이들 편집자주(각주 11)에서는 이 약어
　　가 signe/signifiant인지 signification/signifié인지를 알 수 없다고 지적한다.
194 약 500g에 해당하는 비공식 척도이다.
195 20실링에 해당하는 영국 금화이다.

가치는 동종(同種)에 속하는 것의 짝이자 동시에 이종(異種)에 속하는 것의 짝이다.

교환 가능한 것만을 고려해서는 단어의 의미작용을 결단코 발견할 수 없을 것이다. 또한 비교 가능한 〈유사한〉 계열도 비교해야 한다. 단어를 고립해서 별도로 취할 수 없다. 그리하여 〈사항이 유래하는〉 체계는 가치의 원천 가운데 한 가지이다. 교환된 관념과 대립해서 비교 가능한 사항의 전체가 가치이다.

한 단어의 가치는 [395] 이 단어의 경계를 짓는, 공존하는 사항의 협조를 통해서만 결정된다. 〈또는 이미 지적한 역설을 보다 확실히 지지하기 위해〉 단어 내에 있는 것은 오직 그 단어 주위에 존재하는 것의 협조를 통해서만 결정된다. (단어 내에 있는 것은 바로 가치이다.) 통합적으로 그 단어 주위에 있는 것과 연상적으로 그 주위에 있는 것의 협조를 통해서.

체계와 공존하는 사항에서 출발하여 외부로부터 〈단어〉[그것(교정)]에 접근해야 한다.

몇 가지 사례.

복수 및 복수를 표시하는 사항들(이것이 어떤 것이든)[원문].

독일어나 라틴어에서의 복수의 가치는 산스크리트어에서의 복수의 가치와 같지 않다. 〈그러나〉 굳이 말하자면 그 의미작용은 동일하다.

산스크리트어에는 쌍수가 있다.

산스크리트어 복수에 라틴어 복수와 동일한 가치를 [396] 부여한 사람들은 틀렸다. 〈왜냐하면 라틴어 복수를 적용하는 모든 사례에 산스크리트어 복수를 적용할 수 없는 까닭이다.〉

이는 왜 그런가? 〈가치가 의존하는 것은〉 그것 외부에 있는 어떤 것이기 때문이다.

다른 한편, 단순한 어휘적 사실을 예로 들어 보면, 예컨대 mouton(양) – mutton(양고기)과 같은 단어는 영어 sheep과는 가치가 같지 않다. 왜냐하면 식탁 위에 놓여 있지 않고 걸어 다니는[196] 양은 sheep[mutton(교정)]이라고 말하기 때문이다.

이 sheep에 부여할 수 있는 가치를 제한하는 제2의 사항이 영어에 있다.

mutton / sheep / mouton (가치 제한 사례)

〈따라서 화살표 ↑는 충분하지 않다. 항상 화살표 ← →를 고려해야 한다.〉

사례 décrépit에서 이와 유사한 현상을 볼 수 있다.

décrépit(늙은) 노인에 décrépi[t(교정)](낡은) 벽과 유사한 의미를 부여하는 것은 어떤 이유에서인가?

---

196 K&H(1993, p. 137)은 sur pied, M&G(2005, p. 284)는 sur pré이다. 전자로 번역했다.

영향을 미친 것은 그 이웃의 단어이다. 〈décrépit(노인)에 생기는 가치는 인접 사항인 décrépi[t(교정)](벽)와의 공존에서 유래한다.〉

의미 전염의 사례이다.

[1911년 7월 4일]

[397] soleil(태양)이란 단어의 의미를 제한하는 모든 인접 단어를 고려하지 않고 soleil이란 단어의 가치를 그 자체만으로는 결정할 수<조차> 없다. 어떤 언어에서는 〈Mettez-vous au soleil(햇빛을 쪼이세요)라고 표현한다. 또 다른 언어는 soleil(＝행성)란 단어에 그와 동일한 의미작용을 부여할 수 없다. 한 언어 사항의 의미는 이웃 사항의 존재 또는 부재에 의존하기 때문이다.〉

언어체계는 사항에 이르고, 사항은 가치에 이른다. 〈그러면 의미작용은 주위를 둘러싸는 사항에 의해 결정된다는 것을 깨닫는다.〉

〈그리하여 우리가 앞에서 살펴본 장(章)으로 되돌아가는데, 하지만 고립된 단어에서 출발하는 것이 아니라 올바른 길을 통해서, 즉 체계를 통해서 재론할 것이다.〉

가치란 개념을 파악하기 위해 고립된 단어와 대조적으로 단어의 체계에서 출발하는 것으로 결정했다. 다른 기반에서 출발할 것을 결정할 수도 있었을 것이다.

심리적으로 말해서 언어(랑그)를 제거해 버린 이 관념이란 무엇인가[?] 이 관념은 아마도 존재하지 않을지도 모른다. 아니면 무형태로 부를 수 있는 형태로 존재할지도 모른다. 〈철학자와 언어학자의 견해에 따르면,〉 언어(물론 내적, 마음속 언어)의 도움이 없다면 두 관념을 〈명확하게〉 구별할 수 있는 수단을 갖지 못할 것이다.

따라서 우리 관념의 순전히 개념적인 덩어리 자체만을 취한다면, 언어(랑그)와 분리된 이 개념 덩어리는 무형태의 구름과 같은 것이며, 여기에서 구별할 수 있는 것이라고는 애당초 아무것도[398] 없다. 따라서 역으로 언어(랑그)에 대해서도 그런데, 다른 관념은 선재하는 어떤 것도 표상하지 않는다. a) 기존에 확정되어 있는, 상호 대립적으로 구별되는 관념도 없고, b) 이러한 관념을 표상하는 기호도 없다. 언어 기호 이전에 사고 속에는 구별된 것이 전혀 없다. 이것이 주요한 점이다. 다른 한편 아주 혼란스러운 관념의 영역에 대립하는 음성의 영역(관념 밖에서 그 자체로 별도로 취한 음성 영역)이 〈미리〉 명료하게 구별된 관념을 제공하는 것은 아닌가 하고 자문해 볼 수 있다.

음성에는 확연히 구별되는, 사전에 경계가 지어진 단위란 없다.

언어 현상은 바로 이 둘 사이에서 출현하는 것이다.

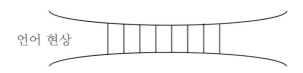

[399] 이 〈언어〉 현상은 가치를 생성하되, 이런 가치는 〈처음으로〉 결정되

는 것이기는 하지만, 사람들이 여기에 부여하는 의미와 함께 여전히 가치로서 남아 있다. 이 언어 사실 자체에 추가할 수 있는 것이 또 있는데, 이제 이를 논의할 작정이다. 언어 현상이 일어나는 이 두 영역은 무형태일뿐만 아니라 가치를 발현하는 〈이 두 영역의 연결 관계의 선택〉, 〈(이 둘 사이의)〉 결합은 전적으로 자의적이다.

이런 것이 없다면, 가치는 어느 정도 절대적일 것이다. 〈만일 그 결합이 자의적이 아니라면, 이 가치의 개념을 제한해야 할 것이고, 그러면 절대적 요소가 있을 것이다.〉

그러나 이 결합이 완전히 자의적이므로 가치는 완전히 상대적이다.

시니피앙과 관련하여 시니피에를 표상하는 그림을 이제 다시 살펴보면,

이 그림은 틀림없이 그 나름의 존재 이유가 있지만, 이는 [400] 가치의 부산물에 불과하다는 것을 알 수 있다. 시니피에 단독으로는 아무것도 아니며, 그것은 무형태의 덩어리 속에 뒤섞여 있다. 시니피앙도 마찬가지이다.

그러나 시니피앙〈과〉 시니피에는 일정한 가치 덕택에 연관을 맺고, 이 가치는 수많은 청각기호와 관념의 덩어리를 자른 수많은 〈단편〉과의 결합에서 생겨난다. 시니피앙과 시니피에의 관계가 그 자체로 주어지려면 무엇이 필요한가[?] 무엇보다도 관념이 〈사전에〉 미리 결정되어야 하는데, 실

제로는 그렇지 않다. 〈무엇보다도 시니피에가 사전에 미리 결정되어 있어야 하는데, 실제로는 그렇지 않다.〉

〈바로 이러한 이유로〉 이 관계는 서로 대립하는 〈(체계를 구성하는)〉 가치의 또 다른 표현에 불과하다. 〈이는 어떤 언어 차원이든지 모두 적용되는 사실이다.〉

〈몇 가지 사례.〉 관념이 언어(랑그)의 가치가 되기 전에 인간의 마음에 미리 결정되어 있는 것이라면, 반드시 전제해야 하는 것은 한 개별 언어의 사항이 다른 개별 언어의 사항과 서로 정확하게 상응해야 한다는 것이다.

[401]　　　 프랑스어　　　 독일어
　　　　　 cher'귀한'　lieb'사랑스러운', teuer'값비싼'〈(또한 정신적)〉[197]

그러나 이들은 정확하게 대응하지 않는다.

juger(판단하다), estimer(평가하다)　urteilen(판단하다), erachten(인정하다)
　　　　　　　　　　　　　　　　　〈프랑스어 juger, estimer의 의미 일부
　　　　　　　　　　　　　　　　　만이 상응하는 의미작용의 집합이다〉

언어(랑그) 이전에 개념 《cher》가 그 자체로서 미리 존재하지 않는다는 것을 알 수 있다. 따라서 이와 같은 그림을 볼 수 있다.

---

[197] 정신적 의미인 '소중한, 귀중한'을 가리킨다.

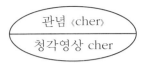

이 그림은 그 나름으로 용도가 있을 수 있지만, 프랑스어에서 다른 사항과 대립해서 〈프랑스어 체계 내에서 가치의 경계가 획정된〉 〈어떤〉 가치 cher가 있다는 것을 표현하는 한 가지 방법에 불과하다.

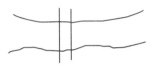

〈이는 일정한 수의 개념과 일정한 수의 음성의 결합체가 될 것이다.〉

〈따라서 이 도식 은 프랑스어에서는 일차적 출발점이 아니다.〉

가치 cher는 양면에서 결정된다. 관념 〈자체의〉 윤곽은 프랑스어 단어의 관념에 분포되어 있다. 〈관념의 윤곽이 주어지면, 이 도식은 작동하기 시작한다.〉

이 사례는 어휘에서 취한 것이지만, 모든 사항에서 동일하다.

〈다른 사례. 우리에게는 아주 자연스러운 여러 시제의 개념이 다른 언어에서는 아주 이상한 것이다.〉 셈어(히브리어) 체계에서〈처럼〉〈현재〉, 미래,〈과거〉 같은 시제 구별이 없는 언어, [402] 다시 말해 이러한 〈시제〉 관념이 미리 결정되어 있지 않은 언어에서는 시제는 단지 가치의 상태로만 존재한다.

고대 게르만어에는 미래가 〈미래를 고유하게 표현하는 형태가〉 없다. 미래는 현재로 표현한다. 그러나 그것은 말하는 한 가지 방식이다. 〈따라서 고대 게르만어에서 현재의 가치는 프랑스어의 미래의 가치와 동일한 것이 아니다.〉

마찬가지로 우리가 슬라브어를 생각해 보면, 동사의 완료상과 미완료상의 차이(이는 슬라브어 연구의 애로 사항이다)가 있다. 〈슬라브어에서 동사의 상(相)은 항구적으로 구별한다. 즉 시간의 문제를 벗어난 완료 행위와 진행 행위이다. 우리가 이것을 구별하는 것이 어려운 것은 이들 범주가 우리 언어에 없기 때문이다. 그래서 이는 미리 결정된 것이 아니라 가치의 문제이다.〉

이 가치는 언어 내 사항들의 대립에서 생겨난다.

〈따라서 방금 이야기한 것은 이것이다.〉 가치의 개념은 개념의 미결정 상태로부터 도출되었다. 시니피에에서 시니피앙에 이르는 이 도식은 단지 원초적인 도식에 불과하다. 〈가치는 다른 영역에서처럼 언어학자도 결정할 수 없다. 가치가 가지는 모든 명료성과 모호성에도 불구하고 우리는 가치를 수용할 것이다.〉

요컨대 단어는 시니피앙뿐만 아니라 시니피에 없이는 존재하지 않는다. 하지만 시니피에는 각 언어체계 내에서 언어 사항의 상호작용을 전제하는 언어 가치를 요약적으로 보여 주는 개요에 불과하다.

[403] [...] 장

〈시간이 있으면, 다음 장에서 논의할 점은 이것이다.〉 언어(랑그) 내(다시 말해 언어 상태 내)에는 오직 차이만이 있다는 이 원리를 제시하면, '가치'란 용어를 둘러싸고 우리가 앞에서 얘기한 것을 달리 표현할 수 있다. 우리에게 차이라는 것은, 뚜렷하게 나타나는 두 가지 사항을 함의하며, 이 두 사항 사이에는 차이가 있다. 〈그러나 역설인 것은 이것이다.〉 언어(랑그)에는 뚜렷한 사항이 없이 차이만 있다는 점이다. 이것이 역설적 진리이다. 의미작용이든 시니피에나 시니피앙이든 적어도 차이만 있다는 것이다.

〈시니피앙과 시니피에의 관계가 맺어진 결과로서 언어 사항 자체를 다루면〉 '대립'에 대해 말할 수 있게 된다.

엄밀히 말해서 기호란 없고, 기호 간의 차이만 있다.

체코어의 사례: žena(여자), 복수 속격 žen(여자들의)

분명한 것은 체코어에서 하나의 기호는 [404] 다른 기호처럼 기능할 수 있다는 것이다. 여기에는 복수 속격을 나타내는 기호가 없다.

(žena와 žen은 žena와 옛날에 있었던 복수 속격 ženŭ처럼 똑같이 기능한다.)

[이 사례가 보여 주는 것은(교정)] 기호의 차이만이 기능한다는 것이다.

> ženŭ가 가치가 있는 것은 žena와 다르기 때문이고,
> žen이 가치가 있는 것은 žena와 다르기 때문이다.

〈오직 차이만 있고, 적극적인 사항은 전혀 없다.〉

여기서 우리가 말하는 것은 시니피앙의 차이이다.

시니피앙은 차이에 근거를 두고 작용한다.

시니피에도 마찬가지로 오직 차이뿐인데, 이 차이는 청각적 요소의 차이에 의해 지배된다. 미래의 관념이 다소 존재하는 것은 〈(미래와 그 나머지 시제 사이에)〉 언어기호로 생겨난 차이가 얼마나 분명한지에 달려 있다.

aller(가다)가 기능하는 것은 allant(가는), allons(우리는 간다)과 다르기 때문이다.

> aller ┃ allons ┃ allant

> 영어 going = aller, allant

[405] 〈프랑스어에서처럼 두 관념 사이에 청각적 차이가 없는 경우, 두 관념을 더 이상 구별할 수 없게 된다. 〉

따라서 언어(랑그)의 전체 체계는 관념의 차이와 음성의 차이가 서로 결합하는 것으로 생각할 수 있다.

주어진 뚜렷한 관념도 없고, 관념의 외부에 결정된 청각기호도 없다. 차이가 서로를 결정짓기 때문에 관념의 차이와 기호의 차이 사이의 대응을 통해 뚜렷한 사항과 같은 것이 생겨난다. 〈그렇다면〉 사항의 대립을 말할 수 있고, 따라서 차이만이 있다〈(이러한 결합의 적극적 요소로 인해)〉고는 주장하지 못한다.

마지막으로 이 논의가 귀착되는 원리는 기호의 자의성이라는 기본 원리이다.

기호의 차이로써만 기호에 기능과 가치를 부여할 수 있다.

〈기호가 자의적이 아니라면, 언어(랑그)에는 차이만이 있다고 말할 수 없을 것이다.〉

[406] 〈절대적 자의성, 상대적 자의성이란 장과 연결되는 부분은 이것이다.〉 우리는 단어를 체계 내에 자리한 〈사항〉으로서, 〈다시 말해 가치로서〉 간주했다. 〈그런데〉 체계 내의 사항의 연대는 통합적 연대로서, 연상적 연대로 인해 자의성이 제한되는 것으로 생각할 수 있다.

그래서 couperet(고기 자르는 칼)에서 어근 『coupe-』과 접미사 『-ret』의 통합체는 hache'도끼'와 대립된다.

(연대, 즉 두 요소 사이의 통합관계)

hache는 완전히 자의적이고, couperet는 상대적으로 유연성이 있다.
(coupe'자르다'와 통합적 연상)

⟨couperet   통합 제약

hache   완전히 자의적⟩

plu(맘에 든)   ⎫
                     ⎬ 연상 제약
plaire(맘에 들다) ⎭

이 강의에서 랑그의 외적 부분을 [407] 거의 다 다루었다.

내적 부분에서 진화언어학은 ⟨공시언어학 때문에⟩ 보류했고, 언어학의 일반적 원리 ⟨몇 가지만을 다루었다.⟩

이 일반적 원리에 기초해서 우리는 정태적 상태의 세부 사실이나 법칙을 효과적으로 다룰 수 있을 것이다.

찾아보기